C000151774

Input und Output der Gesundheitswirtschaft

Sozialökonomische Schriften

Herausgegeben von
Bert Rürup und Werner Sesselmeier

Band 46

Sebastian Hesse

Input und Output der Gesundheitswirtschaft

Eine Stabilitätsanalyse der Gesundheitswirtschaft
in Bezug auf die gesamtwirtschaftliche Bedeutung
in den Jahren der Finanz- und Wirtschaftskrise

Bibliografische Information der Deutschen Nationalbibliothek
Die Deutsche Nationalbibliothek verzeichnet diese Publikation
in der Deutschen Nationalbibliografie; detaillierte bibliografische
Daten sind im Internet über http://dnb.d-nb.de abrufbar.

Zugl.: Landau (Pfalz), Univ., Koblenz-Landau, Diss., 2012

Der Druck dieser wissenschaftlichen Arbeit
wurde gefördert von

Gedruckt auf alterungsbeständigem,
säurefreiem Papier.

Lan 1
ISSN 0172-1747
ISBN 978-3-631-62765-5
© Peter Lang GmbH
Internationaler Verlag der Wissenschaften
Frankfurt am Main 2013
Alle Rechte vorbehalten.
PL Academic Research ist ein Imprint der Peter Lang GmbH.

Das Werk einschließlich aller seiner Teile ist urheberrechtlich
geschützt. Jede Verwertung außerhalb der engen Grenzen des
Urheberrechtsgesetzes ist ohne Zustimmung des Verlages
unzulässig und strafbar. Das gilt insbesondere für
Vervielfältigungen, Übersetzungen, Mikroverfilmungen und die
Einspeicherung und Verarbeitung in elektronischen Systemen.
www.peterlang.de

Meiner Familie

Inhaltsverzeichnis

X

Abbildungsverzeichnis

Tabellenverzeichnis

XIV

Abkürzungsverzeichnis

a	Inputkoeffizient
A	Inputkoeffizientenmatrix
AK	Arbeitskoeffizienten
AN	Arbeitnehmer
B	Matrix der Einkommenskoeffizienten
BI	Beschäftigungsinverse
BIP	Bruttoinlandsprodukt
BMWi	Bundesministerium für Wirtschaft und Technologie
BWS	Bruttowertschöpfung
c	Konsumquote
C	privater Konsum
cif	cost, insurance, freight
DRG	diagnostic related groups
E	Beschäftigungseffekt
EGW	erweiterter Bereich der Gesundheitswirtschaft
ESVG	Europäischen System Volkswirtschaftlicher Gesamtrechnungen
E_T	Aufkommenselastizität
ET	Erwerbstätige
EZB	Europäische Zentralbank
Fed	Federal Reserve System
F_T	Steuerflexibilität
G	staatliche Nachfrage
GAR	Gesundheitsausgabenrechnung
GBE	Gesundheitsberichterstattung des Bundes
GGR	Gesundheitswirtschaftliche Gesamtrechnung
GKV	gesetzliche Krankenversicherung
GPR	Gesundheitspersonalrechnung

GRV	gesetzliche Rentenversicherung
GSK	Gesundheitssatellitenkonto
GUV	gesetzliche Unfallversicherung
HIOT	Health-Input-Output-Tabelle
HVPI	harmonisierter Verbraucherpreisindex
I	Einheitsmatrix
Inv	Investitionen
ICD	internationale statistische Klassifikation der Krankheiten und verwandter Gesundheitsprobleme
Igel	Individuelle Gesundheitsleistung
IOT	Input-Output-Tabelle
KGW	Kerngesundheitswirtschaft
KKR	Krankheitskostenrechnung
L	Leontief-Inverse
OECD	Organisation for Economic Co-operation and Development
OTC	Over the counter
PB	Primärer Bereich
PKV	private Krankenversicherung
PUV	private Unfallversicherung
PW	Produktionswert
SB	Sekundärer Bereich
SHA	System of Health Accounts
SIO	Systematisches Güterverzeichnis der Input-Output-Rechnungen
T	Transferzahlungen
TB	Tertiärer Bereich
USD	US-Dollar
V	Verbrauchsmultiplikatoren
VGR	Volkswirtschaftlichen Gesamtrechnungen
VPI	Verbraucherpreisindex
W	Nettolöhne und Gehälter

WHO	Weltgesundheitsorganisation
WS	Wertschöpfungseffekt
WZ	Wirtschaftszweig
X	Gesamtaufkommen / Produktionswert
x_{nm}	Elemente der Verflechtungsmatrix
Y	Volkseinkommen bzw. gesamte Endnachfrage

1 Einleitung

„Drei Eigentümlichkeiten prägen das Gesundheitswesens und dessen gesundheitspolitische Diskussion. Erstens ist das Gesundheitswesen ein janusköpfiges Gebilde: Wachstumsbranche und Kostenfaktor zugleich. Zweitens ist die gesundheitspolitische Diskussion seit drei Jahrzehnten von einer eigentümlichen Krisen- und Kollapsrhetorik gekennzeichnet, die durch die Realität keineswegs gerechtfertigt ist. ... Drittens gilt das Paradoxon: Je effektiver ein Gesundheitssystem arbeitet, umso höher ist die Morbidität der Gesellschaft. Wenn dank eines effizienten Gesundheitssystems Krankheiten früh erkannt und erfolgreich behandelt werden oder es möglich sei, auch mit einer chronischen Erkrankung lange zu leben, steigt mit den gewonnen Lebensjahren die Wahrscheinlichkeit weiterer Erkrankungen."

Bert Rürup[1]

Das deutsche Gesundheitswesen gilt als führend in der Welt. Dank einer exzellenten und flächendeckenden ambulanten und stationären Versorgung sowie hohen Standards hinsichtlich der medizinischen und technischen Ausstattungen verfügt Deutschland bei Operationen über die weltweit kürzesten Wartezeiten und eine ausgezeichnete Arzneimittelversorgung. Diese Voraussetzungen führen zu einer qualifizierten Versorgung der gesamten Bevölkerung, ohne alters- und einkommensabhängigen Zugangsbarrieren.

Aus ökonomischer Sicht ist das Gesundheitswesen hingegen ein janusköpfiges Gebilde: „Wachstumsbranche und Kostenfaktor zugleich".[2] Aus der einen Perspektive stellen Gesundheitsausgaben Kostenfaktoren dar, die überwiegend über lohnabhängige Beiträge finanziert werden. Diese Gesundheitsleistungen sind auf der anderen Seite mit ökonomischer Wertschöpfung verbunden.[3] Gerade vor dem Hintergrund des sozioökonomischen und demographischen Wandels, dem stetig steigenden Gesundheitsbewusstsein in der Bevölkerung sowie dem medizinisch-technischen Fortschritt werden der deutschen Gesundheitsbranche seit Jahren überdurchschnittliche Wachstums- und Beschäftigungspotentiale nachgesagt.[4]

Seit der Mitte des letzten Jahrzehnts wird diese neue, positive Wahrnehmung der Gesundheitswirtschaft aufgrund der Finanz- und Wirtschaftskrise auf die Probe gestellt. Es ist fraglich, ob die hohen Gesundheitskosten die unsichere Situation der Volkswirtschaft verstärken, da diese bereits mit den Folgen des exogenen Schocks und der damit einhergehenden stärksten Rezession der Nachkriegsgeschichte belastet ist oder ob die Gesundheitswirtschaft ihren kontinuier-

---

1 Vgl. Rürup, B. (2010), S. 7
2 Vgl. Rürup, B. (2010), S. 7
3 Vgl. Rürup, B. (2008)
4 Vgl. Ostwald, D. A. (2009), S.1

lichen Wachstumspfad beibehalten kann und somit positive Impulse in der Krisenzeit setzt.

Diese Dissertation ist begleitend zu dem Forschungsprojekt „Entwicklung einer Gesundheitswirtschaftlichen Gesamtrechnung (GGR)" im Auftrag des Bundesministeriums für Wirtschaft und Technologie entstanden. Mit diesem Projekt wird es erstmals möglich die ökonomische Bedeutung des deutschen Gesundheitssektors für den Zeitraum 2005 – 2009 auf Grundlage belastbarer statistischer Daten zu untersuchen.[5] Mit Hilfe einer tiefgehenden Stabilitätsanalyse wird in dieser Arbeit untersucht, welche Rolle die Gesundheitswirtschaft in den Jahren der Finanz- und Wirtschaftskrise eingenommen hat und welche stabilisierende Bedeutung ihr im gesamtwirtschaftlichen Kontext zukommt.

1.1 Fragestellung und Zielsetzung

Wie in der Einleitung bereits erwähnt wird die Qualität des Gesundheitswesens an dessen Aufgabenerfüllung bezogen auf den Erhalt, die Wiederherstellung und die Förderung von Gesundheit gemessen. Diese Zielzuweisung richtet sich zweifelsohne an den Gesundheitszustand der Bevölkerung. Aufgrund der Vielzahl an Beschäftigten und der hohen Wertschöpfungsleistung stellt die Gesundheitswirtschaft aus ökonomischer Sicht allerdings auch einen der bedeutendsten Wirtschaftssektoren der deutschen Gesamtwirtschaft dar, dessen Handeln den „Gesundheitszustand" der Volkswirtschaft beeinflusst.

Im Rahmen der vorliegenden Arbeit soll daher der Fragestellung nachgegangen werden, inwiefern von der Gesundheitswirtschaft eine heilende, bzw. laut dem ökonomischen Pendant stabilisierende, Wirkung auf die Gesamtwirtschaft ausgeht und im Rahmen dessen quantitativ belegt werden.

Die zunehmende Bedeutung der Gesundheitswirtschaft ist vor allem in den institutionellen und sozialen Rahmenbedingungen begründet. Als Folge des demografischen Wandels mit einer alternden Gesellschaftsstruktur und einer allgemein höheren Wertschätzung von Gesundheit und Lebensqualität steigt die Nachfrage nach Gesundheitsleistungen seit Jahren kontinuierlich. Aber auch der medizinisch-technische Fortschritt und der stetig steigende Welthandel sind Wachstums- und Beschäftigungstreiber für die deutsche Gesundheitswirtschaft.[6]

Es spricht vor allem eine überwiegend gesicherte Finanzierung gesundheitsbezogener Nachfrage über das System der Krankenkassen sowie höhere Priorisierung von Gesundheitsgütern gegenüber anderen Konsumgütern der privaten

---

5 Vgl. Henke, K. D., Neumann, K., Ostwald D. A., Heeger, D., Hesse, S. (2010) und (2011)
6 Vgl. Ostwald, D.A. (2009) S. 19 ff

Haushalte dafür, dass die Gesundheitswirtschaft auch in den Krisenjahren diesen positiven Wachstumspfad beibehalten kann. Eine insbesondere an den Endkonsumenten gerichtete Leistungserbringung ist zudem ein Zeichen dafür, dass die Gesundheitswirtschaft lediglich indirekt von krisenbedingten Wachstumseinbrüchen anderer Branchen betroffen sein dürfte.

Die festen Regulierungen zur Finanzierung des deutschen Gesundheitssystems, bei dem die einkommensabhängigen Beitragszahlungen der gesetzlich Krankenversicherten auf der Einnahmenseite einer konjunkturunabhängigen Gesundheitsnachfrage auf der Ausgabenseite gegenüberstehen, bildet darüber hinaus eine Art systeminhärenten Puffer, der die gesundheitsbezogenen Zahlungsströme glättet. Dieser Sachverhalt gleicht in weiten Teilen der Funktionsweise automatischer Stabilisatoren, wie bspw. der Arbeitslosenversicherung.

Das Ziel dieser Arbeit besteht in der quantitativen Analyse der volkswirtschaftlichen Bedeutung der Gesundheitswirtschaft, bei der neben der selbst erbrachten Wirtschaftsleistung auch die ökonomischen Wirkungen entlang der gesamten Wertschöpfungskette und aufgrund von Einkommenseffekten auf die restlichen Branchen der Gesamtwirtschaft gemessen werden sollen. Unter Berücksichtigung der dabei entstandenen Gesundheitskosten sollen diese Ergebnisse hinsichtlich einer stabilisierenden Wirkung für die Gesamtwirtschaft in der Zeit der Finanz- und Wirtschaftskrise beurteilt werden.

Weiterhin soll im Rahmen der Stabilitätsanalyse geprüft werden, ob das deutsche Gesundheitssystem den Kriterien automatischer Stabilisatoren entspricht und ob mit Hilfe von empirischen Untersuchungen deren Auswirkungen belegt werden können.

Die Untersuchung basiert dabei auf den Ergebnissen der Gesundheitswirtschaftlichen Gesamtrechnungen. Kernelement dieses Statistikwerkes ist ein Satellitensystem, welches die Gesundheitswirtschaft als eigenständige Branche abgrenzt, in der Systematik der Volkwirtschaftlichen Gesamtrechnungen in Form von modifizierten Input-Output-Tabellen abbildet und somit eine umfassende Stabilitätsanalyse der Gesundheitswirtschaft ermöglicht.

1.2 Gang der Untersuchung

Der Aufbau der Arbeit gliedert sich wie folgt: In Kapitel 2 wird Stabilität in Bezug auf eine Volkswirtschaft definiert und stabilitätsdefinierende Indikatoren herausgearbeitet. Zudem werden Instrumente der Stabilitätspolitik vorgestellt, deren Mechanismen eine stabilisierende Wirkung auf die Volkswirtschaft haben.

4

Die hieraus gewonnenen Ergebnisse werden in Kapitel 3 auf die Gesundheitswirtschaft übertragen und eine erste qualitative Einschätzung hinsichtlich der Stabilitätsziele getroffen.

In Kapitel 4 wird die Methodik zur Stabilitätsanalyse der Gesundheitswirtschaft erarbeitet. Hierfür wird zunächst geschildert, wie sich volkswirtschaftliche Zusammenhänge anhand von Input-Output-Tabellen abbilden lassen und wie diese für die Betrachtung der Gesundheitswirtschaft speziell aufbereitet werden können. Anschließend erfolgt die Herleitung eines Modells, das auf diesen Tabellen basiert und die Ausstrahleffekte der Gesundheitswirtschaft auf die Gesamtwirtschaft quantifiziert.

Kapitel 5 stellt die Gesundheitswirtschaftlichen Gesamtrechnungen (GGR) vor. Dies ist ein Forschungsprojekt, bei dem Gesundheits-Input-Output-Tabellen im Mittelpunkt stehen. Nach der Definition und Abgrenzung der Gesundheitswirtschaft sowie der Vorstellung der amtlichen Gesundheitsstatistik erfolgt die Beschreibung der Entwicklung der GGR.

In Kapitel 6 erfolgt eine Charakterisierung der deutschen Gesundheitswirtschaft anhand der Ergebnisse der GGR. Dabei wird das in Kapitel 4 hergeleitete Modell der Input-Output-Analyse hinzugezogen und die Verflechtungen der Gesundheitswirtschaft mit der Gesamtwirtschaft analysiert.

Die gewonnen Erkenntnisse aus dem vorangegangenem Abschnitt werden in Kapitel 7 auf Stabilitätsziele übertragen und der Einfluss der Gesundheitswirtschaft auf die Gesamtwirtschaft herausgearbeitet.

In Kapitel 8 wird untersucht, ob das deutsche Gesundheitssystem der Funktion eines automatischen Stabilisators entspricht.

Die Arbeit schließt mit einer Zusammenfassung der wichtigsten Erkenntnisse zu den stabilisierenden Effekten der Gesundheitswirtschaft in den Zeiten der Wirtschafts- und Finanzkrise.

2 Ökonomische Stabilität als wirtschaftspolitisches Ziel

„Sämtliche Maßnahmen, die der Erreichung und Stabilisierung des gesamtwirtschaftlichen Gleichgewichts dienen, werden unter dem Begriff „Stabilisierungspolitik" zusammengefasst"
Jürgen Pätzold[7]

Zur Untersuchung des gesamtwirtschaftlichen Einflusses der Gesundheitswirtschaft auf die Stabilität der deutschen Volkswirtschaft in den Jahren der Finanz- und Wirtschaftskrise wird im Folgenden zunächst der Stabilitätsbegriff definiert und geeignete Kennzahlen zur Wirkungsmessung herausgearbeitet. Im zweiten Abschnitt dieses Kapitels werden verschiedene Mechanismen ökonomischer Stabilitätsinstrumente erläutert, gängige Verfahren zur quantitativen Beurteilung von Stabilisatoren vorgestellt sowie deren Zweckmäßigkeit in Hinblick auf die durchzuführende Untersuchung diskutiert.

2.1 Definition und Erläuterung des Stabilitätsbegriffs

Stabilität vom lateinischen „stabilis" bedeutet fest, feststehend, dauerhaft, standhaft.[8] Ein System wird stabil genannt, wenn es dazu neigt den vorliegenden Zustand beizubehalten, auch wenn es durch von außen einwirkende Störeinflüsse beeinträchtigt wird. In Abhängigkeit des zu betrachtenden Systems können diese externen Störungen physischer Natur sein wie etwa Stöße, Strahlung, Temperaturänderungen oder Wind, aus dem sozialen Bereich stammen wie bspw. Betrug, Enttäuschung, Intoleranz usw. oder im Fall des hier betrachteten Wirtschaftssystems u.a. politisch, durch Korruption, Wirtschaftskrisen, massive Arbeitslosigkeit oder Währungsunsicherheiten bedingt sein. Schafft es ein System den Zustand beizubehalten bzw. kehrt das System nach Störung von selbst in seinen Ruhestand zurück gilt es als stabil, andernfalls handelt es sich um instabile oder labile Systeme.[9]

Eine Stabilitätsanalyse im ökonomischen Umfeld ist wissenschaftlich im Themenfeld der Finanzpolitik angesiedelt. Neben der Allokations- und Distributionsfunktion ist die Erfüllung der Stabilisationsfunktion der dritte Aufgabenbe-

7 Pätzold J., Baade, D. (2008), S.4
8 Vgl. DWDS (2011)
9 Vgl. Oberkampf, V. (1976), S. 54

reich der Finanzwissenschaft.[10] Dieser im Vergleich zu den beiden anderen Aufgabenzuweisungen noch relativ junge Aufgabenbereich entstand ab 1929 in der Zeit der Weltwirtschaftskrise mit dem damaligen Beginn der keynesianischen Ökonomie. In dieser langanhaltenden Periode, die von einer dauerhaft hohen Arbeitslosigkeit und heftigen Wachstumseinbrüchen geprägt war, plädierte Keynes für eine antizyklische Konjunkturpolitik. Seiner Ansicht nach war zur Wiedergewinnung eines hohen Beschäftigungsgrads eine entsprechend hohe Güternachfrage erforderlich, für die der Staat durch aktives Eingreifen sorgen sollte.[11]

Bis zur Umsetzung der keynesianischen Theorie dauerte es fast 40 Jahre. In Deutschland wurde die Stabilisierungsaufgabe 1967 mit der Verabschiedung des „Gesetz zur Förderung der Stabilität und des Wachstums der Wirtschaft"[12] explizit den öffentlichen Haushalten zugewiesen. Aus §1 StabG[13] sowie dem inhaltsgleichen Artikel 109 II Grundgesetz lassen sich vier zentrale Ziele der Stabilisierungspolitik ableiten:[14]

- Hoher Beschäftigungsstand
- Stabiles Preisniveau
- Außenwirtschaftliches Gleichgewicht
- Angemessenes Wirtschaftswachstum

Diese vier makroökonomischen Zielgrößen sind Indikatoren des gesamtwirtschaftlichen Gleichgewichts, die sich beim Erfüllen der Zielvorgaben gegenseitig beeinflussen. So verhalten sich einige Zielgrößen kongruent zueinander, d.h. sie unterstützen sich gegenseitig bei der Zielerfüllung, bspw. führt positives Wirtschaftswachstum in der Regel zu einem höheren Beschäftigungsniveau. Andere Zielgrößen hingegen konkurrieren miteinander wie zum Beispiel kurzfristiges stabiles Preisniveau und Wirtschaftswachstum. Derartige Beziehungen sind in der Regel nicht allgemeingültig sondern von der vorherrschenden Situation abhängig. So können die Ziele Preisniveaustabilität und hohes Beschäftigungsniveau in der Rezession nicht im allgemeinen Widerspruch zueinander

---

10 Vgl. Zimmermann, H., Henke, K. D., Broer, M. (2009), S. 315
11 Vgl. Pätzold, J. (1998), S. 28
12 Vgl. http://www.gesetze-im-internet.de/bundesrecht/stabg/gesamt.pdf
13 §1 StabG: Bund und Länder haben bei ihren wirtschafts- und finanzpolitischen Maßnahmen die Erfordernisse des gesamtwirtschaftlichen Gleichgewichts zu beachten. Die Maßnahmen sind so zu treffen, dass sie im Rahmen der marktwirtschaftlichen Ordnung *gleichzeitig* zur Stabilität des Preisniveaus, zu einem hohen Beschäftigungsstand und außenwirtschaftlichem Gleichgewicht bei stetigem und angemessenem Wirtschaftswachstum beitragen.
14 Vgl. Pätzold (1998) S.170 in Verbindung mit Musgrave (1969)

7

stehen, während sie in der Hochkonjunktur konkurrierende Ziele darstellen. Aufgrund dieser konkurrierenden Ziele, die sich zum Teil gegenseitig beeinflussen, werden die Stabilitätsziele als das „magische Viereck" bezeichnet, vgl. Abbildung 1.[15]

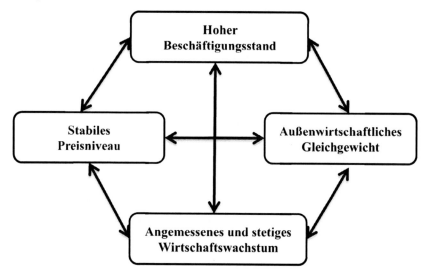

Quelle: Eigene Darstellung in Anlehnung an Donges, J. B., Freytag, A. (2009)

Abbildung 1: Magisches Viereck der Wirtschaftspolitik

In den folgenden Abschnitten werden die vier Stabilisierungsziele zunächst einzeln betrachtet, ihre volkswirtschaftliche Bedeutung erläutert, definiert und abgegrenzt. Zudem werden geeignete Kenngrößen und Messwerte erarbeitet, die für die Beurteilung des stabilisierenden Einflusses der Gesundheitswirtschaft Verwendung finden.

2.1.1 Hohes Beschäftigungsniveau

Das Erreichen eines hohen Beschäftigungsstands, der sogenannten Vollbeschäftigung, ist aus vielerlei Hinsicht erstrebenswert. Arbeitslosigkeit bedeutet aus Sicht der Betroffenen oftmals neben dem Verlust eines geregelten Einkommens und somit materieller Not auch den Verlust des Selbstwertgefühls und des Status in einer am Beschäftigungsverhältnis orientierten Werteordnung. Politisch kann

15 Vgl. Bofinger, P. (2003) S.230 ff

eine hohe Arbeitslosigkeit zur Verbreitung antidemokratischer Ansichten beitragen und gilt daher als systemgefährdend. Für regierende Parteien sinkt bei anhaltender hoher Arbeitslosigkeit die Wahrscheinlichkeit einer Wiederwahl, wodurch ihre Bemühungen, ein hohes Beschäftigungsniveau zu erreichen, intrinsisch motiviert sind. Aus ökonomischer Sicht bedeutet Unterbeschäftigung, dass der vorhandene Faktor „Arbeit" nur ungenügend ausgelastet wird und somit freie Kapazitäten an Arbeitsleistung nicht zur Produktion und somit zur Wohlstandsmehrung eingesetzt werden. Das Erreichen der Vollbeschäftigung gilt daher aus einer Vielzahl von Beweggründen als sozial- und wirtschaftspolitisches Ziel von übergeordneter Bedeutung.[16]

In Deutschland erfasst die Bundesagentur für Arbeit den Stand der Arbeitslosigkeit. Neben der absoluten Zahl an Arbeitslosen wird das Beschäftigungsniveau zumeist in Form der jahresdurchschnittlichen Arbeitslosenquote gemessen. Diese ist definiert als das Verhältnis der Arbeitslosen zu der Anzahl der unselbständigen Erwerbspersonen. Das Ziel der Vollbeschäftigung gilt insofern als erfüllt, wenn ein gewisser Prozentwert nicht überschritten wird. Eine empirische Überprüfung dieser Schwelle erfolgte bisher nicht. In der Literatur besteht allerdings Konsens darüber, dass ab einer Arbeitslosenquote von etwa 4% von Vollbeschäftigung ausgegangen werden kann. Der restliche Anteil gilt nicht mehr als konjunkturbedingt, sondern ist auf friktionelle, saisonale und freiwillige Arbeitslosigkeit zurück zu führen.[17] Zudem können wirtschaftszweigspezifische und regionale Arbeitslosenzahlen wesentliche Abweichungen zu den Durchschnittswerten aufzeigen. Diese Schwankungen sind zu großen Teilen auf strukturelle Probleme zurück zu führen.[18]

Seit 2005 sinkt die saisonbereinigte Arbeitslosenquote in Deutschland kontinuierlich, vgl. Abbildung 2. Im Mai 2011 registrierte die Agentur für Arbeit erstmals seit der Wiedervereinigung weniger als 3 Mio. Arbeitslose. Dies entspricht einer Arbeitslosenquote bezogen auf alle zivilen Erwerbstätigen von etwa 7%.[19]

---

16 Vgl. Pätzold, J. (1998), S. 29
17 Vgl. Bofinger P. (2003) S. 236
18 Vgl. Zimmermann, H., Henke, K. D., Broer, M. (2009), S 319
19 Datenquelle: Destatis in Verbindung mit Bundesagentur für Arbeit

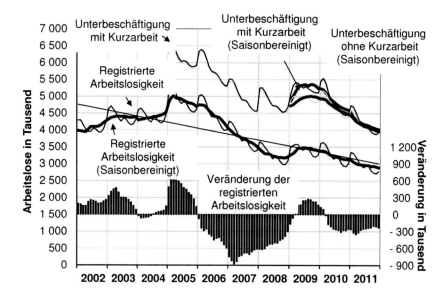

Quelle: SVR, 2012

Abbildung 2: Arbeitslosigkeit und Unterbeschäftigung in Deutschland

Diese positive Entwicklung in Deutschland ist im Hinblick auf die sinkende Wirtschaftsleistung in den Jahren 2008 und 2009 bemerkenswert. Entscheidend hierfür war unter anderem, dass im Vorfeld der Krisenjahre keine nennenswerten sektoralen Verwerfungen vorlagen, im Gegensatz zu zahlreichen anderen Industrieländern, die trotz erholender Wirtschaft mit nachhaltigen Problemen auf dem Arbeitsmarkt konfrontiert sind.[20] Deutschland besitzt unter allen Industrienationen eine geringere Arbeitslosenquote als vor Ausbruch der Krise, was auf das Zusammenwirken mehrerer Faktoren zurückzuführen ist: Vor Krisenbeginn gelang es besonders stark betroffenen Unternehmen, vor allem aus dem exportorientierten Produzierenden Gewerbe, Liquiditätsreserven aufzubauen und sich wettbewerbsfähig zu positionieren. Bei einem überproportionalen Anteil der Beschäftigten in Deutschland handelt es sich um qualifiziertes Fachpersonal, deren Verlust gerade in Hinsicht des bevorstehenden Fachkräftemangels von den Unternehmen nicht riskiert wurde. Außerdem zielte die Ausrichtung der Tariflohnpolitik auf Beschäftigungssicherung ab und viele Unternehmen erhöhten

---

20 Vgl. Sachverständigenrat (2011/2012), Nr. 120

10

die Flexibilität der Arbeitszeitmodelle und führten Kurzarbeit ein. Zudem wurde ein Teil des Beschäftigungsrückgangs im verarbeitenden Gewerbe durch Beschäftigungszuwächse in den Dienstleitungsbranchen kompensiert.[21]

Um allerdings den arbeitsmarktpolitischen Einfluss eines Wirtschaftszweiges beurteilen zu können, empfiehlt sich anstelle der Arbeitslosenzahlen die Erwerbstätigen in entsprechender Gliederung zu betrachten und ins Verhältnis der Gesamtbeschäftigten zu setzen. Diesen Bezug bietet die Erwerbstätigenrechnung, die im Rahmen der VGR bereitgestellt wird. Gemäß dem Europäischen System Volkswirtschaftlicher Gesamtrechnungen (ESVG) zählen hierzu alle Personen, die als Arbeitnehmer (Arbeiter, Angestellte, Beamte, geringfügig Beschäftigte, Soldaten) oder als Selbstständige beziehungsweise als mithelfende Familienangehörige eine auf wirtschaftlichen Erwerb gerichtete Tätigkeit ausüben bzw. in einem Arbeits- oder Dienstverhältnis stehen. Dabei ist weder die Dauer der vertragsmäßig oder effektiv geleisteten Arbeitsstunden noch das vorrangige Ziel den Lebensunterhalt zu erwirtschaften von Bedeutung. Jedoch wird nach dem Personenkonzept jeder Beschäftigte lediglich einmal mit seiner Haupterwerbstätigkeit erfasst.[22] Im Rahmen der Erwerbstätigenrechnung werden die Erwerbstätigen unter anderem in der Wirtschaftszweigklassifikation (WZ 2008) ausgewiesen, sodass ein tiefgegliederter Branchenvergleich möglich ist.[23]

Nach Berechnungen des Statistischen Bundesamtes waren in Deutschland im Jahr 2011 durchschnittlich 41,04 Millionen Personen erwerbstätig, ein trotz Finanzkrise bisheriger Höchststand. Dabei ist in nahezu allen Wirtschaftsbereichen ein Zuwachs zu verzeichnen, auch wenn sich bei langfristiger Betrachtung ein Strukturwandel zu Dienstleistungssektoren zu verzeichnen ist.[24]

Tabelle 1 bildet die Entwicklung der Erwerbstätigen in Deutschland nach Wirtschaftszweigen in den Jahren 2005 bis 2010 ab. Während das Produzierende Gewerbe (-1,3%) und Fischerei, Land- und Forstwirtschaft (-4,1%) im Betrachtungszeitraum leicht rückläufig waren, stieg die Zahl der Erwerbstätigen in den Dienstleistungsbranchen um 6,1%. Vor allem die Wirtschaftszweige Gastgewerbe (+11%), Gesundheits- und Sozialwesen (+11,3%) und Unternehmensdienstleistungen (+18,51) konnten starke Beschäftigungszuwächse verzeichnen.

---

21 Vgl. Sachverständigenrat (2010/2011), Nr. 450
22 Vgl. Destatis – Statistisches Bundesamt (2012a)
23 Vgl. Destatis – Statistisches Bundesamt (2011a)
24 Vgl. Destatis – Statistisches Bundesamt (2012b)

Tabelle 1: Erwerbstätige in Deutschland nach Wirtschaftsgliederung (in Tsd.)

WZ 2008	Wirtschaftsgliederung	2005	2006	2007	2008	2009	2010
A	**Land- und Forstwirtschaft, Fischerei**	**676**	**640**	**662**	**665**	**668**	**648**
B bis F	**Produzierendes Gewerbe**	**10 071**	**10 003**	**10 135**	**10 266**	**10 054**	**9 941**
B	Bergbau und Gewinnung von Steinen und Erden	92	89	87	84	85	83
C	Verarbeitendes Gewerbe	7 167	7 113	7 212	7 360	7 123	6 991
CA	H.v. Nahrungsmitteln u. Getränken, Tabakverarb.	864	842	842	861	852	...
CB	H.v. Textilien, Bekleidung, Lederwaren u. Schuhen	195	191	188	182	166	...
CC	H.v. Holzwaren, Papier u. Druckerzeugnissen	575	559	561	508	485	...
CD	Kokerei und Mineralölverarbeitung	30	31	30	31	30	...
CE	H.v. chemischen Erzeugnissen	338	339	342	346	346	...
CF	H.v. pharmazeutischen Erzeugnissen	113	114	115	116	109	...
CG	H.v. Gummi-, Kunststoff-, Glaswaren, Keramik u.Ä.	617	610	618	633	600	...
CH	Metallerzg. u. -bearb., H.v. Metallerzeugnissen	1 125	1 106	1 144	1 196	1 137	...
CI	H.v. DV-Geräten, elektron. u. optischen Erzeugnissen	385	387	399	416	394	...
CJ	H.v. elektrischen Ausrüstungen	455	474	453	482	464	...
CK	Maschinenbau	942	949	983	1 060	1 038	...
CL	Fahrzeugbau	992	981	982	981	944	...
CM	H.v. Möbeln u. sonst. Waren; Rep. u. Inst. v. Maschinen .	536	530	555	548	558	...
D	Energieversorgung	250	249	247	245	248	249
E	Wasserversorgung, Entsorgung u.Ä.	232	228	230	234	234	235
F	Baugewerbe	2 330	2 324	2 359	2 343	2 364	2 383

WZ 2008	Wirtschaftsgliederung	2005	2006	2007	2008	2009	2010
G bis T	Dienstleistungsbereiche	28 229	28 549	29 060	29 414	29 640	29 964
G	Handel; Instandh. u. Rep. v. Kfz	5 719	5 697	5 746	5 767	5 756	5 727
H	Verkehr und Lagerei	1 889	1 918	1 959	1 985	1 981	1 959
I	Gastgewerbe	1 512	1 531	1 573	1 603	1 663	1 679
J	Information und Kommunikation	1 236	1 250	1 275	1 258	1 235	1 219
K	Finanz- und Versicherungsdienstleister	1 257	1 253	1 225	1 218	1 229	1 227
L	Grundstücks- und Wohnungswesen	436	443	443	439	428	430
M bis N	Unternehmensdienstleister	4 317	4 523	4 763	4 943	4 913	5 116
M	Freiberufl., wissenschaftl. u. techn. Dienstleister	2 126	2 173	2 245	2 331	2 361	2 395
N	Sonstige Unternehmensdienstleister	2 191	2 350	2 518	2 612	2 552	2 721
O bis Q	Öffentliche Dienstleister, Erziehung, Gesundheit	8 959	9 011	9 096	9 207	9 417	9 568
O	Öff. Verwaltung, Verteidigung; Sozialversicherung	2 763	2 750	2 734	2 725	2 741	2 735
P	Erziehung und Unterricht	2 307	2 340	2 380	2 420	2 473	2 504
Q	Gesundheits- und Sozialwesen	3 889	3 921	3 982	4 062	4 203	4 329
R bis T	Sonstige Dienstleister	2 904	2 923	2 980	2 994	3 018	3 039
R	Kunst, Unterhaltung und Erholung	587	593	604	622	637	645
S	Sonstige Dienstleister a.n.g.	1 481	1 494	1 508	1 522	1 510	1 512
T	Häusliche Dienste	836	836	868	850	871	882
A bis T	Alle Wirtschaftsbereiche	38 976	39 192	39 857	40 345	40 362	40 553

Quelle: VGR Inlandsproduktberechnung 2010 – Stand 16.09.2011

Wie bereits aus Tabelle 1 ersichtlich ist, sind Informationen innerhalb der VGR über die Gesundheitswirtschaft nur erschwert zu erlangen. Kurz gesagt liegt dies daran, dass es sich bei der Gesundheitswirtschaft nicht um eine Branche nach statistischer Definition handelt. So sind zum einen im Wirtschafts-

zweig Gesundheit- und Sozialwesen einige Branchen enthalten, die nach Definition nicht der Gesundheitswirtschaft zuzurechnen sind, viele andere gesundheitsrelevante Branchen hingegen verteilen sich auf eine Vielzahl weiterer Wirtschaftszweige. Auf diesen Sachverhalt wird an späterer Stelle noch ausführlich
eingegangen.

2.1.2 Preisniveaustabilität

Wie im vorigen Abschnitt aufgezeigt führt Unterbeschäftigung in vielerlei Weisen zu volkswirtschaftlichen Kosten. Dies ist auch bei einer hohen Inflationsrate
der Fall. Von einer Hyperinflation abgesehen[25], hängen die Folgen einer normalen bzw. schleichenden Inflation hauptsächlich davon ab, wie die einzelnen
Wirtschaftssubjekte inflationäre Prozesse antizipieren und in ihrem Handeln berücksichtigen.[26] Bei einer Preisniveausteigerung verliert der Preis seine Alloka-
tionsfunktion, was wiederum negativ auf das Investitionsverhalten wirkt und
somit Beschäftigung und Wachstum beeinflusst. Des Weiteren erzeugt Inflation
eine Benachteiligung der Empfänger von Lohn- und Renteneinkommen sowie
Sparern und Gläubigern, deren Verzinsung nicht an die Preisentwicklung angepasst wird.[27] Abweichungen des Preisniveaus gefährden daher eine gerechte
Einkommensverteilung, Vollbeschäftigung, Allokationseffizienz sowie Wirtschaftswachstum.[28] Im diesem Zusammenhang steht auch das Phänomen der
kalten Progression. Dabei handelt es sich um eine verdeckte Steuererhöhung, die
bei Inflation durch unveränderte Steuersätze entsteht.

Ohne Informationen über die Preisentwicklung lassen sich keine Veränderungen von nominalen Einnahmen und Ausgaben beurteilen. Es kann sogar der
Fall eintreffen, dass gesteigerte Ausgaben mit Einbußen in der Versorgung einhergehen, wenn der Preisanstieg höher als der nominale Anstieg ist. Daher ist
ein stabiles Preisniveau allein aus Gründen der Planungssicherheit ein wichtiges
Kriterium.

Die Preisniveaustabilität wird unter anderem anhand der Preisveränderung
von unterschiedlich definierten Warenkörben gemessen. Diese enthalten eine
repräsentative Auswahl an Waren und Dienstleistungen, die beispielsweise zur
Lebenshaltung einer Familie gehören. Der BIP-Deflator hingegen enthält alle
Waren und Dienstleistungen des BIP und gibt Aufschluss darüber welcher Anteil am Wirtschaftswachstum auf reiner Preisveränderung beruht. Dieser Index

---

25 Bspw. lag im Oktober 1923 die monatliche Inflationsrate in Deutschland bei 32 400%
26 Vgl. Pätzold, J. (1998), S.30
27 Vgl. Zimmermann, H., Henke, K. D., Broer, M. (2009), S. 319 - 329
28 Vgl. Andel, N. (1992): S. 435

reagiert stärker auf die Entwicklung von Einfuhrpreisen, Kostenreduktionen aus Rationalisierungserfolgen und Nachfrageänderungen. Allgemein wird eine Inflationsrate von 2% als erstrebenswert angesehen. Dies entspricht auch der Zielvorgabe der EZB.[29]

Zu den wichtigsten Preisindizes zählen unter anderem:[30]

- *Verbraucherpreisindizes (VPI) bzw. harmonisierter Verbraucherpreisindex (HVPI)* - gibt die Preisentwicklung aller Güter wieder, die in privaten Haushalten für Konsumzwecke Verwendung finden. Hierin enthalten sind u.a. die Preisveränderungen von Nahrungsmitteln, Mieten, Strom und Kraftstoffen. Die Veränderungsrate der VPI gegenüber dem Vorjahr ist als Inflationsrate bekannt.

- *Erzeugerpreisindex gewerblicher Produkte* - ist der Indizes für die Preisentwicklung von Rohstoffen und Industrieerzeugnissen der inländischen Wirtschaft. Er enthält die Güter sämtlicher Produzenten, die im verarbeitenden Gewerbe, im Bereich der Energie- und Wasserwirtschaft oder im Bergbau tätig sind. Hierzu zählen vor allem Mineralölerzeugnisse, Metalle, chemische Grundstoffe und Nahrungsmittel.

- *Preisindex für Land- und Forstwirtschaft* - zeigt die Preisentwicklung von pflanzlichen und tierischen Erzeugnissen auf, wie bspw. von Getreide, Raps und Rindern sowie von forstwirtschaftlichen Erzeugnissen, wie Stamm- und Industrieholz. Die Preisentwicklung auf der Ausgabenseite enthält landwirtschaftliche Betriebsmittel. Hierzu zählen unter anderem Saat- und Pflanzgut, Energie und Schmierstoffe, Düngemittel und Futtermittel.

- *Erzeugerpreisindizes für Dienstleistungen* - entspricht dem Pendant zum Erzeugerpreisindex und enthält die Preisentwicklung für Dienstleistungen die an gewerbliche und private Kunden gerichtet sind. Hierzu zählen unter anderem Telekommunikationsdienstleistungen, Gütertransport und Logistik.

- *Ein- und Ausfuhrpreisindizes* - enthalten Waren des internationalen Handelsverkehrs, die zwischen Deutschland und dem Ausland gehandelt werden. Die wichtigsten Güter des Einfuhrindex sind vor allem Erdöl, Mineralölerzeugnisse, Rohstoffe und Getreide.

In Abbildung 3 ist die Entwicklung der Inflationsraten anhand des Verbraucherpreisindex für die Jahre 2001 bis 2011 abgebildet. Mit Ausnahme der Jahre 2007, 2008 und 2011 wurde das von der EZB auferlegte Ziel, die 2% Marke

---

29 Vgl. Zimmermann, H., Henke, K. D., Broer, M. (2009), S.319
30 Vgl. Destatis – Statistisches Bundesamt (2012c)

nicht zu überschreiten, erreicht. Die Verdopplung der Inflationsrate von 1,1% in 2010 auf 2,3% in 2011 ist primär mit dem Preisanstieg von unverarbeiteten Lebensmitteln und Energie zu begründen.[31] Die selbst über den Zeitraum der Krisenjahre relativ konstante Inflationsentwicklung ist gerade vor dem Hintergrund expansiver Geldpolitik der EZB und der daraus resultierenden Überschussliquidität bemerkenswert.

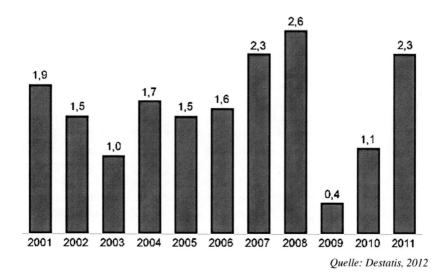

Quelle: Destatis, 2012

Abbildung 3: Verbraucherpreisindex Deutschland

2.1.3 Außenwirtschaftliches Gleichgewicht

Die Zielvorgabe ein außenwirtschaftliches Gleichgewicht zu erreichen wird in der Literatur unterschiedlich interpretiert und hat spätestens mit der Einführung flexibler Wechselkurse an Bedeutung verloren. Bis dato hatten die Notenbanken in einem System fester Wechselkurse nur wenig Handlungsspielräume. Es galt primär wirtschaftliche Prozesse zu vermeiden, die die Teilnahme an diesem System gefährden.[32] Mit der Einführung flexibler Wechselkurse änderte sich die Bedeutung eines außenwirtschaftlichen Gleichgewichts und wird mittlerweile

---

31 Vgl. Sachverständigenrat (2011/2012), Nr. 64.
32 Vgl. Bofinger, P. (2003), S. 241

16

als nachrangiges Ziel hinter den anderen Komponenten des magischen Vierecks verstanden.[33]

In erster Linie soll sichergestellt werden, dass die Binnenwirtschaft keine negative Beeinflussung durch die Außenwirtschaft erfährt.[34] Eine dauerhaft unausgeglichene Leistungsbilanz kann die Entwicklung eines Landes belasten. Ein kontinuierlich negativer Außenbeitrag führt zu Verschuldung, steigender Arbeitslosigkeit und rückläufigem Wirtschaftswachstum. Für die binnenwirtschaftliche Entwicklung ist die Stabilität der Außenwirtschaft daher als notwendige Voraussetzung anzusehen.[35] Ein ständiger Leistungsüberschuss kann hingegen zu Inflation führen. Allerdings sind Szenarien denkbar, in denen temporäre Ungleichgewichte aus stabilisierungspolitischer Sicht durchaus wünschenswert sind.[36] Gerade für Deutschland als exportorientierte Nation gilt der Außenhandel als Konjunkturmotor.

Auskunft über wirtschaftliche Transaktionen zwischen Inland und Ausland und somit über die ökonomische Verflechtung gibt die Zahlungsbilanz. Sie stellt sämtliche Einnahmen und Ausgaben eines Landes gegenüber. Im Rahmen der Zahlungsbilanz gilt die Außenwirtschaft im Gleichgewicht, bei ausgeglichener Leistungsbilanz bzw. wenn der Außenbeitrag den Saldo der Bilanz der laufenden Übertragungen deckt. Für einen geeigneten Indikator des Außenhandels ist es wichtig, den Zusammenhang zwischen Außen- und Binnenwirtschaft darzustellen. Es werden daher neben den absoluten Größen der Zahlungsbilanz auch oft die Außenhandelsquote bzw. der Außenhandelsbeitrag (Nettoexporte) im Verhältnis zum BIP ausgewiesen:[37]

$$Außenhandelsquote\ (in\ Prozent) = \frac{Exporte + Importe}{BIP}$$

Zum Vergleich der Außenhandelsaktivitäten verschiedener Länder sowie für Zeitreihenanalysen wird vorwiegend der normierte Außenhandelssaldo verwendet, da er aussagekräftiger als der nominale Außenhandelssaldo ist. Er ist der Quotient aus Außenhandelssaldo und Außenhandelsvolumen:[38]

$$normierter\ Außenhandelssaldo\ (in\ Prozent) = \frac{Exporte - Importe}{Exporte + Importe}$$

33 Vgl. Andel, N. (1992), S. 435
34 Vgl. Pätzold, J. (1998), S. 64
35 Vgl. Pätzold, J. (1998), S. 29
36 Vgl. Andel, N. (1992), S. 435
37 Vgl. Zimmermann, H., Henke, K. D., Broer, M. (2009), S.321
38 Vgl. Loschky, A. (2010), S.354

Um den Einfluss von Exporten auf eine Volkswirtschaft zu messen bietet sich als Indikator die Exportquote an:

$$Exportquote\ (in\ Prozent) = \frac{Exporte}{BIP}$$

Das Verhältnis zwischen Exporten und inländischer Produktion bietet gerade im Zeitvergleich einen wichtigen Hinweis über die Exportabhängigkeit einer Wirtschaft. Für den Vergleich verschiedener Nationen ist dieser Indikator allerdings nur begrenzt einsetzbar, da er bspw. bei Durchfuhrländern stark überzeichnet ist. Alternativ wird als Indikator oftmals der Außenbeitrag verwendet, der anstelle der Exporte den Saldo des Außenhandels mit Waren und Dienstleistungen ins Verhältnis zum Bruttoinlandsprodukt setzt. Anhand des Wachstums des Außenbeitrags wird der Einfluss des Außenhandels auf das reale Wirtschaftswachstum einer Volkswirtschaft gemessen und gibt Aufschluss über die Veränderung des BIP in Abhängigkeit von steigenden bzw. sinkenden Außenhandelsbeiträgen. [39]

In Abbildung 4 ist die Entwicklung der Einfuhren und Ausfuhren sowie der daraus resultierende Saldo abgebildet. Auffällig ist zunächst der nahezu parallele Verlauf beider Größen sowie der starke Einbruch im Winterhalbjahr 2008/09. Dieser historische Exportrückgang ist auf den weltweit nahezu synchron verlaufenden Nachfragerückgang zurückzuführen, von dem die deutsche Volkswirtschaft im internationalen Vergleich besonders stark betroffen war. In der ersten Jahreshälfte 2009 sanken die Exporte im Vergleich zum Vorjahr um 21,8%. [40] Im Folgejahr konnten sich die Ausfuhren dank der weltweit verbesserten Wirtschaftslage vor allem in den großen Schwellenländern wieder erholen und stiegen bis zum zweiten Quartal 2011 um 27% gegenüber dem Tiefpunkt. Im Vergleich dazu lag die jährliche Wachstumsrate der Exporte in den bereits wachstumsstarken Jahren 2000 bis 2007 bei 7,1%. Nach diesem Aufholprozess und der sich abzeichnenden Verlangsamung der weltweiten Wachstumsdynamik rechnet der Sachverständigenrat mit einem Rückgang der Zuwachsrate auf etwa 3,2%. [41]

---

39 Vgl. Loschky, A. (2010), S.354
40 Vgl. Sachverständigenrat (2009/2010), Nr. 71
41 Vgl. Sachverständigenrat (2011/2012), Nr. 110

18

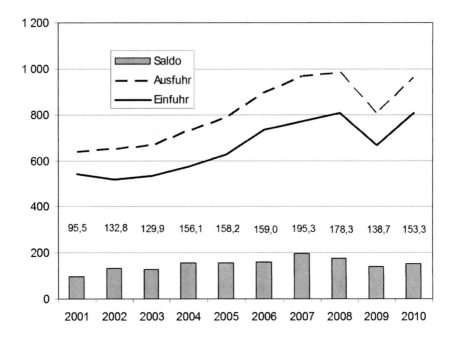

Quelle: Destatis, 2010

Abbildung 4: Entwicklung Einfuhren und Ausfuhren Deutschlands in Mrd. Euro

Für die Entwicklung der Importe zeichnet sich im Betrachtungszeitraum ein ähnlicher Verlauf ab. Nach dem starken Einbruch in den Jahren 2008 und 2009 erholten sich die Einfuhren insgesamt etwas schneller als die Ausfuhren und erreichten bereits im Jahr 2010 wieder das Niveau vor Krisenbeginn, während die Exporte zu diesem Zeitpunkt noch 2,5% unter dem Höchstwert lagen. Der Anstieg der Importe um 21,3% im Jahr 2010 ist der stärkste seit der Ölkrise im Jahr 1973.[42] Die Prognosen des Sachverständigenrats gehen von einer weiteren Expansion der Importentwicklung in Höhe von 7,1% in 2011 und 4,2% in 2012 aus.[43]

Im Außenhandelssaldo wird die unterschiedliche Dynamik zwischen Im- und Export noch deutlicher. Obwohl dieser nominal im Jahr 2010 ebenfalls wieder anstieg, wurde das Niveau aus der Vorkrisenzeit nicht wieder erreicht. Der

---

42 Vgl. Loschky, A. (2010), S.354
43 Vgl. Sachverständigenrat (2011/2012), Nr. 110

aussagekräftigere normierte Außenhandelssaldo nimmt seit 2008 kontinuierlich ab.[44] Von 10% in 2008 sank er auf 9,4% in 2009 und lag 2010 bei 8,7%, dem niedrigsten Wert seit 2001 der damals 8,1% betrug.

In Tabelle 2 werden die anfangs erläuterten Indikatoren des Außenhandels für die Jahre 2000 bis 2010 noch einmal gegenübergestellt. Gerade die negativen Wachstumsraten des Außenhandelsbeitrags zeigen deutlich auf, dass der deutsche Außenhandel in den Krisenjahren nicht wie üblich als Konjunkturmotor fungierte. Mehr als 60% des negativen Wachstums der deutschen Gesamtwirtschaft von 4,7% sind auf den deutlichen Rückgang des Außenhandels im Jahr 2009 zurück zu führen. Im Jahr 2010 stieg der Außenbeitrag wieder und konnte einen Wachstumsbeitrag von 3,6% am BIP leisten. Das Niveau vor der Krise erreichte er jedoch nicht.[45]

Tabelle 2: Übersicht der Außenhandelsindikatoren für Deutschland

Jahr	Export	Import	Saldo	BIP	Außen-handels-quote	Außen-handels-saldo	Export-quote	Außen-handels-beitrag
	in Mrd. €				in Prozent			
2000	597,4	538,3	59,1	2 047,5	55,5%	5,2%	29,2%	2,9%
2001	638,3	542,8	95,5	2 101,9	56,2%	8,1%	30,4%	4,5%
2002	651,3	518,5	132,8	2 132,2	54,9%	11,4%	30,5%	6,2%
2003	664,5	534,5	129,9	2 147,5	55,8%	10,8%	30,9%	6,0%
2004	731,5	575,4	156,1	2 195,7	59,5%	11,9%	33,3%	7,1%
2005	786,3	628,1	158,2	2 224,4	63,6%	11,2%	35,3%	7,1%
2006	893,0	734,0	159,0	2 313,9	70,3%	9,8%	38,6%	6,9%
2007	965,2	769,9	195,3	2 428,5	71,4%	11,3%	39,7%	8,0%
2008	984,1	805,8	178,3	2 473,8	72,4%	10,0%	39,8%	7,2%
2009	803,3	664,6	138,7	2 374,5	61,8%	9,4%	33,8%	5,8%
2010	959,5	806,2	153,3	2 476,8	71,3%	8,7%	38,7%	6,2%

Datenbasis: Destatis, 2010; eigene Darstellung

---

44 Vgl. Formel am Anfang des Abschnitts
45 Vgl. Loschky, A. (2010), S.354

2.1.4 Stetiges und angemessenes Wirtschaftswachstum

Mit der Zielvorgabe ein stetiges und angemessenes Wirtschaftswachstum zu erreichen werden gleich zwei zu erfüllende Kriterien gefordert. Zum einen ein angemessenes Wachstum, das den Wohlstand eines Landes erhöht und die Frage der Verteilung erleichtert. Zum anderen ein stetiges Wachstum, sodass konjunkturbedingte Schwankungen um einen langfristigen Wachstumstrend möglichst vermieden werden. Diese Schwankungen gelten als problematisch, weil sie in der Regel zu Instabilität auf dem Arbeitsmarkt führen.

Generell ist Wirtschaftswachstum als notwendiges Kriterium anzusehen um einen hohen Beschäftigungsstand sowie Preisniveaustabilität zu erreichen bzw. zu sichern. Die Korrelation zwischen Produktionswachstum und Arbeitslosigkeit innerhalb einer Volkswirtschaft bildet das Okunsche Gesetz ab. Es besagt, dass ab einem gewissen Grenzwert des Wachstums die Arbeitslosenquote sinkt, die s.g. Beschäftigungsschwelle. In Verbindung mit der Philips-Kurve, die den Zusammenhang zwischen Preisen und Arbeitslosigkeit erklärt, beschreibt das Okunsche Gesetz die Wechselwirkung zwischen Wachstum, Preisniveau und Beschäftigung.[46]

Positive reale Wachstumsraten werden generell mit einer Erhöhung des Lebensstandards gleichgesetzt, auch wenn ohne die Hinzunahme der Verteilung innerhalb der Bevölkerung diese Aussagen zu relativieren sind.

Grundsätzlich wird Wirtschaftswachstum anhand der Entwicklung des Bruttoinlandsprodukts (BIP) gemessen. Es entspricht dem Marktwert sämtlicher für den Endverbrauch bestimmten Güter, die in einem Land innerhalb eines Jahres hergestellt werden. Zu unterscheiden ist zwischen nominalem und realem Wirtschaftswachstum. Beide Methoden basieren auf unterschiedlichen Bewertungen der Wertschöpfung. Das nominale Wachstum bewertet die Wertschöpfung in aktuellen Marktpreisen und enthält dementsprechend auch Änderungen des Preisniveaus. Beim realen BIP-Wachstum erfolgt hingegen eine Preisbereinigung um inflationäre Prozesse, sodass die eigentliche Leistungsentwicklung der Gesamtwirtschaft abgebildet wird.[47] Ebenso geläufig ist die Betrachtung der Entwicklung des Pro-Kopf-BIPs, das der durchschnittlich geleisteten Wertschöpfung pro Erwerbstätigen entspricht.[48] Die Steigerung des Pro-Kopf-Einkommens bedeutet, dass das BIP schneller als die Bevölkerung gewachsen ist und wird durch die Erhöhung der Arbeitsproduktivität erreicht.

In Abbildung 5 ist die preisbereinigte Entwicklung des BIP mit dem Kettenindex zum Jahre 2005 (=100) aufgezeigt, sowie die jeweiligen Veränderungsra-

---

46 Vgl. Blanchard, O., Illing, G. (2004), S.266ff
47 Vgl. Bofinger, P. (2003), S. 232
48 Vgl. Ostwald, D. A. (2009), S.5

ten gegenüber dem Vorquartal (Balkendiagramm). Nach mäßiger Wirtschaftsentwicklung zu Beginn des Jahrzehnts konnte ab der Mitte ein überdurchschnittliches Wachstum erreicht werden. Es folgte der bereits angesprochene drastische Einbruch der Wirtschaftsleistungen im Winterhalbjahr 2008/2009, der vor allem von einem starken Rückgang der Exportnachfrage und der Ausrüstungsinvestitionen ausging.[49] Innerhalb des 1. Quartals 2008 bis zum 1. Quartal 2009 sank das saisonbereinigte BIP von 109,23 Punkten um -7,45 Punkte (-6,82%) auf 101,78 Punkte. Anschließend begann ein ausgeprägter Aufholprozess der dafür sorgte, dass ab der Jahresmitte 2011 das BIP den Ausgangswert vor Krisenbeginn wieder erreichte. Der Sachverständigenrat prognostiziert für den weiteren Verlauf eine Abschwächung des Aufschwungs und rechnet mit einer Zuwachsrate von 3,0% für 2011 und 0,9% für 2012.[50]

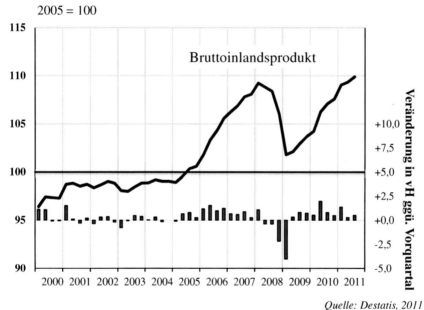

Quelle: Destatis, 2011

Abbildung 5: Entwicklung des preisbereinigten BIP

Tabelle 3 stellt die Entwicklung des BIP dem BIP pro Kopf und BIP pro Erwerbstätigen gegenüber. Das BIP pro Erwerbstätigen als Indikator für die

49 Vgl. Sachverständigenrat (2009/2010), Nr. 71
50 Vgl. Sachverständigenrat (2011/2012), Nr.24

Produktivität stieg im Zeitraum 2000 bis 2010 von 51.991 € auf 61.076 €. Besonders auffällig ist hierbei die synchrone Entwicklung gegenüber dem BIP im Krisenzeitraum, in der die bereits angesprochene robuste Reaktion des Arbeitsmarktes ersichtlich wird. Anstelle von Beschäftigungsabbau wurde oftmals die Arbeitszeit verkürzt, mit der das Absinken der Produktivität pro Erwerbstätigen zu begründen ist, vgl. Abbildung 6.

Tabelle 3: Entwicklung BIP pro Kopf

Jahr	BIP		pro ET		pro Kopf	
	in Mrd. €	in %	in €	in %	in €	in %
2000	2 048		51 991		24 912	
2001	2 102	2,66%	53 233	2,39%	25 527	2,47%
2002	2 132	1,44%	54 314	2,03%	25 850	1,27%
2003	2 148	0,72%	55 180	1,59%	26 024	0,67%
2004	2 196	2,24%	56 251	1,94%	26 614	2,27%
2005	2 224	1,31%	57 071	1,46%	26 974	1,35%
2006	2 314	4,02%	59 040	3,45%	28 093	4,15%
2007	2 429	4,95%	60 930	3,20%	29 521	5,08%
2008	2 474	1,87%	61 316	0,63%	30 124	2,04%
2009	2 375	-4,01%	58 830	-4,05%	29 002	-3,72%
2010	2 477	4,31%	61 076	3,82%	30 295	4,46%

Datenbasis: Destatis, 2012; eigene Darstellung

Das BIP ist ein Maß für die wirtschaftliche Leistung einer Nation. Um für die vorliegende Analyse Aussagen über den Beitrag einzelner Wirtschaftssubjekte an dieser Gesamtleistung zu treffen, wie in diesem Fall der Gesundheitswirtschaft, wird als weitere Messgröße die Bruttowertschöpfung (BWS) benötigt.

Die Wertschöpfung bzw. deren Veränderung zum Vorjahr gibt Aufschluss über die Leistungsfähigkeit von einzelnen Unternehmen, Branchen oder Regionen und ist somit Maßstab für den Beitrag an der Wirtschaftsleistung bzw. -wachstum. Nach den Bewertungskorrekturen beim Übergang von Herstellungspreisen zu Marktpreisen um Gütersteuern abzüglich Gütersubventionen ergibt die Summe der BWS über sämtliche Wirtschaftsbereiche wiederum das BIP.[51]

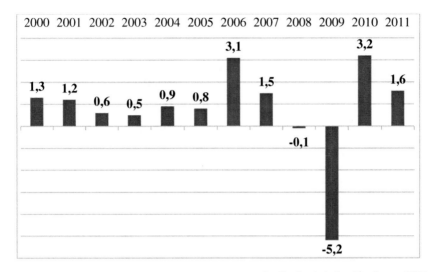

Quelle: Statistisches Bundesamt 2012

Abbildung 6: Arbeitsproduktivität je Arbeitnehmer Veränderung ggü. Vorjahr

Aus den Produktionskonten der VGR ergibt sich die Bruttowertschöpfung in jeweiligen Preisen aus der Differenz von Produktionswert und Vorleistungen und steht somit für das Bruttoergebnis der Produktionstätigkeit.[52] Der Produktionswert entspricht dem Wert der veräußerten Güter der eigenen Produktion ohne Gütersteuern. Die Bruttowertschöpfung ist zugleich die Summe aus Arbeitnehmerentgelten, Nettobetriebsüberschüssen, sonstigen Produktionsabgaben und Abschreibungen und somit das Ergebnis der Entstehungs- und Verteilungsrechnung.[53]

Der höchste Wertschöpfungsbeitrag mit 69,1% wird in Deutschland mit Dienstleistungen generiert, an zweiter Stelle folgt das Produzierende Gewerbe mit 25,6% gefolgt vom Baugewerbe (4,4%) sowie Land- und Fortwirtschaft, Fischerei (1,0%), vgl. Abbildung 7.

---

51 Vgl. Destatis – Statistisches Bundesamt (2011b), S. 8
52 Vgl. Destatis – Statistisches Bundesamt (2007)
53 Vgl. Henke, K. D., Neumann, K., Schneider, M. (2009), S. 66

24

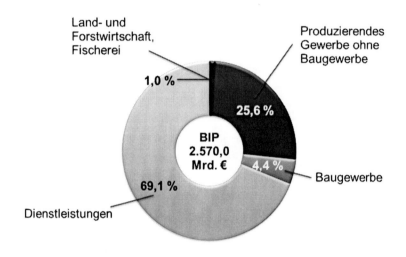

Land- und
Forstwirtschaft,
Fischerei

1,0 %

Produzierendes
Gewerbe ohne
Baugewerbe

25,6 %

BIP
2.570,0
Mrd. €

4,4 %

Baugewerbe

69,1 %

Dienstleistungen

Quelle: Statistisches Bundesamt, 2011

Abbildung 7: Bruttowertschöpfung nach Sektoren in Deutschland 2011

In Tabelle 4 ist die Entwicklung der BWS im Zeitraum 2005 bis 2010 nach Wirtschaftszweigen abgebildet. Es ist deutlich zu erkennen, dass die einzelnen Wirtschaftsbereiche unterschiedlich stark von der Krise betroffen waren.

Vor allem im Krisenjahr 2009 mit der höchsten Rezession der Nachkriegszeit, in dem das preisbereinigte BIP um 5% sank, litten die exportorientierten Bereiche unter der weltweit rückläufigen Entwicklung.[54] Die BWS des verarbeitenden Gewerbes brach preisbereinigt um 17,9% ein. Der Bergbau und die Gewinnung von Steinen verzeichneten einen Rückgang um 14,8% und die preisbereinigte BWS der Energie- und Wasserversorgung zeigte ein Defizit von - 6,1% auf. Insgesamt verzeichnete das produzierende Gewerbe somit ein Minus von 14,6%. Der Dienstleistungsbereich hingegen entwickelte sich mit einem leichten Defizit von 1,7% überdurchschnittlich gut. Der außenwirtschaftliche Einfluss zeigte sich auch im Handel. Während der Einzelhandel dank relativer konstanter Binnennachfrage nur um -0,8% zurückging, verzeichnete der exportorientierte Großhandel einen Rückgang um -7,2%. Gegen den gesamtwirtschaftlichen Trend entwickelte sich der Kraftfahrzeughandel, der dank der Unterstützung durch die Umweltprämie ein Plus von 2,8% aufweist.[55]

---

54 Vgl. Räth, N. (2009)
55 Vgl. Räth, N., Braakmann, A. (2010), S. 17 f

25

Tabelle 4: Bruttowertschöpfung nach Wirtschaftsbereichen

WZ 2008	Wirtschaftsgliederung	2005	2006	2007	2008	2009	2010
A	**Land- und Forstwirtschaft, Fischerei**	**16,1**	**17,1**	**19,0**	**20,9**	**16,2**	**18,7**
B - F	**Produzierendes Gewerbe**	**587,8**	**628,9**	**663,9**	**668,1**	**590,9**	**644,3**
B	Bergbau und Gewinnung von Steinen und Erden	4,1	5,1	5,2	6,6	5,2	5,2
C	Verarbeitendes Gewerbe	441,8	475,0	502,4	492,1	413,9	462,5
CA	H.v. Nahrungsmitteln u. Getränken, Tabakverarb.	37,3	37,7	38,0	37,2	37,8	…
CB	H.v. Textilien, Bekleidung, Lederwaren u. Schuhen	7,6	7,8	7,8	7,6	6,3	…
CC	H.v. Holzwaren, Papier u. Druckerzeugnissen	26,5	27,1	27,3	25,7	23,5	…
CD	Kokerei und Mineralölverarbeitung	4,8	6,2	4,9	3,4	3,5	…
CE	H.v. chemischen Erzeugnissen	32,8	33,9	35,8	35,8	32,5	…
CF	H.v. pharmazeutischen Erzeugnissen	14,3	15,1	16,3	17,9	16,6	…
CG	H.v. Gummi-, Kunststoff-, Glaswaren, Keramik u.Ä.	35,6	37,7	39,2	39,1	34,5	…
CH	Metallerzg. u. -bearb., H.v. Metallerzeugnissen	61,5	67,9	73,2	74,1	55,9	…
CI	H.v. DV-Geräten, elektron. u. optischen Erzeugnissen	25,1	26,3	30,8	27,4	20,1	…
CJ	H.v. elektrischen Ausrüstungen	32,1	36,1	34,8	36,7	33,5	…
CK	Maschinenbau	66,7	72,1	79,6	83,0	63,9	…
CL	Fahrzeugbau	68,7	76,2	82,1	72,0	54,7	…
CM	H.v. Möbeln u. sonst. Waren; Rep. u. Inst. v. Maschinen .	28,9	30,9	32,6	32,3	31,1	…
D	Energieversorgung	38,8	41,5	44,6	52,0	53,8	…
E	Wasserversorgung, Entsorgung u.Ä.	21,5	22,7	22,9	24,2	23,2	…
F	Baugewerbe.	81,7	84,5	88,7	93,2	94,8	96,3

WZ 2008	Wirtschaftsgliederung	2005	2006	2007	2008	2009	2010
G - T	**Dienstleistungsbereiche**	**1402,5**	**1440,3**	**1494,1**	**1528,1**	**1510,1**	**1553,8**
G	Handel; Instandh. u. Rep. v. Kfz	207,8	212,2	219,4	221,5	200,1	207,6
H	Verkehr und Lagerei	86,2	90,8	94,9	97,2	86,8	92,3
I	Gastgewerbe	32,7	33,4	35,6	35,6	35,1	35,9
J	Information und Kommunikation	79,7	83,5	86,9	86,9	91,4	89,1
K	Finanz- und Versicherungs- dienstleister	98,4	97,4	90,5	83,6	105,5	117,9
L	Grundstücks- und Wohnungs- wesen	229,8	238,7	254,7	266,3	263,2	264,1
M bis N	Unternehmensdienstleister	220,6	230,2	249,3	258,4	231,4	238,6
M	Freiberufl., wissenschaftl. u. techn. Dienstleister	127,1	133,1	141,9	147,3	130,0	132,8
N	Sonstige Unternehmens- dienstleister	93,6	97,1	107,4	111,1	101,4	105,7
O bis Q	Öffentliche Dienstleister, Erziehung, Gesundheit	356,1	360,5	366,4	378,8	394,7	405,0
O	Öff. Verwaltung, Verteidi- gung; Sozialversicherung	125,1	126,3	127,9	131,8	136,2	139,0
P	Erziehung und Unterricht	93,2	91,7	94,5	97, 1	99,7	102,3
Q	Gesundheits- und Sozialwesen	137,9	142,6	144,0	149,9	158,7	163,7
R - T	Sonstige Dienstleister	91,1	93,7	96,6	99,8	102,0	103,4
R	Kunst, Unterhaltung und Erholung	28,6	29,7	30,6	31,8	32,0	32,8
S	Sonstige Dienstleister a.n.g.	56,1	57,6	59,2	61,3	63,1	63,6
T	Häusliche Dienste	6,4	6,5	6,7	6,7	6,9	7,0
A - T	**Alle Wirtschaftsbereiche**	**2006,4**	**2086,3**	**2177,0**	**2217,0**	**2117,2**	**2216,8**

Quelle: Statistisches Bundesamt, 2012

Im Folgejahr 2010 in dem sich die Weltwirtschaft erholte und auch die deutsche Wirtschaft real wieder um 3,6% anstieg konnten die zuvor am stärksten

von der Rezession betroffenen Branchen wieder zulegen. Dank zunehmender Außenhandelsnachfrage stieg die preisbereinigte BWS des produzierenden Gewerbes um 9%, darin enthalten verarbeitendes Gewerbe +11,5%, Bergbau -7% und Energie- und Wasserversorgung +3,9%. Im Handel kehrte sich die Situation zum Vorjahr um. Während der Großhandel aufgrund steigender Exporte einen Zuwachs um 6,7% verzeichnete, führte ein lediglich verhaltener Anstieg der Konsumnachfrage im Einzelhandel zu einem Plus von lediglich 1,4%. Im Handel mit Kraftfahrzeugen war das Auslaufen der Umweltprämie ersichtlich, die BWS fiel preisbereinigt um 5,4%. Insgesamt stieg die BWS der Dienstleistungsbereiche um 2,3%.[56]

Auch im Jahr 2011 konnte der konjunkturelle Aufholprozess fortgesetzt werden. Das preisbereinigte BIP stieg um 3% gegenüber dem Vorjahr. Nach dem aktuellen Stand wuchs die BWS im produzierenden Gewerbe um 5,6% und in den Dienstleistungsbereichen um 1,9%.[57] Somit konnte zur Jahreshälfte 2011 der konjunkturelle Einbruch eingeholt und das Vorkrisenniveau erreicht werden. Unter dem Stichwort „Rückkehr in die Normalität" prognostiziert der Sachverständigenrat für 2012 ein nur noch verhaltenes Wachstum von lediglich 0,9%.[58]

Wie die vorangegangenen Abschnitte zeigen, sind die vier Stabilitätskriterien des magischen Vierecks auf vielschichtige Art und Weise sowohl sozial als auch ökonomisch von großer Bedeutung. Jedes Kriterium für sich ist dabei wichtige Voraussetzung für ein robustes und stabiles Wirtschaftssystem und somit auch Mittel zur Erreichung gesellschaftlicher Grundwerte wie Freiheit, Gerechtigkeit, Wohlfahrt und Sicherheit. Eine Zielverfehlung beeinträchtigt den Realisierungsgrad der gesellschaftspolitischen Grundwerte negativ und ist daher unerwünscht.[59]

Mit den identifizierten Indikatoren Erwerbstätige, Bruttowertschöpfung, Außenhandelsbilanz und Inflationsrate sowie deren Veränderungsraten sind zudem gängige Messgrößen für einen ersten Ansatz der Stabilitätsanalyse ausgemacht worden. Außerdem wurde das Verhalten sämtlicher Stabilitätsindikatoren in den Jahren der Finanz- und Wirtschaftskrise anhand der verfügbaren Statistiken aufgezeigt und analysiert.

Im folgenden Kapitel werden verschiedene Instrumente der Stabilisierungspolitik vorgestellt und ihre grundlegenden Wirkungsmechanismen erläutert. Anschließend erfolgt die Beurteilung gängiger Verfahren zur quantitativen Beurtei-

---

56 Vgl. Räth, N., Braakmann, A. (2011), S.15 f
57 Vgl. Räth, N., Braakmann, A. (2012), S.17 f
58 Vgl. Sachverständigenrat (2011/2012), Nr. 98
59 Vgl. Pätzold, J., Baade,D. (2008) S. 4

lung von Stabilisatoren sowie deren Prüfung auf Zweckmäßigkeit zur Untersuchung der Gesundheitswirtschaft.

2.2 Ansätze und Methoden der Stabilitätspolitik

Die Instrumente der Stabilitätspolitik lassen sich grundsätzlich in zwei Kategorien der Wirkungsweise unterscheiden. Zum einen diejenigen, die auf einem der Konjunkturentwicklung gegenläufigen Einnahmen- und Ausgabenfluss basieren, dem Trend somit entgegenwirken und die Konjunkturschwankungen glätten. Dieses Prinzip ist als antizyklische Fiskalpolitik bekannt und auch das Grundprinzip von automatischen Stabilisatoren.[60] Entscheidend für die Effektivität ist hierbei der Zeitpunkt der Zahlung bzw. die zeitliche Entwicklung von Zahlungsströmen.

Das zweite Prinzip beruht auf den Kreislaufzusammenhängen innerhalb einer Gesamtwirtschaft. Zusätzlich generierte Nachfrage stößt einen mehrstufigen Verwendungsprozess an, der zur Folge hat, dass die Gesamtwirkung um ein Vielfaches höher ist als die Höhe des eigentlichen Nachfrageimpulses. Der Faktor um den das Gesamtaufkommen im Verhältnis des Ausgangimpulses steigt wird volkswirtschaftlicher Multiplikator genannt.

Beide Ansätze werden in diesem Kapitel vorgestellt und deren zugrunde liegenden Wirkmechanismen analysiert. Anschließend werden Methoden zur Messung der jeweiligen Wirkung vorgestellt und im Hinblick auf die vorliegende Analyse bewertet.

2.2.1 Antizyklischer Wirkungsmechanismus automatischer Stabilisatoren

Die Wirkungsweise automatischer Stabilisatoren basiert grundsätzlich auf der dämpfenden Wirkung einkommensabhängiger Steuern oder staatlicher Transferleistungen, deren automatisch variierende Einnahmen und/oder Ausgaben einen konjunkturstabilisierenden Effekt bewirken.[61] Den Angriffspunkt automatischer Stabilisatoren bilden dabei Budgetposten, die sich aufgrund der konjunkturabhängigen Bemessungsgrundlage (über-)proportional entwickeln und somit antizyklisch dem Konjunkturtrend entgegen wirken.[62]

---

60 Vgl. Zimmermann, H., Henke, K. D., Broer, M. (2009), S. 353
61 Vgl. Kalusche, J. (2010), S. 7f
62 Vgl. Andel, N. (1983), S.438

Unter der Annahme, dass die private Konsumnachfrage vom laufenden Einkommen der Individuen abhängt, erfolgt eine selbstständige Stabilisierung der Konjunktur durch die Glättung des verfügbaren Einkommens. In Zeiten einer Hochkonjunktur erfolgt eine Nachfragereduktion, die dem Anstieg des Preisniveaus entgegenwirkt. In einer Rezession erfolgt hingegen eine Expansion der Nachfrage, die wiederum Aufkommen und Beschäftigung stimuliert.[63]

Als gängiges Beispiel eines automatischen Stabilisators, der sowohl auf öffentlichen Einnahmen als auch auf öffentlichen Ausgaben basiert, sogenannte *built-in-flexibility*, gilt das Arbeitslosenversicherungssystem. In Phasen des wirtschaftlichen Aufschwungs mit einhergehendem hohen Beschäftigungsstand ist der Umfang der zu zahlenden Arbeitslosenunterstützung verhältnismäßig gering und das Volumen der Beitragszahlungen hingegen hoch. Dies hat zur Folge, dass die Kassenbestände der Arbeitslosenversicherung zunehmen, den Beschäftigten überproportional viel Kaufkraft entzogen und somit die Nachfrage gebremst wird.

Im konjunkturellen Abschwung dreht sich dieser Sachverhalt um. Die rückläufige Wirtschaftsentwicklung führt zu einem Anstieg der Arbeitslosenquote, mit entsprechend geringeren Beitragszahlungen und einer steigenden Anzahl an Ausgleichszahlungen. Hierbei kompensieren die Auszahlungen der Arbeitslosenversicherungen einen Teil des Einkommensrückgangs und wirken dem fallenden Konjunkturtrend entgegen. Die Rezession fällt geringer aus als bei Nichtexistenz der Arbeitslosenversicherung.[64]

In Abbildung 8 ist der idealtypische Verlauf eines Konjunkturzyklus abgebildet, der durch die antizyklisch eingreifende Wirkung der Arbeitslosenversicherung als automatischer Stabilisator gedämpft wird (grüne Kurve). Des Weiteren enthält die Grafik zum Vergleich den Konjunkturverlauf ohne den Eingriff der Arbeitslosenversicherung (blaue Kurve) sowie den über den Konjunkturverlauf schwankenden Ein- und Ausgabensaldo der Arbeitslosenversicherung (rote Kurve). Es ist dabei zu erkennen, wie im Boom der positive Saldo sowie in der Rezession der negative Saldo jeweils dem Konjunkturtrend entgegen wirkt, somit die Schwankung dämpft und die volkswirtschaftliche Entwicklung stabilisiert.

---

63 Vgl. Kalusche, J. (2010), S. 8f
64 Vgl. Pätzold, J. (1998), S.176

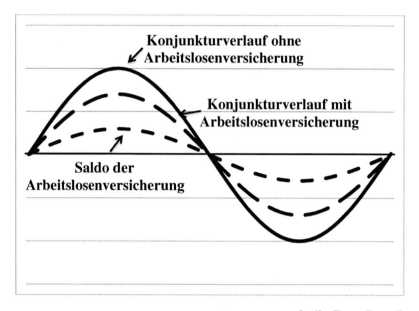

Quelle: Eigene Darstellung

Abbildung 8: Arbeitslosenversicherung als automatischer Stabilisator

Ein klassisches Beispiel für automatische Stabilisatoren, die lediglich auf variierenden Einnahmen basieren, den sogenannten *built-in-stabilizer*, ist die Einkommensteuer. Aufgrund des progressiven Einkommensteuersatzes, d.h. der Steuersatz steigt in Abhängigkeit des zu versteuernden Einkommens, entwickelt sich das Steueraufkommen überproportional zum Konjunkturverlauf. Im Boom nimmt es überdurchschnittlich zu, während es in der Rezession überdurchschnittlich sinkt. Das automatisch mit dem Konjunkturverlauf variierende Einkommensteueraufkommen wirkt somit ebenfalls dämpfend auf die konjunkturbedingten Schwankungen des Wirtschaftswachstums.

Anhand der beiden Beispiele automatischer Stabilisatoren wurde zunächst das Grundprinzip der *built-in-flexibility* und *built-in-stabilizer* veranschaulicht und aufgezeigt, wie einkommensabhängige Bezugsgrößen Schwankungen der Wirtschaftsentwicklung entgegenwirken können. Im nachfolgenden Abschnitt erfolgt die Ausarbeitung von Merkmalen, Indikatoren und Kriterien, die zur Identifizierung automatischer Stabilisatoren geeignet sind. Anhand dieser Ergebnisse soll anschließend geprüft werden, ob das Gesundheitssystem derartige Kriterien eines automatischen Stabilisators erfüllt.

2.2.2 Merkmale, Kriterien und Indikatoren automatischer Stabilisatoren

Ein erstes Indiz der automatischen Stabilisierungswirkung einer Steuer bzw. Transferzahlung liefert die Bestimmung der Aufkommenselastizität E_T. Sie entspricht der relativen Änderung des Steuervolumens bzw. der Höhe der Transferzahlungen T im Verhältnis zu der relativen Veränderung der Bemessungsgrundlage Y, z.B. dem Bruttonationaleinkommen oder dem Volkseinkommen,

$$E_T = \frac{\Delta T / T_0}{\Delta Y / Y_0}.$$

Hierbei entsprechen T_0 und Y_0 den jeweiligen Vorjahreswerten und ΔT sowie ΔY den absoluten Veränderungen zum Vorjahr. Die Aufkommenselastizität gibt an, wie stark das Aufkommen des automatischen Stabilisators auf Veränderungen der Bezugsgröße reagiert. Ein Wert größer 1 bedeutet, dass die Veränderung der Bezugsgröße eine überproportionale Veränderung des Stabilisators bewirkt.[65] [66] Eine hohe Aufkommenselastizität ist in Bezug auf die automatische Stabilisierungswirkung von Vorteil, da im Boom die gestiegenen staatlichen Einnahmen bremsend und in der Rezession eine überdurchschnittliche Steuersenkung stimulierend auf die Nachfrage wirkt.[67]

Der Nachteil der Aufkommenselastizität liegt darin, dass lediglich die relative Veränderung gemessen wird, die noch keine Aussagen über das Volumen der Wirkung treffen lässt. So können beispielsweise kleine Bagatellsteuern trotz hoher Aufkommenselastizität nur eine marginale stabilisierende Wirkung vorweisen, da ihr Aufkommensvolumen eine relevante Mindestgröße unterschreitet. Es sollte daher im Zusammenhang mit der Aufkommenselastizität die Steuerflexibilität als zweiter Indikator berücksichtigt werden. Die Steuerflexibilität gibt das Verhältnis der absoluten Veränderung des Stabilisators zur absoluten Veränderung der Bezugsgröße an,

$$F_T = \frac{\Delta T}{\Delta Y}.^{[68]}$$

65 Vgl. Zimmermann, H., Henke, K. D., Broer, M. (2009), S.353 f
66 Im Folgenden wird der Begriff „Stabilisator" für die der Wirkung ursächliche Strom- bzw. Budgetgröße verwendet, wie z.B. die Einkommensteuer, Ein- und Auszahlungsströme der Arbeitslosenversicherung und ggf. auch des Gesundheitswesens
67 Vgl. Pätzold, J. (1998), S. 178
68 Vgl. Zimmermann, Henke, Broer (2009), S. 354

Die Kombination beider Indikatoren ermöglicht somit die Aussage sowohl über die relative als auch absolute Veränderung des automatischen Stabilisators im Verhältnis zur Bezugsgröße und dient daher als erstes Indiz für eine mögliche konjunkturstabilisierende Wirkung der zu untersuchenden Stromgröße.

Neben einer möglichst hohen Aufkommenselastizität in Verbindung mit einem gewissen Mindestvolumen der Budgetgröße spielt die zeitliche Entwicklung des Stabilisators in Bezug auf die Bemessungsgrundlage eine entscheidende Rolle für die Effektivität eines automatischen Stabilisators. Naturgemäß besteht immer ein gewisser zeitlicher Abstand zwischen beiden Größen, dennoch ist eine annähernd synchron zum Konjunkturverlauf wirkende Entwicklung grundsätzlich wünschenswert. Ein zu großer zeitlicher Versatz kann dazu führen, dass der Stabilisator seinen antizyklischen Charakter verliert und sogar eine destabilisierende prozyklische Wirkung erlangt. Dies ist beispielsweise der Fall, wenn eine rezessionsbedingte Nachfragestimulation des automatischen Stabilisators erst in der nachfolgenden konjunkturellen Hochphase seine Wirkung entfaltet und somit den konjunkturellen Wachstumstrend verstärkt. [69]

Andererseits kann in bestimmten Situationen eine zeitliche Verzögerung bis zum Eintritt der Wirkung des Stabilisators von Vorteil sein, sodass sich diese Bedingung zumindest teilweise relativieren lässt. Dies lässt sich am besten verdeutlichen, wenn der Konjunkturzyklus in vier einzelne Abschnitte unterteilt wird, die jeweils zwischen Wendepunkt und Hoch- bzw. Tiefpunktpunkt der Kurve liegen, vgl. Abbildung 9.

Diese vier Phasen entsprechen dem,

I. Aufschwung vom natürlichen Gleichgewicht bis zum Hochpunkt des Booms,
II. Abschwung vom Höchststand zum natürlichen Gleichgewicht,
III. Abschwung vom natürlichen Gleichgewicht bis zum Tiefstand der Rezession und
IV. Aufschwung vom Tiefstand der Rezession bis zum natürlichen Gleichgewicht. [70]

Wie zu erkennen ist, entfernt sich die Wirtschaftsentwicklung in Phase I und III vom natürlichen Gleichgewicht. In diesen Phasen ist ein möglichst schnelles Eingreifen des automatischen Stabilisators wichtig, um die Konjunkturentwicklung zu bremsen und eine weitere Abweichung vom natürlichen Gleichgewicht möglichst zu verhindern. In Phase II und IV hingegen folgt die konjunkturelle Entwicklung bereits in Richtung des natürlichen Gleichgewichts. Ein antizykli-

---

69 Vgl. Kalusche, J. (2010), S.10
70 Vgl. Kalusche, J. (2010) in Verbindung mit Albers

sches Eingreifen des Stabilisators führt in diesen Fällen zu einer Verzögerung der gewünschten Entwicklung.

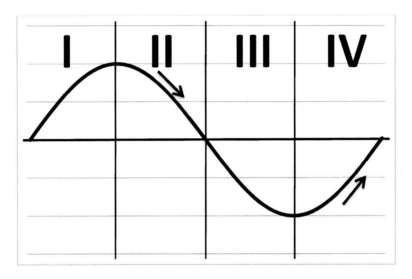

Quelle: Eigene Darstellung

Abbildung 9: Schematische Darstellung des Konjunkturzyklus in vier Phasen

Wenn beispielsweise in der Abschwungphase II der automatische Stabilisator durch die rückläufige Wirtschaftsentwicklung eingreift, erfolgt eine Stimulation der Nachfrage obwohl sich die Wirtschaft noch oberhalb des Gleichgewichts befindet. Ebenso kann in Phase IV ein durch den Stabilisator überproportionaler Einkommensentzug die Entwicklung aus der Rezession belasten. In diesen Fällen wäre eine zeitliche Verzögerung der Wirkung des Stabilisators sogar wünschenswert. Dieser Effekt wird in der Literatur als „fiskalische Bremse" bzw. „fiscal drag" bezeichnet. [71]

Eine weitere unausweichliche Bedingung, damit automatische Stabilisatoren ihre Wirkung entfalten können, betrifft das Interventionsverhalten des Staates. Prozyklische diskretionäre Maßnahmen des Staates entkräften den Effekt des Stabilisators, dabei handelt es sich um so genannte Parallelpolitik. [72]

Wird beispielsweise die im Boom durch den Stabilisator entzogene Kaufkraft der privaten Haushalte durch staatliche Nachfrage kompensiert, entsteht

---

71 Vgl. Rürup, B., Körner, H. (1985), S.181
72 Vgl. Andel, N. (1983), S. 441

ein prozyklischer Einfluss, der destabilisierend auf die Volkswirtschaft wirkt. Umgekehrt dürfen in Zeiten der Rezession die geminderten staatlichen Einnahmen nicht zu Ausgabenkürzungen führen. Der Mechanismus des automatischen Stabilisators kann nur funktionieren, wenn die Staatsausgaben über den kompletten Konjunkturzyklus konstant bleiben.[73]

Als Erkenntnis dieses Abschnitts lässt sich zusammenfassend festhalten, dass Aufkommens- und Steuerelastizität im Zusammenspiel als Indikator für eine erste Analyse der Wirkungsweise automatischer Stabilisatoren herangezogen werden können. Um einen antizyklischen und somit stabilisierenden Effekt zu erreichen, sollte deren Entwicklung möglichst zeitnah und synchron der Richtung der konjunkturabhängigen Bezugsgröße folgen. Allerdings ist der zeitliche Versatz in jedem Einzelfall zu prüfen und zu beurteilen. Durch diskretionäre Maßnahmen des Staates kann der Stabilisator an Wirkung verlieren oder sich sogar in einen Destabilisator umkehren. Deshalb sollten staatliche Ein- und Ausgaben über den gesamten Konjunkturzyklus konstant gehalten werden.

2.2.3 Multiplikatorwirkung als Maßnahme der Stabilisierungspolitik

Einen zweiten Wirkungskanal zur Stabilisierung einer Volkswirtschaft bietet die Multiplikatorwirkung. Sie wird zumeist in Verbindung mit diskretionären Eingriffen der Politik in den Wirtschaftskreislauf oder bei großen Investitionsprojekten im Städtebau als rechtfertigendes Argument verwendet, wirkt aber in gleicher Weise auch bei antizyklischen und kontinuierlichen Zahlungsströmen.

Die Wirkungsweise von Multiplikatoren beruht darauf, dass durch Generierung zusätzlicher Nachfrage bspw. in Form von Exporten, privatem Konsum oder staatlichen Investitionen ein mehrstufiger Prozess ausgelöst wird, der das Gesamtaufkommen über die Höhe des anfänglichen Nachfrageanstoßes hinaus wachsen lässt.[74]

Im Folgenden wird anhand der klassischen Theorie zur Fiskalpolitik die Wirkungsweise von Multiplikatoren verdeutlicht. Im Anschluss werden Verfahren zur Quantifizierung der Auswirkung von Multiplikatoren und automatischen Stabilisatoren aufgezeigt und ein Überblick über den aktuellen Stand der Wissenschaft gegeben.

---

73 Vgl. Kalusche, J. (2010), S.10
74 Vgl. Andel, N. (1992), S. 173

Einfache Multiplikatormodelle der öffentlichen Transferleistungen

Die Herleitung, dass betragsgleiche Variationen von Steuern und Staatsausgaben nicht neutral auf das Volkseinkommen wirken, ist als Haavelmo-Theorem bekannt, benannt nach dem gleichnamigen norwegischen Wissenschaftler Trygve Magnus Haavelmo.[75] Er bekam im Oktober 1989 für seine Arbeit den Nobelpreis der Wirtschaftswissenschaften. Ihm gelang es, aus dem elementaren Keynesianischen Einkommen-Ausgaben-Modell sein Theorem abzuleiten, das besagt, dass die Wirkung einer über Steuern finanzierten Ausgabenerhöhung des Staates einen Multiplikator von eins besitzt und somit zu einem höheren Volkseinkommen führt.[76]

Ausgangspunkt für die Herleitung des Theorems ist ein stark vereinfachtes Modell der Volkswirtschaft auf dem Gütermarkt, in dem das Einkommen Y aus der Summe des privaten Konsums C, privater Investitionen $\bar{I}$ und staatlicher Nachfrage G besteht,

$$Y = C + \bar{I} + G \,. \tag{2.1}$$

Die Investitionen $\bar{I}$ werden dabei als konstant angenommen und der private Konsum C als linear abhängig vom verfügbaren Einkommen,

$$C = \bar{C} + c(Y - T + Z), \tag{2.2}$$

mit dem konstanten autonomen Konsum $\bar{C}$, der marginalen Konsumquote c, dem Steuerbetrag T und den Transferzahlungen Z. Durch einsetzen ergibt sich,

$$Y = \bar{C} + c(Y - T + Z) + \bar{I} + G$$
$$= (\bar{C} - cT + cZ + \bar{I} + G) \frac{1}{1-c}$$
$$= (\bar{C} + \bar{I} + G) \frac{1}{1-c} + (Z - T) \frac{c}{1-c} \,. \tag{2.3}$$

Aus Gleichung (2.3) lassen sich die Auswirkungen einer Veränderung der Staatlichen Ausgaben ΔG auf das Gesamteinkommen ΔY direkt ablesen,

$$\Delta Y = \Delta G \frac{1}{1-c} \,. \tag{2.4}$$

Da die marginale Konsumquote c einen Wert zwischen 0 und 1 besitzt, ist der Quotient aus 1/(1-c) größer als 1 und wird daher auch Staatsnachfragenmultiplikator oder Realausgabenmultiplikator genannt.[77] Er gibt die Relation zwi-

---

75 Vgl. Haavelmo, T. (1945), S. 311-318
76 Vgl. Monissen, H. G. (1991), S. 25-28
77 Vgl. Zimmermann, Henke, Broer (2009), S. 343 und Andel, N. (1992), S. 174

schen $\Delta Y/\Delta G$ an und somit die Wirkung einer Veränderung der Staatsausgaben, aufsummiert über sämtliche Perioden.[78] Dabei gilt, dass je höher die marginale Konsumneigung ist, d.h. der Anteil des verfügbaren Einkommens der zum Konsum genutzt wird, desto höher ist auch der Multiplikator. Bei einer marginalen Konsumquote von 80% ergibt sich beispielsweise ein Multiplikator von 5. Verdeutlichen lässt sich die Wirkung anhand der Abläufe in den einzelnen Perioden.

Eine einmalige Erhöhung der staatlichen Ausgaben um $\Delta G = 100$ führt in der ersten Periode zu einer Erhöhung des Gesamteinkommens ΔY in gleicher Höhe. In Periode 2 führt das gesteigerte Einkommen $\Delta Y = 100$ zu einem gesteigerten privaten Konsum von $\Delta C = c \cdot \Delta Y = 80$, in Periode 3 noch zu $\Delta C = 64$, in Periode 4 zu $\Delta C = 51$ usw. In der Summe ergibt sich der Gesamteffekt von 500, entsprechend des Multiplikators.

Der anfängliche Impuls in Form einer einmaligen Erhöhung der staatlichen Ausgaben für Güter und Dienstleistungen erhöht somit nicht nur ΔG selbst, sondern induziert durch den Wirtschaftskreislauf auch eine Erhöhung des privaten Konsums ΔC. Bei einer Ausgabenkürzung erfolgt der umgekehrte Effekt in gleicher Höhe.[79]

Die gleiche Wirkung mit identischem Multiplikator wird über eine veränderte Investitions- ΔI oder Konsumnachfrage ΔC erreicht, vgl. Formel 2.4.[80]

Für die Veränderung des Steuerbetrags T erfolgt aus Formel 2.3 hingegen der Multiplikator,

$$\Delta Y = -\Delta T \, \frac{c}{1-c} \, . \tag{2.5}$$

Zum einen ist der Effekt negativ, da eine Erhöhung der Steuerlast zur Reduzierung des verfügbaren Einkommens führt und den privaten Konsum senkt. Zum anderen ist der Betrag des Steuermultiplikators geringer, weil der Effekt in der ersten Periode lediglich $\Delta Y = c \cdot \Delta T$ beträgt, somit um die Höhe der Sparquote $(1 - c)$ niedriger ausfällt. Der Steuermultiplikator besitzt bei identischer Konsumquote (80%) eine Wirkung um den Faktor 4.

In Kombination beider Effekte,

$$\Delta Y = \Delta G \, \frac{1}{1-c} - \Delta T \, \frac{c}{1-c} \, , \tag{2.6}$$

---

78 Theoretisch über einen unendlich langen Zeitraum, allerdings mit abschwächender Wirkung in jeder Periode.
79 Vgl. Andel, N. (1992), S. 174
80 Vgl. Zimmermann, Henke, Broer (2009), S. 344

führt eine Ausweitung der staatliche Ausgaben, die in gleicher Höhe durch Steuern finanziert wird, $\Delta G := \Delta T$ zu einer Veränderung des Gesamteinkommens,

$$\begin{aligned} \Delta Y &= \Delta G \ \frac{1}{1-c} - \Delta G \ \frac{c}{1-c}, \\ &= \Delta G \ \left(\frac{1}{1-c} - \frac{c}{1-c} \right), \\ &= \Delta G \ \frac{1-c}{1-c} = \Delta G, \end{aligned} \qquad (2.7)$$

das dem anfänglichen Impuls entspricht. Dies ist die Aussage des angesprochenen Haavelmo-Theorems. Es besagt, dass die Erhöhung eines ausgeglichenen Budgets unter gewissen Annahmen das Gesamteinkommen um den Betrag der Budgetausweitung steigen lässt.[81] Begründet wird dieses Phänomen durch den Umstand, dass die Staatsausgaben zu 100% nachfragewirksam werden, während eine Verminderung der Staatseinnahmen durch Steuervergünstigungen um die marginale Konsumquote gemindert werden.[82]

Das Haavelmo Theorem als konsequente Verfechtung der keynesianischen Wirtschaftstheorie wurde im Laufe der Jahre kontrovers diskutiert, kritisiert und weiterentwickelt. Monsissen gelang es beispielsweise zu beweisen, dass das Haavelmo Theorem auch bei endogenisierten Steuern seine Gültigkeit behält.[83] Es wurden modelltechnische Grenzen aufgezeigt, die beweisen, dass steigende Staatsausgaben bei wirtschaftlicher Vollauslastung zu Lohnanstiegen und Preissteigerungen führen. Kritiker monieren hingegen, dass in dem Modell vernachlässigt wird, dass bevor es zu einer Ausgabenerweiterung kommen kann, zuerst Mittel in Form von Steuern der Volkswirtschaft entzogen werden müssen. Der Multiplikator wirkt somit erst einmal negativ. Zudem führen Transferverlust, staatliche Ineffizienzen und Verschwendungen zu Sickerverlusten, so dass in der Realität der Multiplikator weiter unter eins liegt.[84]

Für diese Arbeit soll zunächst die Erkenntnis von Bedeutung sein, dass betragsgleiche Zahlungsströme aus volkswirtschaftlicher Sicht zu Effekten unterschiedlicher Höhe führen und somit die Effektivität durch die jeweilige Verwendung entscheiden. Im nachfolgenden Abschnitt werden mögliche Verfahren aufgezeigt, um die Auswirkung automatischer Stabilisatoren zu quantifizieren.

---

81 Vgl. Zimmermann, Henke, Broer (2009), S. 346
82 Vgl. Andel, N. (1192), S. 176
83 Vgl. Monissen, H. G. (1991)
84 Vgl. Zwecker, C. (2007)

2.3 Wissenschaftlicher Stand zur Untersuchung automatischer Stabilisatoren

Gerade vor dem Hintergrund der Finanz- und Wirtschaftskrise und den damit einhergehenden Versuchen, Lösungsansätze zur Stabilisierung der Wirtschaft zu finden, befassen sich zahlreiche Studien der letzten Jahre mit der quantitativen Erfassung automatischer Stabilisatoren und ihrer Wirkungsweise. Diese lassen sich aufgrund ihrer Herangehensweise im Wesentlichen in vier unterschiedliche methodische Ansätze kategorisieren[85]:

- Narrative Approach und Vektorregressive Modelle (VAR- Modelle),
- Numerische Gleichgewichtsmodelle,
- Gesamtstaatlicher Finanzierungssaldo,
- Makroökonometrische Modelle.

Nachfolgend werden der aktuelle Stand der Forschung anhand dieser Gliederung aufgezeigt sowie die Vor- und Nachteile der einzelnen Verfahren diskutiert.

Narrative Approach und VAR-Modelle

Das erste Verfahren, der sog. *Narrative Approach* ist eine weit verbreitete Methodik in der akademischen Literatur. Auf Grundlage von offiziellen Wirtschaftsberichten und Statistiken werden Ausmaß und Zeitpunkt der Wirkung isoliert und anschließend mit Hilfe von ökonometrischen Verfahren ausgewertet, bspw. mit Vektorautoregressionen (VAR).[86]

Eng mit dem ersten Verfahren verbunden ist die Analyse mit Hilfe von VAR-Modellen. Bei diesem Verfahren, aus dem Bereich der multivarianten Zeitreihenanalyse, werden die endogenen Modellvariablen aufgrund der eigenen sowie weiterer endogener Vergangenheitswerte bestimmt. VAR-Modelle beruhen auf rein statistischen Zusammenhängen und unterliegen somit keiner theoretischen Fundierung. Des Weiteren erfolgt die Aufhebung der arbiträren Unterscheidung zwischen exogenen und endogenen Variablen im Gegensatz zur klassischen Ökonometrie.[87] Vielmehr werden alle Variablen gleich behandelt und als endogen angenommen. Zur Analyse mehrerer Zeitreihen werden sämtliche Werte mit derselben Verzögerung in Vektoren zusammengefasst und als Mehrgleichungssystem dargestellt. Da lediglich endogene Variablen vorkommen,

---

85 Vgl. Kalusche, J. (2010) S.45
86 Vgl. Ramey, V. (2009) und Brandner, P. (2010) S.189
87 Vgl. Mayer, J. (2006) S. 2 ff

werden sämtliche Variablen aufgrund ihrer eigenen autoregressiven Vergangenheitswerte sowie der anderen Variablen erklärt.[88]

Als Beispiele für die Studien, die auf der VAR-Analyse beruhen sind u.a.
die Arbeiten von Scheremet (2001), Blanchard und Perotti (2002), Perotti
(2005), Biau und Girard (2005), Giordano, Momigliano, Neri und Perotti (2007)
sowie Castro und Hernandez de Cos (2007) zu nennen.[89] Mit Hilfe von VAR-
Modellen untersucht Scheremet (2002) die unterschiedliche Wirkung von automatischen Stabilisatoren für Deutschland und die USA.[90] Blanchard und Perotti
(2002) ermitteln mit derselben Methodik einen Multiplikator für Steuersenkung
und Ausgabenerhöhung in den USA von etwa eins.[91] In einer neueren Untersuchung von Perotti (2005) ergeben sich für die einzelnen OECD-Staaten deutlich
geringere Multiplikatoren. Biau und Girard (2005) ermitteln für Frankreich einen Ausgabenmultiplikator von 1,4, Giordano, Momigliano, Neri und Perotti
(2007) kommen auf einen Multiplikator für Italien, der deutlich unter eins liegt
und Castro und Hernandez de Cos (2007) berechnen für Spanien einen Wert von
knapp über eins.[92]

Der Vorteil von VAR-Modellen liegt in der Abbildung dynamischer Zusammenhänge zwischen den Variablen. Aufgrund der Annahme, dass sich sämtliche Variablen endogen über die Vergangenheitswerte bestimmen lassen, unterliegen diese Modelle geringeren a priori-Restriktionen wie die Struktur ökono-
metrischer Modelle. Aufgrund der Wechselwirkung zwischen den Variablen
sind VAR-Modelle nicht geeignet um Aussagen über kausale Zusammenhänge
zwischen einzelnen Variablen zu treffen.[93] Für die Ursache-Wirkungs-Analyse
besteht die notwendige Bedingung, dass die Ursache der Wirkung zeitlich vo-
rausgeht, d.h. es gibt keinen kausalen Zusammenhang zwischen zeitgleichen
Veränderungen anderer Variablen.[94] Als weiterer Nachteil gilt, dass bereits bei
einer geringen Anzahl von endogenen Variablen und zu betrachtender Lags die
Anzahl der Variablen im Gleichungssystem stark ansteigt und dementsprechend
lange Zeitreihen benötigt werden. Aus diesem Grund werden VAR-Modelle
zumeist nur bei kleineren Modellen verwendet.[95]

---

88 Vgl. Eckey, H.F. (2004) S. 89, Kalusche, J. (2010) S. 46 in Verbindung mit Assenmacher,
   W (2002) S.287
89 Vgl. Schaltegger, C.A., Weder, M. (2009), S. 3f
90 Vgl. Scheremet, W. (2001)
91 Vgl. Blanchard, O., Perotti, R. (2002)
92 Vgl. Perotti, R. (2005), Biau, O., Girard, E. (2005), Giordano, R, Momigliano, S., Neri, S.,
   Perotti, R. (2007) und Castro de, F, Hernández de Cos, P. (2007)
93 Vgl. Schweinberger, A. (2005). S. 10f
94 Vgl. Mayr, J. (2006) S. 3
95 Vgl. Rottmann, H. (2004)

Für eine Untersuchung der Wirkungsweise des deutschen Gesundheitssystems als automatischem Stabilisator mit Hilfe von VAR-Modellen oder des Narrative Approaches würde eine lange Zeitreihe verschiedener Beobachtungswerte benötigt werden. Zudem würden Veränderungen der Rahmenbedingungen und neue Gesetzgebungen im Gesundheitswesen eine Schätzung ausschließlich basierend auf Vergangenheitswerten verfälschen, sodass die Analyse mittels VAR-Modell für diese Arbeit nicht zielführend erscheint.

Numerische Gleichgewichtsmodelle

Die allgemeine mikroökonomische Gleichgewichtstheorie bildet den Ausgangspunkt der numerischen Gleichgewichtsmodelle. Diese Vertiefungsrichtung der neoklassischen Theorie kombiniert Verhaltenshypothesen rational agierender Wirtschaftssubjekte mit der Analyse von Gleichgewichtszuständen.[96] Das prinzipielle Vorgehen bei der allgemeinen Gleichgewichtsanalyse erfolgt dabei in fünf Schritten:

- Inhaltliche Konkretisierung und Ausformulierung der ökonomischen Problemstellung,
- Identifikation der zentralen Wirkungszusammenhänge,
- Erstellung des Modells in Abhängigkeit von der Datenbasis - benötigte Modellparameter werden dabei ökonometrisch geschätzt oder aus vorhandenen Datenquellen bezogen,
- Durchführung eines Konsistenzchecks - die s.g. Replikation des Ausgangsgleichgewichts,
- Simulation verschiedener Szenarien mit abschließender Auswertung sowie Überprüfung der Ergebnisse auf Robustheit mittels Sensitivitätsanalysen.[97]

Numerische Gleichgewichtsmodelle spielen eine zentrale Rolle in der volkswirtschaftlichen Politikbewertung und finden bei einer Vielzahl von nationalen und internationalen Forschungseinrichtungen und Organisationen Verwendung, so u. a. bei der Weltbank, dem Internationalen Währungsfond, der OECD und der Europäischen Kommission.[98] Zur Analyse automatischer Stabilisatoren erfolgt die Simulation jeweils mit und ohne Stabilisator. Der Vergleich mit einer Referenzsituation ohne Stabilisator, der s.g. Benchmark und der Situation mit Stabilisator dem s.g. counterfactual, gibt Aufschluss über die Höhe der Stabilisierungswirkung.[99]

---

96 Vgl. Böhringer, C., Wiegard, W. (2004) S.4f
97 Vgl. Bergs, C., Peichl, A. (2006) S. 4f
98 Vgl. Böhringer, C., Wiegard, W. (2004) S.4f
99 Vgl. Böhringer, C., Wiegard, W. (2004) S. 34

Im Gegensatz zu VAR-Modellen basieren numerische Gleichgewichtsmo-delle auf einem theoretisch konsistenten Fundament, deren Ergebnisse sich auf Grundlage von mikroökonomischen Theorien interpretieren lassen. Allerdings müssen bei der Modellierung oftmals eine Vielzahl von Restriktionen in Kauf genommen werden, sodass die Modelle einen hohen Abstraktionsgrad besitzen. So wird von zahlreichen Ökonomen die numerische Gleichgewichtsanalyse skeptisch gesehen. Die Ökonometriker unter ihnen kritisieren häufig die man-gelnde empirische Fundierung und die Theoretiker die fehlende Transparenz der komplexen computergenerierten Berechnungen.[100]

Numerische Gleichgewichtsmodelle eignen sich vor allem zur qualitativen Bestimmung darüber, welche Parameter signifikanten Einfluss auf das Gesamt-system haben und weniger zur exakten quantitativen Untersuchung.[101]

Eine Analyse der Gesundheitswirtschaft auf Basis numerischer Gleichge-wichtsmodelle wäre generell praktikabel. Allerdings müsste dafür ein theore-tisch fundiertes Abbild der Gesundheitswirtschaft modelliert werden, welches den zahlreichen gesonderten Rahmenbedingungen des deutschen Gesundheits-systems gerecht wird. Die zweite Schwierigkeit liegt in der Gestaltung der Refe-renzsimulation. Bei einer vollständigen Eliminierung des Gesundheitssystems im numerischen Gleichgewichtsmodell müssten Annahmen über das daraufhin geänderte Verhalten sämtlicher Wirtschaftssubjekte getroffen werden, sodass die zu treffenden Restriktionen die Belastbarkeit der Ergebnisse in Frage stellen würden.

Gesamtstaatliche Finanzierungssaldo

Die dritte Möglichkeit automatische Stabilisatoren zu untersuchen ist das Ver-fahren des gesamtwirtschaftlichen Finanzierungssaldos. Es basiert auf der Ge-genüberstellung der konjunkturbedingten Anteile der staatlichen Einnahmen und der staatlichen Ausgaben. Hierfür wird der Finanzierungssaldo in eine konjunk-turbedingte und eine strukturelle Komponente zerlegt. Der konjunkturbedingte Teil wird dabei als automatischer Nachfrageimpuls angesehen, der den automa-tischen Stabilisator abbildet. Die Analyse des konjunkturabhängigen Teils des Finanzierungssaldos über den Konjunkturverlauf gibt Aufschluss über die Wir-kung des automatischen Stabilisators.[102]

Kalusche (2010) untersucht mit Hilfe dieses Verfahrens die Auswirkungen der Steuer- und Sozialreform in den Jahren 1999 bis 2006 auf automatische Sta-

---

100 Vgl. Böhringer, C., Wiegard, W. (2004) S. 34
101 Vgl. Kalusche, J. (2010) S. 50
102 Vgl. Brandner, P. (2010) S.183

42

bilisatoren.[103] Girouard und Andre (2005) führen mit einer vergleichbaren Methodik die Untersuchung automatischer Stabilisatoren für die OECD-Staaten durch.[104] Das Gutachten des ifo Instituts (2001) für Wirtschaftsforschung im Auftrag des Bundesministeriums der Finanzen verwendet u. a. ebenfalls das Verfahren des Finanzierungssaldos, um haushaltspolitische Unterschiede der einzelnen Staaten der Europäischen Währungsunion und der USA in Bezug auf Wachstum zu untersuchen.[105] Das WIFO-Institut (2009) beurteilt auf selbiger Basis die Auswirkungen der Konjunkturpakete I und II und der Steuerreform 2009 für Österreich.[106]

Die Vorteile einer Untersuchung mittels gesamtstaatlicher Finanzierungssalden liegen vor allem in der leicht nachvollziehbaren und transparenten Rechnung, die im Vergleich zu den anderen Verfahren weit weniger Restriktionen unterliegt. Allerdings dient die Methodik vielmehr zur Untersuchung darüber, welchen Einfluss automatische Stabilisatoren auf den Konjunkturimpuls und nicht auf den Gesamteffekt haben.[107] So wird bei der Untersuchung automatischer Stabilisatoren u.a. die Multiplikatorwirkung der verschiedenen Einnahmen und Ausgaben nicht berücksichtigt.

Für die vorliegende Arbeit ist das Verfahren der gesamtstaatlichen Finanzierungssalden als ungeeignet zu bewerten, da bei der Gesundheitsnachfrage nicht in konjunkturbedingte und strukturelle Komponenten zu unterscheiden ist und die Gesamtwirkung für die deutsche Volkswirtschaft im Vordergrund der Untersuchung steht.

Makroökonomische Modelle

Das letzte Verfahren um automatische Stabilisatoren zu beurteilen, besteht in der Verwendung von makroökonomischen Modellen. Diese versuchen, die komplexen Zusammenhänge des realen Wirtschaftssystems mit Hilfe von mathematischen Verfahren, Annahmen und notwendigen Vereinfachungen nachzubilden, um auf Grundlage der tatsächlichen Rahmenbedingungen, Simulationen und Prognosen von der Wirkung verschiedener Einflussgrößen durchzuführen.[108] Wie bei numerischen Gleichgewichtsmodellen lassen sich die Auswirkungen automatischer Stabilisatoren durch die Gegenüberstellung der Simulationsergebnisse und eine Referenzsimulation ohne Stabilisator ermitteln. Dabei

103 Vgl. Kalusche, J. (2010) S.45
104 Vgl. Girouard, N. und C. André (2005)
105 Vgl. BMF (2001)
106 Vgl. WIFO (2009)
107 Vgl. Kalusche, J. (2010) S.51.
108 Vgl. Xaver, F. (2003) und Kalusche, J. (2010) S.46.

wird in einer ersten Modellsimulation unterstellt, dass die automatischen Stabilisatoren über den gesamten Konjunkturzyklus voll wirksam werden, während bei einer zweiten Simulation diese Stabilisatoren „ausgeschaltet werden", bspw. durch Gleichsetzung sämtlicher staatlicher Einnahmen und Ausgaben im Konjunkturverlauf (hypothetische Parallelpolitik).[109]

Nahezu jedes größere Forschungsinstitut oder Organisation besitzt ein eigenes makroökonomisches Modell für ihre Analysen. So verwendet bspw. die OECD ein Modell namens INTERLINK[110], die Bundesbank das BbkM Modell[111], die Europäische Kommission ihr QUEST-Modell[112]. Des Weiteren finden auch mikroökonomischen Modelle wie EUROMOD und TAXSIM bei der Analyse automatischer Stabilisatoren Verwendung.[113] Die verschiedenen makroökonomischen Modelle variieren teilweise in ihrem grundsätzlichen Aufbau oder stellen lediglich Erweiterungen und Veränderungen anderer Modelle dar.[114]

In der Regel benötigen makroökonomische Modelle für eine möglichst realitätsnahe Simulation des Wirtschaftssystems eine große Anzahl von mathematischen Gleichungen oder beruhen auf vereinfachenden Annahmen, die die Ergebnisqualität einschränken. Das INTERLINK Modell der OECD besitzt bspw. 237 Gleichungen mit 82 exogenen Variablen.[115] Makroökonomische Modelle haben hingegen den Vorteil, dass sie in Bezug auf die jeweilige Fragestellung konzipiert und zugeschnitten werden können und somit der Fokus gezielt auf das Untersuchungsziel ausgerichtet wird. Darüber hinaus ermöglichen sie, ökonomische Theorieansätze und Hypothesen mit empirischen Daten zu überprüfen.

Für die vorliegende Arbeit stellt sich daher die Verwendung eines makroökonomischen Modells als am besten geeignet heraus, da sowohl die gesonderten Rahmenbedingungen des deutschen Gesundheitssystems berücksichtigt als auch die resultierenden Gesamteffekte für die Gesamtwirtschaft, inkl. Multiplikatorwirkung, als Ergebnis der Untersuchung quantifiziert werden können.

Ein entsprechendes makroökonomisches Modell für die Untersuchung der gesamtwirtschaftlichen Wirkung der Gesundheitswirtschaft auf Basis der Input-Output-Rechnung wird in Kapitel 4 erstellt. Zuvor erfolgt in Kapitel 3 die Übertragung der bis hierhin gewonnenen Erkenntnisse auf die Gesundheitswirtschaft und eine erste qualitative Überprüfung der Gesundheitswirtschaft in Bezug auf die von ihr ausgehende stabilisierende Wirkung.

109 Vgl. BMF (2001)
110 Vgl. Richardson, Peter (1988), Girouard, N. and C. André (2005)
111 Vgl. Scharnagl, M., Tödter, K.H. (2004)
112 Vgl. European Commission (2001)
113 Vgl. Dolls, M., Fuest, C., Peichl, A. (2009) und (2010)
114 Vgl. Scheufele, R. (2008) S. 7
115 Vgl. Richardson, P. (1988) S. 62

3 Übertragung der Stabilitätskriterien auf die Gesundheitswirtschaft

„Damit ist auch in der Politik ein Paradigmenwechsel erfolgt: Das Gesundheitswe-
sen wird nicht länger nur als Kostenfaktor betrachtet, sondern als Wachstums- und
Beschäftigungsmotor, der einen nachweisbaren Beitrag zur Wertschöpfung leistet."
Klaus D. Henke[116]

Im vorangegangenen Kapitel wurde der ökonomische Stabilitätsbegriff definiert
und seine besonderen Bedeutungen in wirtschaftlicher wie auch sozialer Sicht
herausgearbeitet. In diesem Kapitel wird nun anhand der identifizierten Stabilitätsziele geprüft, ob die Gesundheitswirtschaft einen Beitrag zum Erreichen dieser Ziele leistet. Diese zunächst qualitative Untersuchung der Gesundheitswirtschaft schließt den Versuch mit ein, die stabilisierenden Mechanismen der Instrumente der Stabilitätspolitik auf das deutsche Gesundheitssystem zu übertragen, um zu überprüfen, ob eine tiefgehende quantitative Auswertung gerechtfertigt scheint.

Das Kapitel schließt mit einer Zusammenfassung der bis hierher gewonnenen Erkenntnisse und einer Schlussfolgerung für die weitere Arbeit. Zu Beginn
erfolgt eine Überprüfung des gesundheitswirtschaftlichen Einflusses auf die vier
Stabilitätskriterien des magischen Vierecks.

3.1 Beitrag der Gesundheitswirtschaft zu den einzelnen Stabilitätszielen

Die vier Konjunkturgrößen Beschäftigungsniveau, Preisniveaustabilität, außenwirtschaftliches Gleichgewicht sowie Wirtschaftswachstum sind entscheidende
Indikatoren für die ökonomische Stabilität einer Volkswirtschaft, vgl. Kapitel
2.1. In den folgenden Abschnitten wird der Einfluss der Gesundheitswirtschaft
auf die einzelnen Stabilitätsziele überprüft.

3.1.1 Beschäftigung

Zwischen Gesundheitswirtschaft und Beschäftigung bestehen vielschichtige Zusammenhänge: Einerseits als Teil des Humankapitals, welches sich aus der
Symbiose von Bildung und Gesundheit ergibt und eine wichtige strategische

---

116 Henke, K. D., Troppens, S., Braeseke, G., Dreher, B., Merda, M. (2011b), S. 23

Ressource für eine Volkswirtschaft darstellt.[117] Andererseits stellt die Gesundheitswirtschaft als personalintensive Dienstleistungsbranche selbst eine große Anzahl an Arbeitsplätzen zur Verfügung. Die Nachfrage nach Arbeitskräften in diesem Bereich wird durch die demographische Entwicklung und ein zunehmendes Aufweichen familiärer Bindungen zukünftig noch steigen.

Die Quantität und Qualität des verfügbaren Humankapitals ist ein entscheidender Wachstumsfaktor. Dabei ist Gesundheit zugleich entscheidende Vorrausetzung um einen hohen Bildungsstand zu erreichen. Laut „Weltentwicklungsbericht 2007" sind Investitionen in Gesundheit und Bildung entscheidende Voraussetzungen, um im global orientierten Wettbewerb erfolgreich zu sein. Gesundheit garantiert den Erhalt der Erwerbsfähigkeit und somit die Möglichkeit dauerhaft Wohlstand zu erhalten bzw. neuen zu generieren. Entscheidend ist dabei, geeignete Entscheidungen zur Erhaltung der Gesundheit zu treffen, um ein lebenslanges Lernen zu ermöglichen. Der Gesundheitszustand einer Bevölkerung ist daher ein wichtiger Einflussfaktor für Arbeitsproduktivität, Arbeitsangebot, Bildung und Vermögen, vgl. Abbildung 10.[118]

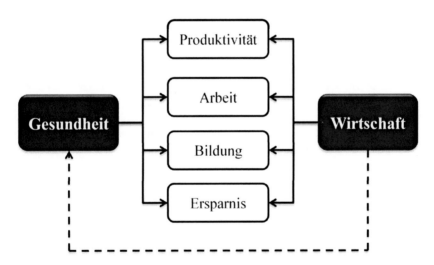

Quelle: Henke et al., 2009; nach Decaillet (2007).

Abbildung 10: Wirkung von Gesundheit auf Wirtschaft

---

117 Vgl. Henke, K. D. (2008)
118 Vgl. Henke, K. D., Neumann, K., Schneider, M. (2009), S. 71

46

Zudem ist die Qualität des Gesundheitssystems auschlaggebendes Kriterium für die Fehlzeiten von Beschäftigten. Der Krankenstand der GKV-Mitglieder, d.h. der Prozentsatz der gemeldeten Arbeitsunfähigen an den gesamtversicherten Arbeitnehmern, beträgt 3,7% für das Jahr 2010. Im Jahr 1995 lag dieser Wert noch bei 5,1%, nahm kontinuierlich bis 2007 auf 3,2% ab und stieg anschließend wieder leicht.[119] Diese Entwicklung in den vergangenen Jahren ist allerdings nur bedingt Veränderungen in der Gesundheitswirtschaft zu zuschreiben. Umfrageergebnissen zur Folge beruhen die überdurchschnittlich geringen Fehlzeiten in der Krisenzeit aus der Angst vor dem Verlust des Arbeitsplatzes. Über 70% der Befragten verzichteten demnach darauf, aufgrund von einer Erkrankung dem Arbeitsplatz fern zu bleiben, 30% davon sogar trotz ärztlicher Empfehlung.[120] In Kalendertagen ausgedrückt fehlte im Jahr 2010 jeder Arbeitnehmer durchschnittlich 13,5 Tage. Im Jahr 1995 waren es zum Vergleich noch 18,5 Tage.

Es lässt sich somit auf eine Korrelation zwischen der Qualität der gesundheitlichen Versorgung und der Anzahl an krankheitsbedingten Fehltagen der Arbeitnehmer innerhalb einer Volkswirtschaft schließen. Die Qualität der gesundheitlichen Versorgung hat dem zufolge auch einen Einfluss auf die Produktivität einer Volkswirtschaft. Ob und inwiefern über diese Beziehung jedoch das allgemeine Beschäftigungsniveau vom Grad der Gesundheitsversorgung abhängt kann anhand dieser Zahlen nicht belegt werden.

Die Gesundheitswirtschaft ist - wie kaum eine andere Branche - stark vom Einsatz menschlicher Arbeitskraft geprägt und stellt als Branche einen hohen Anteil der in Deutschland verfügbaren Arbeitsplätze. Nach Angaben der Gesundheitspersonalrechnung (GPR)[121] waren im Jahr 2010 etwa 4,8 Mio. Beschäftigte in der Gesundheitswirtschaft tätig. Dies entspricht 13,4% aller Arbeitnehmer in Deutschland bzw. jedem siebten Arbeitnehmer.

In Tabelle 5ist die Entwicklung der Beschäftigten der Gesundheitswirtschaft nach Art der Einrichtungen für die Jahre 2000 bis 2010 abgebildet. In diesem Zeitraum stieg die Zahl der Beschäftigungsverhältnisse kontinuierlich um insgesamt 17,4%. Der überwiegende Teil ist dabei in den personalintensiven Dienstleistungsbranchen der ambulanten Einrichtungen (44%) und stationären-Teilstationären (40%) Einrichtungen beschäftigt.

119 Datenquelle: gbe-bund.de
120 Vgl. Henke, K. D., Troppens, S., Braeseke, G., Dreher, B., Merda, M. (2011), S. 73 und vgl. Badura, B. (2008)
121 Vgl. Henke, K. D., Neumann, K., Schneider, M. (2009), S.46ff

Tabelle 5: Beschäftigte in der Gesundheitswirtschaft

Art der Einrichtung	2000	2005	2006	2007	2008	2009	2010
Einrichtungen insgesamt	**4.115**	**4.420**	**4.463**	**4.540**	**4.632**	**4.738**	**4.829**
Gesundheitsschutz	**42**	**41**	**41**	**40**	**40**	**40**	**39**
Ambulante Einrichtungen	**1.688**	**1.907**	**1.918**	**1.972**	**2.018**	**2.074**	**2.118**
Arztpraxen	608	675	673	676	681	686	689
Zahnarztpraxen	305	340	338	339	342	347	351
Praxen sonstiger med. Berufe	226	292	303	323	341	362	379
Apotheken	164	169	171	172	175	176	178
Gesundheitshandwerk/-einzelhandel	168	166	163	162	161	162	165
Ambulante Pflege	187	214	215	236	251	269	282
Sonstige ambulante Einrichtungen	32	50	55	64	66	73	74
Stationäre/teilstationäre Einrichtungen	**1.729**	**1.772**	**1.790**	**1.809**	**1.849**	**1.892**	**1.926**
Krankenhäuser	1.109	1.071	1.072	1.075	1.086	1.104	1.121
Vorsorge-/Rehabilitationseinrichtungen	152	155	157	160	163	167	169
Stationäre/teilstationäre Pflege	468	546	561	574	600	621	636
Rettungsdienste	**44**	**47**	**47**	**48**	**49**	**52**	**56**
Verwaltung	**214**	**206**	**208**	**201**	**195**	**198**	**199**
Sonstige Einrichtungen	**112**	**144**	**151**	**155**	**161**	**175**	**178**
Vorleistungsindustrien	**286**	**303**	**307**	**316**	**320**	**308**	**312**
Pharmazeutische Industrie	113	113	114	115	116	107	106
Medizintechn. u. augenoptische Industrie	102	111	112	118	121	119	123
Med. Laboratorien und Großhandel	71	79	81	83	84	82	84

in 1000 Beschäftigte

Quelle: GPR

3.1.2 Preisniveaustabilität

In Dienstleistungsbranchen wie der Gesundheitswirtschaft sind Preis- und Volumenmessungen anhand definierter Warenkörbe grundsätzlich schwer zu realisieren, vgl. Kapitel 2.1.2. Zum einen besteht das Problem der generellen Definition des Outputs und zum anderen sind Dienstleistungen hinsichtlich Quantität und Qualität nur schwer zu bewerten. Aus diesem Grund verwendet das Statistische Bundesamt derzeit eine neue Methode zur Preisbereinigung der Dienstleistungen von Krankenhäusern.[122] Diese orientieren sich seit 2004 am System der diagnosebezogenen Fallpauschalen (*DRG-Fallpauschalen*[123]), dem Abrechnungsverfahren der Krankenhäuser mit den Krankenkassen. Für den Bereich des Sozialwesens wird hingegen weiterhin eine direkte Volumenmessung angewandt.[124]

In Tabelle 6 sind die gesundheitsrelevanten Anteile am Verbraucherpreisindex sortiert nach Verwendungszwecken seit dem Basisjahr 2005 abgebildet. Im Vergleich zum Gesamtindex verzeichnen die Preise für Güter der Gesundheitspflege etwa halb so starke Wachstumsraten. Während der VPI im Zeitraum 2005 bis 2010 um 10,7% zulegte, stiegen die gesundheitsrelevanten Komponenten um insgesamt 5,5%.

Auffällig gering entwickelten sich die darin enthaltenen Dienstleistungsbranchen. Preise für Dienstleistungen ambulanter Einrichtungen stiegen um 2,8% und die von stationären Einrichtungen sanken sogar um 0,3%. Die Entwicklung der Preise der produzierenden Gesundheitswirtschaft entspricht mit 10,2% in etwa der des Gesamtindex. Verantwortlich hierfür sind vor allem die Preise pharmazeutischer Erzeugnisse, die mit 13,6% überdurchschnittlich stark anstiegen.

Im Jahr der Rezession 2009 verlangsamte sich das Wachstum des VPI auf lediglich 0,4% und lag somit unter seinen durchschnittlichen Wachstumswerten. Diese Tendenz spiegelt sich in den gesundheitsrelevanten Sektoren nicht wider, ein Zeichen dafür, dass der Gesundheitssektor von der rückläufigen Wirtschaftslage weniger unter Preisdruck geraten ist.

---

122 Vgl. Pierdzioch, S. (2008)
123 diagnostic related groups
124 Vgl. Statistisches Bundesamt (2003)

49

Tabelle 6: Gesundheitsrelevante Anteile am VPI nach Verwendungszweck

	Gewichtung am VPI in ‰	2006	2007	2008	2009	2010	2011
		Veränderung gegenüber Vorjahr in %					
Gesamtindex VPI	**1000**	**1,6**	**2,3**	**2,6**	**0,4**	**1,1**	**2,3**
Gesundheitspflege	**40,27**	**0,5**	**0,8**	**1,7**	**1,0**	**0,7**	**0,8**
Medizinische Erzeugnisse, Geräte und Ausrüstungen	**17,55**	**0,8**	**2,4**	**2,1**	**1,9**	**1,2**	**1,4**
Pharmazeutische Erzeugnisse	9,83	0,5	3,4	3,1	3,0	1,6	1,3
Andere medizinische Erzeugnisse	1,21	0,2	1,5	1,2	0,9	1,0	1,0
Therapeutische Geräte und Ausrüstungen	6,51	1,2	1,0	1,1	0,5	0,6	1,3
Ambulante Gesundheitsdienstleistungen	**16,1**	**0,5**	**0,7**	**0,5**	**0,3**	**0,5**	**0,3**
Ärztliche Dienstleistungen	8,32	0,0	0,0	0,0	0,0	0,0	0,0
Zahnärztliche Dienstleistungen	5,59	1,2	0,8	1,4	0,4	1,2	1,0
Dienstleistungen nichtärztlicher Gesundheitsdienstberufe	2,19	0,2	3,2	0,7	0,4	0,8	0,2
Stationäre Gesundheitsdienstleistungen	**6,62**	**-0,3**	**-2,8**	**3,2**	**0,1**	**-0,6**	**0,2**

Datenbasis: Destatis, 2012; eigene Darstellung

3.1.3 Außenhandel

Treibende Kraft im gesundheitsbezogenen Außenhandel sind die produzierenden Branchen, vor allem die pharmazeutische Industrie und die Medizintechnik. Für Dienstleistungsbranchen spielen Im- und Exporte naturgemäß eine geringere Rolle. Deutschland besitzt gerade bei den hochtechnologisierten Produkten Wettbewerbsvorteile, wie bspw. in den Bereichen Röntgengeräte, zahnärztliche Materialien und Systeme sowie Spezialeinrichtungen für Kliniken und Praxen. Vor allem bei arbeitsintensiven Produkten gewinnen zunehmend Exporteure aus Mittel- und Osteuropa Marktanteile.[125]

Im Zeitraum der Finanz- und Wirtschaftskrise kam es - wie bereits erwähnt - zu einem starken Rückgang des Welthandels, von dem vor allem exportstarke Volkswirtschaften wie Deutschland betroffen waren. Von 2008 auf 2009 gingen

125 Vgl. IFW-Kiel (2009), S. 37

50

die deutschen Ausfuhren um mehr als 18% zurück. Allerdings vollzog sich dieser Rückgang nicht gleichmäßig über die verschiedenen Güterklassen, vgl. Tabelle 7.[126] Im Jahr 2009 lagen die Ausfuhren an Maschinen sogar über denen der exportstarken Branche der Kraftwagen und Kraftwagenteile. Davon fielen mit einem Exportvolumen von 16 Mrd. € rund 11% auf medizintechnische Geräte und orthopädische Erzeugnisse.[127] Die Ausfuhren pharmazeutischer Erzeugnisse konnten auch in den Krisenjahren kontinuierliche Zuwächse verzeichnen. Sie stiegen von 2008 bis 2010 um +7,7% und befinden sich seitdem auf Platz 6 der ausfuhrstärksten Güter.[128]

Die Importe waren im Krisenzeitraum ebenfalls rückläufig (-10,8% gegenüber 2008), mit heterogenem Ausmaß auf die einzelnen Güterabteilungen. Die Einfuhr von Maschinen sank um 11%, während die gesundheitsrelevante Unterklasse medizintechnische Geräte und orthopädische Vorrichtungen um 13% stieg von 8,5 Mrd. € 2008 auf 9,7 Mrd. € 2010.[129] Ebenfalls zunehmende Importraten verzeichnete die Einfuhr von pharmazeutischen Produkten. Mit einem Volumen von 37,7 Mrd. € wurden 2010 rund 10% mehr Waren importiert als noch 2008.

Am Außenhandelsüberschuss 2010 von 154 Mrd. € waren medizintechnische Geräte mit 6,37 Mrd. € und pharmazeutische Produkte mit 12,69 Mrd. € beteiligt. Dies entspricht einem Anteil von zusammen 12,3%. Im Jahr 2008 lag dieser Wert noch bei 10,7%, bei einem gesamten Außenhandelsüberschuss von 178 Mrd. €, von denen 13,15 Mrd. € der pharmazeutischen Industrie und 5,93 Mrd. € den Herstellern medizintechnischer Geräte zuzuordnen sind. Im Krisenzeitraum erwiesen sich der Außenhandel mit gesundheitsrelevanten Gütern somit als überdurchschnittlich stabil und hat an Einfluss gewonnen.

---

126 Wegen Datenbrüchen ist eine längere Zeitreihendarstellung nach Güterabteilungen anhand der Außenhandelsstatistik nicht möglich.
127 Datenquelle: Destatis, Fachserie 7 Reihe 1 Außenhandel, Tab 1.14.1 (Stand 18.05.2011)
128 Vgl. Loschky, A. (2010), S. 360
129 Datenquelle: Destatis, Fachserie 7 Reihe 1 Außenhandel, Tab 1.14.2

Tabelle 7: Außenhandel der 10 größten Güterabteilungen

Güterabteilung	2008	2009	2010	2008	2009	2010
	in Mrd. Euro			Anteil in %		
Exporte						
Kraftwagen und Kraftwagenteile	169,5	122,9	161,0	17,2	15,3	16,9
Maschinen	**160,5**	**124,6**	**141,8**	**16,3**	**15,5**	**14,9**
Chemische Erzeugnisse	91,7	75,2	91,9	9,3	9,4	9,7
Datenverarbeitungsgeräte, elektr. u. opt. Erzeugn.	82,8	67,4	82,9	8,4	8,4	8,7
Elektrische Ausrüstungen	59,2	49,9	60,3	6,0	6,2	6,3
Pharmazeutische und ähnliche Erzeugnisse	**47,5**	**48,0**	**50,5**	**4,8**	**6,0**	**5,3**
Metalle	56,2	38,7	49,9	5,7	4,8	5,2
Sonstige Fahrzeuge	35,6	35,0	39,6	3,6	4,4	4,2
Nahrungsmittel und Futtermittel	37,2	35,3	38,5	3,8	4,4	4,0
Gummi- und Kunststoffwaren	32,7	28,2	33,9	3,3	3,5	3,6
Insgesamt	**984,1**	**803,3**	**952,0**	**100**	**100**	**100**
Importe						
Datenverarbeitungsgeräte, elektr. u. opt. Erzeugn.	83,7	72,9	92,6	10,4	11,0	11,6
Kraftwagen und Kraftwagenteile	75,5	64,7	70,2	9,4	9,7	8,8
Chemische Erzeugnisse	63,1	50,6	63,8	7,8	7,6	8,0
Erdöl und Erdgas	83,1	55,0	63,4	10,3	8,3	8,0
Maschinen	**68,8**	**52,5**	**61,2**	**8,5**	**7,9**	**7,7**
Sonstige Waren	54,6	47,9	55,5	6,8	7,2	7,0
Metalle	58,2	34,3	50,8	7,2	5,2	6,4
Sonstige Fahrzeuge	32,0	31,5	41,0	4,0	4,7	5,1
Elektrische Ausrüstungen	36,1	30,4	38,6	4,5	4,6	4,8
Pharmazeutische und ähnliche Erzeugnisse	**34,3**	**36,2**	**37,8**	**4,3**	**5,4**	**4,7**
Insgesamt	**805,8**	**664,6**	**797,1**	**100**	**100**	**100**

Quelle: Destatis, FS 7 R.1

52

3.1.4 Wirtschaftswachstum

Ein Einfluss der Gesundheitswirtschaft auf das vierte Stabilitätskriterium eines angemessenen und stabilen Wirtschaftswachstums ergibt sich bereits aus den zuvor aufgezeigten Beiträgen zu den vorherigen Stabilitätszielen. Der positive Außenhandelsüberschuss der gesundheitsrelevanten Güter trägt genauso wie die Arbeitsleistung der Beschäftigten in der Gesundheitswirtschaft zur Wirtschaftsleistung bei. Für eine ausführliche Darstellung des Wertschöpfungsbeitrags der Gesundheitswirtschaft zum BIP sei an dieser Stelle auf den nachfolgenden Analyseteil der Arbeit verwiesen.

Neben der Wirtschaftsleistung der Gesundheitswirtschaft als Branche beeinflusst die Qualität der Gesundheitsversorgung krankheitsbedingte Ausfälle aller Arbeitnehmer. Diese Ausfälle führen zu Verlusten der Arbeitsproduktivität und entsprechen volkswirtschaftlichen Kosten, die das Wirtschaftswachstum negativ beeinflussen. Nach einer Studie der Bundesanstalt für Arbeitsschutz und Arbeitsmedizin entstanden im Jahr 2008 infolge von durchschnittlich 12,7 krankheitsbedingten Arbeitsunfähigkeitstagen pro Erwerbstätigem Produktionsausfallkosten in Höhe von 43 Mrd. € und ein Verlust der Bruttowertschöpfung von 78 Mrd. €, vgl. Abbildung 11.[130]

Berechnungen der Felix-Burda-Stiftung in Zusammenarbeit mit der Firma Booz & Company kommen zu noch deutlich höheren Kosten. Diese berücksichtigen zusätzlich zu den Kosten durch Abwesenheit kranker Arbeitnehmer die Kosten von Erwerbstätigen, die trotz ihrer Erkrankung am Arbeitsplatz anwesend sind. Das als Präsentismus bezeichnete Verhalten verursacht demnach Rund zwei Drittel der Kosten durch Krankheit für die Unternehmen. Ursache hierfür ist die eingeschränkte Arbeitsfähigkeit angeschlagener Arbeitnehmer, die zu verringerter Arbeitsqualität, höherer Fehleranfälligkeit und Unfällen sowie einer verzögerten Genesung bis hin zu chronischen Erkrankungen und Burn-out führen. Demnach kommen zu den Kosten von 1.199 € pro Mitarbeiter im Jahr durch Fehlzeiten nochmals 2.399 € infolge von Präsentismus. Insgesamt ergibt sich somit ein volkswirtschaftlicher Schaden in Höhe von 225 Mrd. €. Dies entspricht 9% des BIP im Jahr 2009.[131]

---

130 Vgl. BMAS (2010)
131 Vgl. Maar, C. (2011)

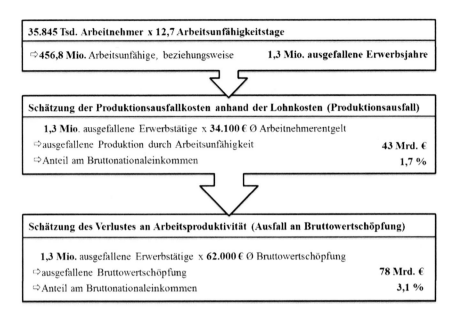

Quelle: BMAS, 2010; Datenquelle: VGR

Abbildung 11: Bruttowertschöpfungsverluste durch Arbeitsunfähigkeit 2008

Die Gesundheitswirtschaft als eigenständige Branche und Wirtschaftskraft sowie der Beitrag der Gesundheitsversorgung haben vielschichtigen Einfluss auf die einzelnen ökonomischen Stabilitätsziele. Eine erste Überprüfung hat gezeigt, dass sich dieser Einfluss im Krisenzeitraum tendenziell sogar verstärkt hat. Allerdings konnten bisher jeweils nur Teilaspekte der Gesundheitswirtschaft analysiert werden, da sie nicht als eigenständige Branche in der statistischen Systematik erfasst wird. Aus diesem Grund erfolgt in Kapitel 5 die Herleitung eines gesundheitsspezifischen Satellitensystems. Zunächst werden jedoch die aus Kapitel 2.2 und 2.2.3 bekannten Stabilitätsmechanismen automatischer Stabilisatoren und diskretionärer Maßnahmen auf die Gesundheitswirtschaft übertragen.

3.2 Die Gesundheitswirtschaft als Stabilisator

Für die Stabilisierung einer Volkswirtschaft existieren in der Ökonomie grundsätzliche zwei unterschiedliche Ansätze. Zum einen geht von langfristig implementierten Mechanismen, den automatischen Stabilisatoren eine konjunkturglättende Wirkung aus. Zum anderen kann über gezielte Umverteilungen und Transferleistungen, aufgrund unterschiedlicher Multiplikatorwirkungen Wachstumsimpulse für die Gesamtwirtschaft erreicht werden. Beide Methoden wurden in Kapitel 2.2.1 und 2.2.3 vorgestellt. In den folgenden Abschnitten wird geprüft, ob derartige Mechanismen in der Gesundheitswirtschaft vorhanden sind und werden in Folge dessen an den zuvor identifizierten Kriterien bewertet.

3.2.1 Gesundheitswirtschaft ein automatischer Stabilisator

Die Finanzierung gesundheitsrelevanter Nachfrage wird zu großen Teilen durch das deutsche Gesundheitssystem reguliert, bestehend aus den gesetzlichen und privaten Krankenkassen inklusive des Gesundheitsfonds. Diese Einrichtungen bilden eine Art systemimmanenten Puffer, der die Versicherungsbeiträge zunächst speichert und bei Bedarf freigibt. Diese Regulierung der gesundheitsbezogenen Zahlungsströme glättet den Verlauf der anfallenden Gesundheitskosten und stabilisiert das verfügbare Einkommen. Die Einnahmen in Form von Beitragszahlungen der Versicherten variieren in Abhängigkeit von den Bruttoeinkünften[132] und weisen somit eine gewisse Konjunkturabhängigkeit auf, die der Definition einer *built-in-flexibility* entsprechen.[133] Im Boom steigen die Löhne mit der Wirtschaftsleistung stärker an und somit auch die Höhe der Beitragszahlungen der gesetzlich Versicherten, mit der Folge, dass ein Anstieg des verfügbaren Einkommens tendenziell gedämpft wird. Umgekehrt schwächt sich der Anstieg der Beitragszahlungen in Zeiten der Rezession ab, was dazu führt, dass die Entwicklung des verfügbaren Einkommens in umgekehrter Weise gedämpft wird. Das verfügbare Einkommen sowie die private Konsumnachfrage werden über den gesamten Konjunkturzyklus geglättet.

Zur Beurteilung der Korrelation zwischen Konjunkturverlauf und automatischem Stabilisator, in diesem Fall die Einnahmen der gesetzlichen Krankenversicherungen, eignet sich die Verwendung der Aufkommenselastizität und der Steuerelastizität.[134]

Tabelle 8 stellt die Einnahmen der gesetzlichen Krankenkassen der Entwicklung des BIP in den Jahren 2000 bis 2010 gegenüber. Die negative Aufkommenselastizität für das Jahr 2009 weicht auffällig von den restlichen Ergebnissen

---

132 Diese Aussage trifft lediglich auf die gesetzlichen Krankenversicherungen zu. Die Beitragssätze privater Krankenkassen basieren auf einkommensunabhängigen Versicherungsprämien.
133 Vgl. Kapitel 2.2.1
134 Vgl. Kapitel 2.2.2

ab. Diese Entwicklung ist auf die Festlegung des erhöhten Beitragssatzes der Krankenversicherung auf 15,5% zurückzuführen, der trotz rückläufiger Wirtschaftsentwicklung zu steigenden Einnahmen führte. Für die Jahre 2000 bis 2008 beträgt der Mittelwert der Aufkommenselastizität 1,14 und ist ein Indiz für eine wünschenswerte überproportionale Konjunkturabhängigkeit. Allerdings unterliegen die Elastizitäten einer relativ starken Streuung (Varianz 0,35), so dass der Aussagewert zunächst vorsichtig beurteilt werden sollte. Hinzu kommt, dass erst seit 2009 der allgemeine Beitragssatz aller Krankenkassen von 15,5% gesetzlich vorgeschrieben ist. Bis dato konnten die Krankenkassen die Beiträge an ihren individuellen Finanzbedarf anpassen.

Tabelle 8: Aufkommenselastizität der GKV Einnahmen

Jahr	Einnahmen GKV		BIP		Aufkom-mens-elastizität	durch-schnittlicher Beitragssatz
	Absolut in Mrd. Euro	Verände-rung ggü. Vorjahr	Absolut in Mrd. Euro	Verände-rung ggü. Vorjahr		
2000	133,8	2,61	2.047,5	47,3	**0,84**	13,5%
2001	135,8	1,98	2.101,9	54,4	**0,56**	14,0%
2002	139,7	3,92	2.132,2	30,3	**2,00**	14,3%
2003	141,1	1,34	2.147,5	15,3	**1,34**	14,3%
2004	144,3	3,22	2.195,7	48,2	**1,02**	14,2%
2005	145,7	1,47	2.224,4	28,7	**0,78**	13,3%
2006	149,9	4,19	2.313,9	89,5	**0,71**	13,9%
2007	156,1	6,13	2.428,5	114,6	**0,83**	14,0%
2008	162,5	6,46	2.473,8	45,3	**2,22**	14,6%
2009	172,2	9,68	2.374,5	-99,3	**-1,48**	15,5%
2010	175,6	3,40	2.476,8	102,3	**0,46**	15,5%

Datenquellen: Destatis, GBE-Bund, Kassenärztliche Bundesvereinigung; eigene Berechnung

Die Messung des absoluten Einflusses der GKV-Einnahmen am BIP anhand der Steuerflexibilität ergibt einen relativ konstanten Durchschnittswert von 6,6%. Im Vergleich dazu liegt die Steuerflexibilität der Einkommensteuer im

Durchschnitt bei 7,1%, vgl. Tabelle 9.[135] Es kann insofern von einem der Höhe nach ausreichenden Einfluss ausgegangen werden.

Tabelle 9: Steuerflexibilität von GKV-Einnahmen und Einkommenssteuer

Jahr	Einnahmen GKV		Einkommenssteuer		BIP (in Mio.€)
	Absolut (in Mio. €)	Flexibilität (in %)	Absolut (in Mio. €)	Flexibilität (in %)	
2000	133.810	6,54%	161.473	7,89%	2.047.500
2001	135.790	6,46%	162.282	7,72%	2.101.900
2002	139.710	6,55%	153.755	7,21%	2.132.200
2003	141.050	6,57%	146.659	6,83%	2.147.500
2004	144.270	6,57%	139.208	6,34%	2.195.700
2005	145.740	6,55%	138.637	6,23%	2.224.400
2006	149.930	6,48%	152.082	6,57%	2.313.900
2007	156.060	6,43%	170.551	7,02%	2.428.500
2008	162.520	6,57%	191.155	7,73%	2.473.800
2009	172.200	7,25%	174.069	7,33%	2.374.500
2010	175.600	7,09%	172.065	6,95%	2.476.800

Datenquellen: Destatis, BMF, Kassenärztliche Bundesvereinigung; eigene Berechnung

Der wesentliche Unterschied zum klassischen Ansatz automatischer Stabilisatoren, vor allem nach dem Grundkonzept des *built-in-stabilizer*, besteht auf der Ausgabenseite der Krankenversicherungen. Abgesehen vom Krankengeld, fließen die Ausgaben der Krankenversicherungen nicht unmittelbar zurück an ihre Beitragszahler, sondern decken lediglich die im Krankheitsfall entstandenen Kosten. Dementsprechend erfolgt zunächst auch keine direkte Stabilisierung des verfügbaren Einkommens Aufgrund einer antizyklischen Ausgabenpolitik.

Die gesundheitsbezogene Güternachfrage besitzt dennoch einige besondere Eigenschaften, die generell für eine stabilisierende Wirkung sprechen. Die Nachfrage ist zu großen Teilen über das Krankenkassensystem finanziert und

---

135 Die Einkommenssteuer ergibt sich aus der Summe von Lohnsteuer, veranl. Steuern von Erträgen und nicht veranl. Steuern v. Erträgen. vgl. Bundesministerium der Finanzen (2012)

nimmt eine vorrangige Position in der Priorität gegenüber anderen Gütern ein. Aus haushaltstheoretischer Sicht gehören Gesundheitsgüter der Gruppe superiorer Güter an, deren Nachfrage sich unabhängig vom verfügbaren Einkommen entwickelt und vielmehr vom Bedarfsfall abhängt bzw. im Krankheitsfall stattfindet.[136] Die aggregierte Gesamtnachfrage nach Waren und Dienstleistungen der Gesundheitswirtschaft entwickelt sich daher über den kompletten Konjunkturzyklus konstant, unter der Annahme dass sich der gesamtgesellschaftliche Krankenverlauf annähernd gleich entwickelt. Diese kontinuierliche Nachfrage hat eine glättende Wirkung auf die Wirtschaftsentwicklung und wirkt dementsprechend stabilisierend.

Allerdings führt diese gesundheitsinduzierte Nachfragesteigerung naturgemäß zu einer relativ einseitigen, punktuell wirkenden Impulsgebung, von der hauptsächlich die Gesundheitswirtschaft profitiert. Eine allgemein gesteigerte private Konsumnachfrage in gleicher Höhe würde auf eine breitere Zahl von Branchen der Gesamtwirtschaft wirken. Nichtsdestotrotz ist der gesundheitsrelevanten Nachfrage eine sehr effektive Wirkung zuzuordnen, da ihre Ausrichtung fast ausschließlich das Inland und dort einen sehr beschäftigungsintensiven Sektor betrifft.

Es bleibt dennoch fraglich, ob die Gesundheitswirtschaft tatsächlich über die Wirkungsmechanismen automatischer Stabilisatoren verfügt. Die vorgestellte Pufferwirkung der Krankenversicherungen kann ebenfalls dazu führen, dass die Wirkung der Finanz- und Wirtschaftskrise lediglich verzögert die Gesundheitswirtschaft erreicht und sich dann destabilisierend auf sie und die gesamte deutsche Volkswirtschaft auswirkt.[137] Des Weiteren fehlt ein kausaler Zusammenhang zwischen Wirtschaftsentwicklung und Morbidität bzw. Gesundheitsnachfrage, sodass nicht von einer antizyklisch kompensierenden Wirkung ausgegangen werden kann. Es muss deshalb vielmehr ein bisher kontinuierliches Branchenwachstum der Gesundheitswirtschaft bezüglich einer stabilisierenden Wirkung der Gesamtwirtschaft geprüft werden.

3.2.2 Übertragung der Multiplikatoranalyse auf die Gesundheitswirtschaft

Nach Aussage des Haavelmo-Theorems erzielt die Transformation von verfügbarem Einkommen privater Haushalte in staatliche Nachfrage einen Beitrag zur Stabilisierung der Wirtschaft. Dies geschieht durch die Belastung der privaten Haushalte mit zusätzlichen Steuern, deren Weiterverwendung in Form von staat-

---

136 Vgl. IKB (2007) S.11
137 Vgl. Alten, A. von (2009)

lichen Ausgaben zu einer Erhöhung des Volkseinkommens führen. Die Grundlage für diesen Wachstumsschub basiert aus den höheren Multiplikatoren staatlicher Ausgaben im Gegensatz zu denen des privaten Konsums.

Dieser Sachverhalt lässt sich ebenso auf das Gesundheitssystem übertragen. Anstelle von Steuern erfolgt die Transformation des verfügbaren Einkommens der privaten Haushalte mittels Beitragszahlungen an die gesetzlichen Krankenkassen. Fraglich bleibt, ob diese gesundheitsbezogenen Ausgaben der gesetzlichen Krankenversicherungen einen höheren Multiplikator besitzen als der Konsum privater Haushalte und somit zu höheren Effekten für die deutsche Volkswirtschaft führen.

Aus volkswirtschaftlicher Sicht wirken die Beiträge der gesetzlich versicherten Beitragszahler vergleichbar mit einer Steuer. Ein fest vorgegebener Prozentsatz des Bruttoeinkommens wird erhoben und reduziert das verfügbare Einkommen der Versicherten. Unter der Annahme, dass der private Konsum von dem verfügbaren Einkommen der Haushalte abhängt führt dies zum Rückgang der privaten Nachfrage. Dieser Entzug wirkt mit dem Multiplikator:

$$\Delta Y = -\Delta T \, \frac{c}{1 - c}$$

auf das Gesamtaufkommen.

Diese Einnahmen der gesetzlichen Krankenkassen decken zugleich die Nachfrage nach gesundheitsbezogenen Gütern und Dienstleistungen und wirken dem Rückgang der Konsumnachfrage entgegen. Dem Haavelmo-Theorem zufolge besitzen diese Nachfrageimpulse einen Multiplikator von:

$$\Delta Y = \Delta G \, \frac{1}{1 - c}.$$

Wenn davon abgesehen wird, dass es sich bei diesen Einnahmen und Auszahlungen um zweckgebundene Transfers handelt, gleicht die Situation dem klassischen Haavelmo-Theorem.

Durch eine Gegenüberstellung der Multiplikatoren des privaten Konsums und der Ausgaben gesetzlicher Krankenversicherungen kann empirisch überprüft werden, welche Wirkung der Transfer von privatem Einkommen in Gesundheitsleitungen auf das Gesamtaufkommen besitzt. Die Differenz beider Effekte erlaubt Aussagen über den volkswirtschaftlichen Einfluss des Gesundheitssystems und macht somit eine Beurteilung der stabilisierenden Wirkungsweise möglich. Hierfür wird in den nächsten Kapiteln ein Modell auf Basis von Input-Output-Tabellen entwickelt, das es ermöglicht, sowohl den Multiplikator der Ausgaben gesetzlicher Krankenkassen zu bestimmen als auch den von Konsumausgaben privater Haushalte. Zuvor erfolgen eine Zusammenfassung der wichtigsten Erkenntnisse dieses Abschnitts sowie die daraus resultierende Schlussfolgerung für diese Arbeit.

3.2.3 Zusammenfassung und Schlussfolgerung

Die Übertragung der Stabilitätsziele auf die Gesundheitswirtschaft hat gezeigt, dass ihr Beitrag in vielschichtiger Weise positive Akzente zum Erreichen der konjunkturstabilisierenden Zielsetzungen setzt.

Aufgrund der eigenen Wirtschaftsleistung als wertschöpfende Branche hat die Gesundheitswirtschaft einen entscheidenden Anteil am gesamtwirtschaftlichen Aufkommen und Wirtschaftswachstum. Die flächendeckende Versorgung mit stationären und ambulanten Gesundheitseinrichtungen bewirkt eine hohe Nachfrage an Arbeitnehmern. Mit rund 4,8 Mio. Beschäftigten ist mittlerweile jeder siebte Erwerbstätige in der Gesundheitswirtschaft tätig. Darüber hinaus leisten die produzierenden Bereiche der Gesundheitswirtschaft, wie pharmazeutische Industrie und Medizintechnik, einen positiven Beitrag zum Außenhandel.

Zudem ist der Gesundheitszustand einer Bevölkerung ein entscheidender Einflussfaktor für deren Arbeitsproduktivität, Arbeitsangebot, Bildung und Vermögen. Die überdurchschnittlich gute Gesundheitsversorgung in Deutschland durch die Gesundheitswirtschaft leistet daher einen entscheidenden Beitrag zum Wohlstand der Bevölkerung und der Bildung von Humankapital.

Aufgrund der hohen qualitativen Gesundheitsversorgung sind die krankheitsbedingten Fehlzeiten von Arbeitnehmern in den letzten Jahren kontinuierlich zurückgegangen, sodass auch andere Wirtschaftsbereiche aufgrund sinkender Produktionsausfallkosten und geringerem Verlust an Arbeitsproduktivität von der Gesundheitswirtschaft profitieren.

Die Untersuchung hat ebenfalls gezeigt, dass eine statistische Beurteilung der Gesundheitswirtschaft in Bezug auf ihren ökonomischen Einfluss aufgrund fehlender Daten nicht fundiert zu erbringen ist. Nach statistischer Definition der Volkswirtschaftlichen Gesamtrechnungen handelt es sich bei der Gesundheitswirtschaft nicht um einen eigenständigen Wirtschaftszweig. Vielmehr besteht der Gesundheitssektor aus einer Vielzahl heterogener Teilbranchen, die in verschiedenen Untersektoren der Gesamtwirtschaft mit nichtgesundheitsbezogenen Teilbranchen aggregiert erfasst werden. Daher stellen die öffentlichen Statistiken eine unzureichende Datenbasis für die Stabilitätsanalyse der Gesundheitswirtschaft dar.

Im zweiten Teil dieses Kapitels wurden die Stabilisierungsmechanismen von automatischen Stabilisatoren und der Multiplikatoranalyse auf den vorliegenden Sachverhalt im deutschen Gesundheitssystem übertragen. Die festen Regularien bezüglich der Finanzierung der gesundheitsbezogenen Nachfrage durch das System der Krankenkassen und deren einkommensabhängigen Beitragszahlungen der Versicherten zeigen deutliche Parallelen zu anderen automatischen Stabilisatoren auf.

Zudem hat die Untersuchung gezeigt, dass dieses Finanzierungssystem aufgrund einer erhöhten Multiplikatorwirkung zu positiven Wachstumsimpulsen führen kann. In Anlehnung an das Haavelmo-Theorem ist anzunehmen, dass die Transformation verfügbaren Einkommens der Krankenversicherten in Form von Beitragszahlungen in gesundheitsbezogene Nachfrage einen höheren ökonomischen Multiplikator besitzt. Dies ist u.a. auf die höhere Sparneigung privater Haushalte zurückzuführen sowie auf eine vorwiegend auf das Inland bezogene personalintensive Branche bei Gesundheitsleistungen.

Für eine tiefgehende quantitative Analyse der Gesundheitswirtschaft hat sich die Verwendung eines makroökonomischen Modells auf Basis der Input-Output-Rechnung als das geeignetste der vier vorgestellten Verfahren erwiesen. Aufgrund der flexiblen Modellierungsmöglichkeiten bietet es die größten Freiheiten um bei der Analyse sowohl der gesonderten Datenbasis als auch den speziellen Rahmenbedingungen der Gesundheitswirtschaft gerecht zu werden. Darüber hinaus wird eine vollständige Untersuchung der gesamten Wirkungskette innerhalb der Gesamtwirtschaft ermöglicht, um sämtliche Stabilisierungseffekte zu quantifizieren.

Im folgenden Kapitel erfolgt nun die Herleitung dieses Modell der Input-Output-Analyse und die hierfür benötigte Einführung in die Input-Output-Rechnung. Die Vorstellung einer fundierten Datenbasis in Form der Gesundheitswirtschaftlichen Gesamtrechnungen folgt im Anschluss.

4 Quantifizierung gesamtwirtschaftlicher Effekte mit Hilfe der IO-Rechnung

„Ökonomen müssen sich die Finger schmutzig machen, indem sie direkt mit rohem Datenmaterial arbeiten"[138]
Wassily Leontief

Die Entstehung der Input-Output-Rechnung geht bis in die dreißiger und vierziger Jahre des letzten Jahrhunderts zurück. Der Ökonom Wassily Leontief entwickelte damals die Grundlagen der Input-Output-Rechnung in ihrer heutigen Form und wurde für seine Arbeit 1973 mit dem Nobelpreis in Wirtschaftswissenschaften ausgezeichnet.[139] Die Tabellen und mathematischen Verfahren der Input-Output-Rechnung geben detaillierte Einblicke in die Volkswirtschaft, indem produktions- und gütermäßige Verflechtungen dargestellt werden. Unter anderem veranschaulichen sie Güterströme des Produktionsprozesses, bilden die Güterverwendung ab und schildern die Entstehung von Aufkommen.[140]

Die Input-Output-Rechnung besteht aus zwei wesentlichen Teilbereichen, den Input-Output-Tabellen (IOTs) und der Input-Output-Analyse (IOA). IOTs bilden das tabellarische Grundgerüst der Input-Output-Rechnung. Sie bilden die Verflechtungen und somit die Zusammenhänge von Güteraufkommen und Güterverwendung innerhalb einer Volkswirtschaft ab.[141] Die IOA beschäftigt sich mit mathematischen Verfahren, die auf den IOTs aufsetzen. Sie erweitert die Analysemöglichkeiten der rein deskriptiven Tabellen, um die Auswirkungen von veränderten Rahmenbedingungen zu quantifizieren.[142]

Beide Teilbereiche der Input-Output-Rechnung werden in den nachfolgenden Kapiteln detailliert vorgestellt. Zunächst wird in Kapitel 4.1 das Grundkonzept der IOTs erarbeitet und die verschiedenen Arten der IOTs vorgestellt. In Kapitel 4.2 werden Satellitensysteme betrachtet. Hierbei handelt es sich um modifizierte IOTs deren Informationsgehalt auf gezielte Fragestellungen bzw. Untersuchungsgebiete hin aufbereitet werden. Im Anschluss folgt in Kapitel 4.3 das Themengebiet der IOA, indem unter anderem das für die anschließende Untersuchung verwendete Analysemodell hergeleitet wird. Der Abschnitt schließt mit der Schilderung der zugrundeliegenden Annahmen und Restriktionen der Input-Output-Rechnung und der Schlussfolgerung für diese Arbeit.

138 Vgl. Putnoki, H., Hilgers, B. (2007)
139 Vgl. Leontief (1936), Leontief (1951), Leontief (1953)
140 Vgl. Destatis (2010c), S. 5f
141 Vgl. Grötschel, M. (2003), S. 53
142 Vgl. Brümmerhoff, D. (2007), S. 177

4.1 Abbildung der Volkswirtschaft in Input-Output-Tabellen

Input-Output-Tabellen (IOTs) liefern die Datenbasis für die Input-Output-Rechnung. Die Tabellen geben einen detaillierten Einblick in die Volkswirtschaft, indem u.a. Produktionsprozesse der einzelnen Güterströme, die Güterverwendung sowie die Entstehung von Einkommen aufgezeigt werden. Verwendung finden IOTs vor allem bei der Analyse von wirtschaftlichen Strukturuntersuchungen und der Modellierung von Auswirkungen durch Nachfrage- oder Preisveränderungen.[143]

Die Beschreibung der IOTs in dieser Arbeit bezieht sich auf die Tabellen des Statistischen Bundesamtes (Destatis) die im Rahmen der Fachserie 18 Reihe 2 jährlich veröffentlicht werden. Zahlreiche Forschungsinstitute, darunter das DIW, Ifo-Institut und RWI, beschäftigen sich ebenfalls mit der Entwicklung eigener IOTs.[144] Aufgrund der Aktualität, der freien Verfügbarkeit, der Konsistenz zur VGR sowie die Verwendung bei der Erstellung der Gesundheitswirtschaftlichen Gesamtrechnungen werden jedoch die Tabellen des Statistischen Bundesamtes für diese Arbeit bevorzugt.

IOTs sind ein integraler Bestandteil der VGR und basieren somit auf den gleichen Definitionen, Methoden und Konzepten. Die Ergebnisse der IOTs stimmen vollständig mit denen der Entstehungs- und Verwendungsrechnung der Inlandsproduktberechnung überein.[145] Vielmehr verbinden IOTs beide Rechnungskonzepte und bilden sämtliche Güterströme von der Entstehung bis zur Verwendung ab. Der grundlegende Aufbau ist europaweit in der Verordnung des ESVG 1995 geregelt und europaweit vergleichbar.[146]

Die Gliederung dieses Abschnitts gestaltet sich wie folgt: In Kapitel 4.1.1 wird zunächst der schematische Aufbau von IOTs präsentiert. Kapitel 4.1.2 geht auf die unterschiedlichen Gliederungen und Klassifikation von IOTs im speziellen ein und Kapitel 4.1.3 die IOTs des Statistischen Bundesamtes vor, die im Rahmen der VGR veröffentlicht werden.

---

143 Vgl. Destatis (2010), S.4

144 Vgl. Holub, H.W., Schnabl, H. (1994a), S. 102ff; Reich et al. (1995); http://www.gws-os.com/de/

145 Vgl. Destatis (2010c), S. 12f

146 Vgl. ESVG (1995), 9.01-9.62. Das Statistische Amt der europäischen Union (Eurostat) hat zudem ein Handbuch herausgegeben, das detailliert Methoden und Empfehlungen bereithält, wie Aufkommens- und Verwendungstabellen sowie Input-Output-Tabellen in der EU erstellt werden sollten (Vgl. Eurostat (2008)).

4.1.1 Aufbau von Input-Output-Tabellen

Im Rahmen der Input-Output-Rechnung werden unter Input sowohl Vorleistungsgüter als auch Produktionsfaktoren wie Arbeit und Kapital verstanden, die in den Produktionsprozess mit einfließen. Als Output zählen die in Produktionswerten gemessenen Werte dieser produzierten Güter und deren Verwendung. Innerhalb der IOTs werden der Input in den Spalten und der Output in den Zeilen abgebildet. Eine Volkswirtschaft wird in den IOTs zumeist als geschlossenes, symmetrisches System abgebildet, was bedeutet, dass das Aufkommen (Input) der Verwendung (Output) entspricht und somit die Zeilensummen gleich den Spaltensummen sind.

In Abbildung 12 ist der schematische Aufbau einer IOT mit jeweils nur drei Gütergruppen und Produktionsbereichen abgebildet.

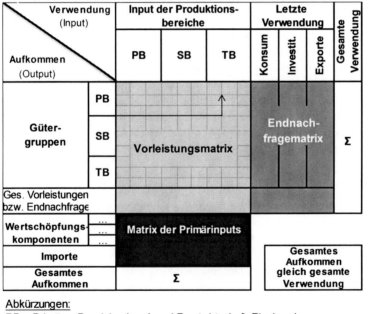

Abkürzungen:
PB = Primärer Bereich = Land- und Forstwirtschaft, Fischerei
SB = Sekundärer Bereich = Produzierendes Gewerbe
TB = Tertiärer Bereich = Private und öffentliche Dienstleistunden

Quelle: Destatis, 2010c

Abbildung 12: Aggregierte Darstellung einer Input-Output Tabelle

Im Original bestehen die Tabellen aus 71 Gütergruppen und 71 Produkti-onsbereichen, was zu einer Matrix mit über 5000 Einträgen führt. Wie zu erken-nen ist setzt sich eine IOT aus drei Teilmatrizen (Quadranten) zusammen:

1. Quadrant: Verflechtungsmatrix,
2. Quadrant: Endnachfragematrix und
3. Quadrant: Primärinputmatrix.

Vorleistungsmatrix (Quadrant I)

Die Vorleistungsmatrix bildet das Hauptelement der IO-Rechnung.[147] Sie wird auch Zentral- oder Vorleistungsverflechtungsmatrix bezeichnet. Der erste Quad-rant einer Input-Output Tabelle stellt die Verflechtungen der Vorleistungen und der intermediären Verwendung der einzelnen Produktionsbereiche dar. In den Zeilen wird die intermediäre Verwendung der jeweiligen Güter abgebildet, d.h. die Verwendung der Waren und Dienstleistungen als Vorleistung für die ent-sprechenden Produktionsbereiche. Die Spalten weisen hingegen die für die Pro-duktion des jeweiligen Produktionsbereichs benötigten Produkte und Dienstleis-tungen getrennt nach Gütergruppen aus.[148] Die Spalten- bzw. Zeilensummen der Vorleistungsmatrix beschreiben somit den gesamten Vorleistungsinput bzw. die Summe der zur intermediären Verwendung eingesetzten Güter.

Beispielsweise beschreibt der Wert in Zeile TB und Spalte SB (Abbildung 12) wie viele Vorleistungen der sekundäre Bereich für die Produktion vom terti-ären Bereich bezogen hat (Spalten) bzw. wie viele Güter der tertiäre Bereich an den sekundären Bereich geliefert hat (Zeilen).

Endnachfragematrix (Quadrant II)

Die Endnachfragematrix komplementiert die Verwendung und enthält die für den Endverbrauch produzierten Produkte und bereitgestellten Dienstleistungen. Die einzelnen Komponenten der Endnachfragematrix erfassen alle Güter, die nicht länger im volkswirtschaftlichen Kreislauf zirkulieren und ausschließlich dem Endverbrauch dienen.[149] Die Endnachfrage unterteilt sich in die folgenden Komponenten der letzten Verwendung: Konsum privater Haushalte, Staatsver-brauch, (private und öffentliche) Anlageinvestitionen, Vorratsveränderungen und Exporte.[150] Je nach Analysezweck ist auch eine alternative Gliederung der Endnachfragekomponenten möglich.

---

147 Vgl. Destatis (2010c), S. 6
148 Vgl. Holub, H.W., Schnabl, H. (1994a), S. 2f
149 Vgl. Destatis (2010c), S. 18
150 Vgl. Destatis (2010c), S. 19

Matrix der Primärinputs (Quadrant III)

Die Matrix der Primärinputs enthält die für den Produktionsprozess eingesetzten Wertschöpfungskomponenten sowie je nach Tabellenversion auch Importe gleichartiger Güter. Die im Inland eingesetzten Produktionsfaktoren und ihre Entgelte werden unmittelbar den jeweiligen Produktionsbereichen zugeordnet. Zu den Wertschöpfungsfaktoren zählen u.a. Abschreibungen, sonstigen Produktionsabgaben abzüglich Subventionen, Arbeitnehmerentgelte und Betriebsüberschüsse.[151]

Verflechtungsmatrix (Quadrant IV)

Gelegentlich wird eine zusätzliche Verflechtungsmatrix im vierten Quadranten einer IO-Tabelle erstellt, um gezielt Zusammenhänge zwischen den Komponenten der Primärinputmatrix und der Endnachfrage aufzuzeigen bspw. von Investitionsverflechtungen, vgl. Abbildung 13.[152] In der Praxis wird die Verflechtungsmatrix jedoch regelmäßig vernachlässigt und nur bei Bedarf als alternatives Analysewerkzeug zur Beantwortung verschiedener Fragestellungen eingesetzt.[153] In den Tabellen des Statistischen Bundesamtes wird der vierte Quadrant nicht verwendet.

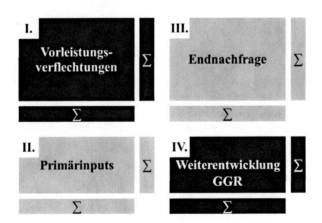

Quelle: eigene Darstellung in Anlehnung an Holub, Schnabel, 1994a

Abbildung 13: Input-Output-Tabelle mit vier Quadranten

---

151 Vgl. Holub, H.W., Schnabl, H. (1994a), S. 4f
152 Vgl. Holub, H.W., Schnabl, H. (1994a), S. 5f
153 Im ESVG (1995) findet der 4. Quadrant keine Berücksichtigung (Vgl. Destatis (2010c), S. 16

66

Zusammenfassend lässt sich festhalten, dass IOTs detailliert die Zusammen-hänge und Verflechtungen einer Volkswirtschaft innerhalb einer Berichtsperiode abbilden. Die Vorleistungsmatrix in Kombination mit der Primärinputmatrix gibt Aufschluss darüber, welche und in welcher Höhe jeder Produktionsbereich Vorleistungsgüter und Wertschöpfungskomponenten für die Erstellung seiner Güter benötigt hat. In Verbindung mit der Endnachfragematrix stellt die Vorleis-tungsmatrix die gesamte Verwendung dieser produzierten Güter dar und bildet somit ein in sich stimmiges geschlossenes System.

4.1.2 Gliederung und Klassifikation der Input-Output-Tabellen

Die statistischen Einheiten in den symmetrischen IOTs unterscheiden sich von der durchgehend institutionellen Darstellung in der Inlandsproduktberechnung. In der institutionellen Darstellung, nach deren Beispiel die Aufkommens- und Verwendungstabellen abgegrenzt sind, werden die statistischen Unternehmens-einheiten als Wirtschaftsbereiche nach dem sogenannten Unternehmenskonzept ausgewiesen.[154] Sämtliche Wirtschaftseinheiten mit identischer Haupttätigkeit werden zu einem Wirtschaftsbereich zusammengefasst in dem sie die höchste Wertschöpfung generieren.[155] Die Gliederung der Wirtschaftsbereiche in den Basistabellen erfolgt auf Basis der deutschen Klassifikation der Wirtschafts-zweige (WZ 2003)[156], die in den ersten vier Positionen mit der europäischen Wirtschaftsgliederung NACE übereinstimmt.

IOTs sind in homogene Produktionsbereiche gegliedert, die nach ESVG wie folgt definiert werden: „Die homogene Produktionseinheit ist durch eine Tätig-keit gekennzeichnet, die mit Hilfe der eingesetzten Produktionsfaktoren, des Produktionsprozesses und der produzierten Güter identifiziert werden kann. Die eingesetzten und produzierten Güter werden nach ihrer Beschaffenheit, ihrem Verarbeitungsgrad und der angewandten Produktionstechnik unterschieden und sind einer Güterklassifikation zugeordnet."[157]

Gegenüber einer institutionellen Einheit werden im Rahmen einer homoge-nen Produktionseinheit somit nur Haupttätigkeiten berücksichtigt und sämtliche

---

154 Vgl. Destatis (2007), S. 50154 Vgl. Destatis (2007), S. 50
155 Vgl. Stahmer, C., Meyer, B. (2000), S. 33
156 Seit dem 1.1.2008 gilt eine neue Gliederung der Wirtschaftsbereiche (WZ 2008), auf die die einzelnen Statistiken nach und nach umgestellt werden. Die Methodik und Systema-tik der vorliegenden Arbeit basiert aufgrund der verzögerten Verfügbarkeit der Input-Output-Rechnung allerdings weitestgehend noch auf der WZ-Klassifikation von 2003.
157 Vgl. Stahmer, C. und Meyer B. (2000), S. 33. in Verbindung mit ESVG (1995), S. 2.112)

Nebentätigkeiten als separate Produktionseinheiten erfasst. Jeder homogene Produktionsbereich setzt sich aus allen gleichartigen Produktionseinheiten zusammen, die frei von Nebentätigkeiten sind und allesamt ausschließlich Erzeugnisse der jeweiligen Gütergruppe herstellen.[158] In der Regel produzieren Unternehmen jedoch mehrere verschiedenartige Güter ohne die im Produktionsprozess anfallenden Kosten den einzelnen Güterarten individuell zuzuordnen. Daher handelt es sich bei der Gliederung der IOTs um fiktive Produktionsbereiche, die statistisch nicht erfasst und unter Verwendung verschiedener Annahmen abgeleitet und geschätzt werden.[159]

Da die homogenen Produktionsbereiche identisch mit den entsprechenden Gütergruppen sind, basiert die Gliederung der Produktionsbereiche auf der statistischen Güterklassifikation in Verbindung mit den Wirtschaftszweigen in der europäischen Gemeinschaft (CPA[160]).[161]

Ein weiterer Unterschied zwischen den Basistabellen der VGR und den I-OTs besteht in der Verwendung unterschiedlicher Preiskonzepte. Während die Verwendungstabelle auf dem Anschaffungspreiskonzept basiert, d.h. auf dem für den Kauf tatsächlich zu bezahlenden Wert, inkl. der Kosten für Transport, Handel und Steuern, beruhen Aufkommenstabelle und die daraus abgeleiteten IOTs auf dem Herstellungspreiskonzept, d.h. auf der Summe aller Kosten für Vorleistungen und eingesetzter Produktionsfaktoren.[162] Durch Abzug der im Anschaffungspreis enthaltenen Gütersteuern abzüglich Gütersubventionen und dem Umbuchen der Handelsspannen von den gehandelten Gütern zu den Handelsleistungen werden Anschaffungspreise in Herstellungspreise überführt. Des Weiteren beinhalten IOTs firmeninterne Lieferungen und Leistungen, also Güter der Weiterverarbeitungsproduktion, die in den Basistabellen nicht enthalten sind.[163]

Insgesamt bestehen die IOTs des Statistischen Bundesamtes aus 71 homogene Produktions- und Güterbereiche in der CPA-Klassifikation der Wirtschaftszweige der europäischen Wirtschaftsgemeinschaft. Die Matrix der Primärinputs ergänzt diese um Angaben zu Gütersteuern abzüglich Subventionen, zu den vier Bruttowertschöpfungskomponenten: Arbeitnehmerentgelte, sonstige Produktionsabgaben abzüglich sonstigen Subventionen, Abschreibungen und Nettobetriebsüberschuss, sowie firmeninternen Lieferungen und Leistungen und Importe gleichartiger Güter. Die Endnachfragematrix beinhaltet Konsumausga-

---

158 Vgl. ESVG (1995), S. 2.114
159 Vgl. Destatis (2010c), S. 33 und vgl. Destatis (2007), S. 49
160 Statistical Classification of Products by Activity in the European Economic Community
161 Vgl. Stahmer, C. und Meyer B. (2000), S. 34.
162 Vgl. Destatis (2010c), S. 36f
163 Vgl. Destatis (2010c), S. 36

68

ben privater Haushalte, privater Organisationen ohne Erwerbszweck und des Staates sowie Anlageinvestitionen in Ausrüstung und sonstige Anlagen, Bauinvestitionen, Vorratsveränderungen und Exporte, deren Lieferungen an EU-Länder gesondert ausgewiesen werden.

4.1.3 Input-Output-Tabellen des Statistischen Bundesamtes

Im Rahmen der Volkswirtschaftlichen Gesamtrechnungen – Input-Output-Rechnung Fachserie 18 Reihe 2 - veröffentlicht das Statistische Bundesamt in unregelmäßigen Abständen die verschiedenen Formen von Input-Output-Tabellen für Deutschland. Das Angebot umfasst folgende Tabellen:[164]

1. Input-Output-Tabellen
   * IOT zu Herstellungspreisen – Inländische Produktion und Importe
   * Importmatrix zu cif Preisen
   * IOT zu Herstellungspreisen – Inländische Produktion
2. Auswertungstabellen zu den Input-Output-Tabellen
   * Input-Koeffizienten der IOT - Inländische Produktion und Importe
   * Input-Koeffizienten der IOT – Inländische Produktion. Die Matrizen der Input-Koeffizienten entsprechen der Gliederung der IOT, bei denen der Produktionswert jedes Produktionsbereichs auf 100 normiert ist. Sie geben somit Aufschluss über die Inputstruktur.
   * Inverse Koeffizienten – inländische Produktion. Die auch als Leontief-Inverse bezeichnete Matrix bildet den Ausgangspunkt der Input-Output-Analyse. Sie entsteht durch Invertierung der Verflechtungsmatrix.[165]
3. Zusatztabellen
   * Erwerbstätige und Arbeitnehmer im Inland. Tabelle der Erwerbstätigen und Arbeitnehmer im Jahresdurchschnitt gegliedert in die 71 Produktionsbereiche der CPA. Sie gibt Aufschluss über die im Produktionsprozess eingesetzten Personen und ermöglicht die Analyse von Beschäftigungseffekten.
4. Basistabellen
   * Aufkommenstabelle zu Herstellungspreisen mit Übergang auf Anschaffungspreise. Sie stellt den Wert der im Inland produzierten Waren und Dienstleistungen (Produktionswerte) ergänzt um Importe der einzelnen

---

164 Vgl. Destatis (2010c), S.14ff; Destatis (2010b)
165 Vgl. Kapitel 4.3.2

Wirtschaftsbereiche nach Gütergruppen dar und gibt dadurch die Produktionsstruktur der Wirtschaft wieder.166
- Verwendungstabelle zu Anschaffungspreisen. Sie zeigt die Verwendung der im Inland produzierten und der importierten Waren und Dienstleistungen nach Gütergruppen und nach Verwendungsarten, d.h. als Vorleistungen (nach Wirtschaftsbereichen), Konsum, Bruttoinvestitionen oder Exporte.167 Die Aufkommens- und Verwendungstabellen stellen die Verbindung zwischen der Inlandsproduktberechnung und den IOT her.

Die aktuellste verfügbare Version beschreibt das Berichtsjahr 2007 und erschien am 30. August 2010. Es handelt sich dabei um die letzten Tabellen vor Umstellung der Klassifikation der Wirtschaftsbereiche auf die neue Wirtschaftszweigklassifikation WZ 2008 und ist vergleichbar mit den Ergebnissen seit 1995.

In Abhängigkeit von der Fragestellung können die vorhandenen IOTs trotz des hohen Detailierungsgrads nur unzureichende Informationen bereitstellen. In diesen Fällen kann die Modifikation unter Zuhilfenahme weiterer Datenquellen zu einem s.g. Satellitensystem die Untersuchung stützen. Diese werden im nächsten Abschnitt vorgestellt.

4.2 Satellitensysteme

Satellitensysteme, auch Satellitenkonto genannt, sind Analyseinstrumente der Makroökonomie und empirischen Wirtschaftsforschung, die auf Input-Output-Tabellen basieren jedoch den Fokus auf bestimmte wirtschaftliche Aktivitäten setzen und deren Wirkungsweisen detailliert abbilden. Dabei werden dafür teilweise gesamtwirtschaftliche Vorgänge anhand hilfreicher und zusammenfassender Vereinfachungen erfasst.

IOTs des statistischen Bundesamtes basieren auf den allgemeinen Konzepten und festgelegten Definitionen der VGR. In Übereinstimmung mit allgemeinen wirtschaftstheoretischen und wissenschaftlichen Grundsätzen erreichen die Ergebnisse ein hohes Maß an Transparenz und Vergleichbarkeit mit anderen makroökonomischen und internationalen Statistikwerken.[168] Diese festen und standardisierten Vorgaben führen zugleich zu Restriktionen und Einschränkungen in der Analyse spezieller Fragestellungen vor allem im meso- oder mikroökonomischen Kontext. So sind beispielsweise detaillierte Analysen bestimmter

166 Vgl. ESVG (1995), 9.03
167 Vgl. ESVG (1995), 9.04
168 Vgl. Henke, K. D., Neumann, K., Schneider, M. (2009), S. 51

Branchen, wie in diesem Fall der Gesundheitswirtschaft, die nicht als eigenständige Produktionsbereiche in der Klassifikation der IOTs abgebildet werden,
sondern in verschiedenen Aggregaten enthalten sind, nicht möglich.

In diesen Fällen können die benötigten Informationen durch die Erstellung
eines Satellitensystems aufbereitet werden. Hierbei handelt es sich um Modifi-
kationen und Erweiterungen der standardisierten IOTs, deren Konzepte und
Klassifikation weitestgehend der VGR zugrunde liegen. Dadurch bleibt die
Kompatibilität zu standardisierten Rechensystemen erhalten. Somit bleiben die
Ergebnisse der VGR weiterhin als Bezugsrahmen bestehen, während spezielle
Daten besonders detailliert aufbereitet werden und andere teilweise in aggregier-
ter Form Verwendung finden.[169]

Satellitensysteme unterliegen nicht den strikten Vorgaben der VGR und
können individuell entwickelt werden. Das System of National Accounts (SNA)
hat dennoch ein Konzept und Empfehlungen zur Erstellung von Satellitenkonten
zur VGR herausgegeben.[170]

Um den benötigten Informationsbedarf zu decken, kann bzw. sollte ein Satellitenkonto die folgenden allgemeinen Kriterien erfüllen:[171]

- Satellitensysteme sollten bezogen auf die Fragestellung einen höheren Detaillierungsgrad aufweisen und gleichzeitig um irrelevante Informationen bereinigt werden.
- Die Konten von Satellitensystemen sind nicht auf rein monetäre Größen beschränkt. Auch fiktive oder alternative Werte, die nicht in Geldeinheiten
  messbar sind wie bspw. Umweltverschmutzung, -vermögen oder Arbeitsstunden können eine Erweiterung des Darstellungsgegenstands sein.
- Diese sollten jedoch eindeutig gekennzeichnet und dokumentiert werden.
- Es können bestehende Konzepte erweitert werden. Dies kann zum Beispiel
  durch die Hinzunahme von F&E-Ausgaben, Investitionen in Bildung, Haushaltsproduktion und Schwarzarbeit passieren.
- Grundlegende Konzepte sollten allerdings nur dann modifiziert werden,
  wenn dies für den Verwendungszweck auch wirklich notwendig ist.
- Die Disaggregation der Daten sollte auf die jeweilige Thematik exakt zugeschnitten werden. Ein zu hohes Informationsspektrum kann das Kernsystem
  leicht überfrachten.

---

169 Vgl. ESVG (1995), 1.20. „As its name indicates, it is linked to, but distinct from, the
   central system. Many satellite accounts are possible but, though each is consistent with
   the central system, they may not always be consistent with each other." (SNA 2008
   (29,4))
170 Vgl. SNA (1993), Kapitel 29
171 Vgl. Eurostat (2008)

- Satellitensysteme sollten derart gestaltet werden, dass eine möglichst enge Verknüpfung mit der VGR erhalten bleibt, um Wechselwirkungen des betrachteten Bereichs mit den übrigen Sektoren der Gesamtwirtschaft aufzeigen zu können.

In Abhängigkeit dieser Kriterien lassen sich Satellitensysteme in zwei Arten unterteilen:

1. Solche Systeme, die überwiegend auf der zentralen Klassifikation der VGR basieren und diese lediglich neu strukturiert bzw. um hilfreiche Informationen bezogen auf das Erkenntnisziel ergänzt haben. Es handelt sich somit im Wesentlichen um eine reine Disaggregation relevanter Teilbereiche der standardisierten Tabellen. [172]

2. Satellitensysteme, die sich von den vorgegebenen Definitionen und Konzepten lösen und somit von der klassischen Darstellung abweichen. Diese alternativen Konzepte sind nur noch teilweise oder nur unter Zuhilfenahme von Überleitungsverfahren komplementär mit den Basistabellen. [173] Verwendung finden diese modifizierten Konzepte beispielsweise bei alternativen Abgrenzungen des Vermögensbegriffs, Erfassung neuer Produktionsaktivitäten oder neuen Bewertungsgrundsätzen. Da die Erstellung dieser Satellitenkonten in der Regel komplexer und aufwändiger ist sowie die Transparenz und Vergleichbarkeit beeinflusst, sollte diese Variante nur Verwendung finden, wenn die zu beantwortende Fragestellung eine Abwandlung des Grundkonzepts unumgänglich macht. [174] Zudem erfordern derartige Systeme eine ausführlichere Dokumentation, um eine transparente Interpretation der Ergebnisse zu ermöglichen.

Ein häufiger und wesentlicher Unterschied von Satellitensystemen gegenüber den standardisierten IOTs ist die Darstellung der Einheiten nach Wirtschaftsbereichen bzw. Branchen anstelle institutioneller Sektoren. Sektorenkonten beschreiben einzelne Phasen des Wirtschaftskreislaufs für Kapitalgesellschaften, Staat, private Haushalte und das Ausland, die die Produktion, Einkommensentstehung, -verteilung, -umverteilung und Konsum sowie die Änderung des Vermögens darstellen.[175]

In der funktionellen Abgrenzung steht die verfolgte Absicht der einzelnen Wirtschaftseinheiten bei den jeweiligen Transaktionen im Mittelpunkt. Das entscheidende Kriterium, ob Ausgaben oder Einnahmen in ein Konto einbezogen

---

172 Vgl. SNA (2008), 29.5
173 Vgl. SNA (2008), 29.6
174 Vgl. Eurostat (2008), S. 405ff.
175 Vgl. ESVG (1995) und vgl. Henke, K. D., Neumann, K., Schneider, M. (2009), S.55

72

werden, hängt somit entscheidend vom gesellschaftlichen Aufgabenbereich ab. Hierdurch kann es zu Überschneidungen von Aggregaten der Gesamtwirtschaft kommen, die jedoch nach Vorgaben der SNA ausdrücklich gestattet sind.[176] Beispielsweise werden Ausgaben der gesetzlichen Krankenkassen in der Gliederung in institutionelle Sektoren dem Staat zugewiesen, während es sich in der funktionellen Gliederung um Konsum privater Haushalte handelt.

In der Literatur werden Satellitensysteme ergänzend zu den Volkswirtschaftlichen Gesamtrechnungen zumeist für die Beantwortung sozialer Fragestellungen empfohlen. Die ausdrückliche Empfehlung für ein Satellitenkonto der Gesundheitswirtschaft wird beispielsweise vom SNA und ESVG ausgesprochen.[177] Gängige Themenfelder für Satellitensysteme der sozioökonomischen Berichterstattungen sind vor allem Gesundheit, Bildung, Humankapital, unbezahlte Arbeit, Haushaltsproduktion und Lebenslagen der Bevölkerung sowie Infrastruktur, vgl. Abbildung 14.[178]

Quelle: Schwarz, 2005

Abbildung 14: Mögliche Themenfelder für Satellitensysteme

Darüber hinaus werden Satellitensysteme für Analysen der folgenden Themengebiete diskutiert:[179]

• Volkswirtschaftliche Bedeutung von Innovationen, Forschung und Entwicklung

176 Vgl. SNA (1993) und vgl. Henke, K. D., Neumann, K., Schneider, M. (2009), S.55
177 Vgl. ESVG (1995) und vgl. SNA (1993), Kapitel 29
178 Vgl. Schwarz, N. (2005)
179 Vgl. ESVG (1995), 1.18

- Beziehungen zwischen Umwelt und Wirtschaft
- Veränderung des gesellschaftlichen Wohlstands
- Volkswirtschaftliche Bedeutung von Tourismus
- Unterschiede zwischen den Daten der Volkswirtschaftlichen Gesamtrechnungen und den Daten der betrieblichen Buchführung sowie ihren Auswirkungen auf Aktien- und Devisenmärkte
- Ermittlung des Steueraufkommens
- Untersuchung von Einkommen und Ausgaben der privaten Haushalte anhand von mikroökonomischen Einkommens- und Ausgabenkonzepten

Bereits entwickelt wurden die Umweltökonomische Gesamtrechnung, ein Haushaltssatellitensystem, die Sozioökonomische Gesamtrechnung und Social Accounting Matrix, die Satellitensysteme Sport und Tourismus sowie das in dieser Arbeit verwendete Satellitensystem der Gesundheitswirtschaft.[180]

Zusammenfassend lässt sich festhalten, dass Satellitensysteme den Vorteil besitzen, ausgewählte Daten mit einem sehr viel höheren Detaillierungsgrad als in den standardisierten Rechenwerken der VGR abbilden zu können. Dabei werden gegebenenfalls überflüssige Angaben weggelassen bzw. lediglich in aggregierter Form mitgeführt ohne den Bezug zum konsistenten System der VGR zu verlieren. Im Einzelnen bestehen die Vorteile vor allem darin, dass:

- Strom- und Bestandsgrößen, die nur schwer in monetären Kategorien erfassbar sind und deshalb nicht im Standardsystem der VGR berücksichtigt werden, sich statistisch integrieren lassen.
- Derartige nicht-monetäre Größen lassen sich durch Klassifikation in Haushaltsgruppen und Wirtschaftszweige mit den VGR-Daten verbinden.
- Neue Bewertungsmethoden können anhand von Satellitensystemen erprobt werden, ohne die herkömmliche Darstellung des Kernsystems zu tangieren.
- Eine flexiblere Ausgestaltung im Hinblick auf nationale Informationsbedürfnisse ist möglich.
- Aufgrund von detaillierteren Datengrundlagen können bestimmte Branchen und Wirtschaftszweige tiefergehend analysiert werden.
- Vorgänge außerhalb des Marktgeschehens lassen sich abbilden und somit auch soziale, funktionale und branchenübergreifende Fragestellungen beantworten.

Aufgrund der Lockerung strikter Vorgaben sinkt hingegen die Transparenz und Vergleichbarkeit mit anderen nationalen und vor allem internationalen Statisti-

---

180 Folgende Literaturquellen halten vertiefende Informationen zu den genannten Satellitensystemen bereit: Brümmerhoff, D. (2007), 283ff.; Henke et al. (2009), S. 57ff.; Schwarz (2005); Ahlert (2003); Destatis (2011e)

74

ken. Zudem bewirkt das standardisierte System der VGR eine größere Kohärenz zwischen den Kontensequenzen und dem effektiven Wirtschaftsgeschehen in seiner Gesamtheit.

Für die Fragestellung dieser Arbeit, welchen gesamtwirtschaftlichen Einfluss die Gesundheitswirtschaft in den Jahren der Finanz- und Wirtschaftskrise besaß, ist die Verwendung eines Satellitensystems unverzichtbar, da die Gesundheitsbranchen nicht in der standardisierten Systematik der IOTs als eigenständige Branchen abgebildet werden. Die Vorstellung eines Satellitensystems für die Gesundheitswirtschaft erfolgt in Kapitel 5. Zuvor wird im anschließenden Kapitel ein Analysemodell zur Quantifizierung von Ausstrahleffekten hergeleitet, welches auf den IOTs bzw. Satellitensystemen aufsetzt.

4.3 Input-Output-Analyse

Das Forschungsfeld der Input-Output-Analyse (IOA) befasst sich mit der Simulation von Wirtschaftszusammenhängen und volkswirtschaftlichen Güterströmen, um mit Hilfe von modellgestützten Verfahren quantitative Aussagen über die Wirkung ökonomischer Verflechtungen und Veränderungen zu treffen.[181] Die IOA erweitert somit die rein deskriptive Darstellung der Input-Output-Tabellen unter Zuhilfenahme mathematischer Verfahren zu Analysemodellen, die den Wirtschaftskreislauf abbilden und Vorgänge darin simulieren.

Die IOA wurde von dem Ökonom und für seine Arbeit ausgezeichneten Nobelpreisträger Wassily Leontief in den dreißiger und vierziger Jahren des letzten Jahrhunderts erarbeitet und wird seitdem kontinuierlich weiterentwickelt. Vor allem durch die Einführung leistungsfähiger Computer, die die komplexen und umfangreichen Berechnungen ermöglichen, gewann die IOA im Gebiet der angewandten empirischen Wirtschaftsforschung in den letzten Jahren zunehmend an Bedeutung.[182]

Durch die Modellierung volkswirtschaftlicher Wirtschaftstheorien, wie bspw. der Multiplikatoranalyse auf Basis statistisch belastbarer Grunddaten der IOT, ermöglicht es die IOA Effekte auf verschiedene Indikatoren wie Produktion, Einkommen, Beschäftigung und Wertschöpfung fundiert zu bestimmen.[183] Im Mittelpunkt dieser Analysen stehen zumeist die Gesamteffekte entlang der vollständigen Wertschöpfungskette, die aufgrund von Veränderungen einzelner Faktoren oder vorgegebenen Szenarien resultieren. Diese kumulativen Effekte

181 Vgl. Destatis (2010c), S. 8; Grötschel, M. (2003), S. 53; Miller, R.E., Blair. P.D. (2009), S. 1
182 Vgl. Miller, R.E., Blair. P.D. (2009), S. 669
183 Vgl. Miller, R.E., Blair. P.D. (2009), S. 243 u. S. 621

ermöglichen vielfältige Aussagen über die ökonomischen Verflechtungen bestimmter Sektoren bzw. Wirtschaftseinheiten mit der Gesamtwirtschaft oder ausgewählten Teilbereichen, wie z.b. der in dieser Arbeit untersuchten Gesundheitswirtschaft.[184] Als Beispiel können die durch eine gesteigerte Exportnachfrage oder gestiegene Ausgaben der gesetzlichen Krankenkassen ausgelösten Folgeeffekte auf die Volkswirtschaft berechnet werden, die aufgrund komplexer Produktions- und Güterverflechtungen rein statistisch nicht zu erfassen sind.

4.3.1 Klassifikation von Input-Output-Modellen

Die Input-Output-Rechnung stellt eine ganze Reihe von verschiedenen Analysemodellen bereit, deren Einsatzgebiet vorrangig von der zu beantwortenden Fragestellung, dem vorhandenen Datenmaterial sowie der Komplexität der Berechnung abhängt. Sie unterscheiden sich hauptsächlich in ihren modellinhärenten Annahmen, der mathematischen Modellierung und den verwendeten Modellvariablen. Klassifizieren lassen sich die verschiedenen IOA nach den drei Kategorien:[185]

1. Offene und geschlossene Modelle
2. Mengen- und Preismodelle
3. Statische und dynamische Modelle

Offene Modelle zeichnen sich dadurch aus, dass ein Teil der Variablen unabhängig von anderen Modellvariablen ist. Diese exogenen Größen werden nicht von den Modelleigenschaften beeinflusst und vor der Analyse definiert.[186] Üblich ist die Gestaltung der Endnachfrage als exogene Größe, sodass diese die Stellgröße des Systems bildet. Auf diese Weise können zum Beispiel die volkswirtschaftlichen Auswirkungen einer veränderten Konsumnachfrage simuliert werden, da die endogenen Modellparameter von diesem Impuls und den restlichen Parametern abhängen. Im offenen Modell werden Rückkopplungen auf diese Eingangsparameter allerdings vernachlässigt, bspw. eine weitere Veränderung der Konsumnachfrage aufgrund der entstandenen Produktions- und Einkommenseffekte des anfänglichen Nachfrageimpulses.[187] Bei geschlossenen Systemen sind hingegen sämtliche Modellparameter von den übrigen Modellvariablen abhängig. In dem eben genannten Beispiel könnte der private Konsum in

---

184 Vgl. Miller, R.E., Blair. P.D. (2009), S. 555
185 Vgl. Holub, H.W., Schnabl, H. (1994a), S. 80; Miller, R.E., Blair. P.D. (2009), S. 10ff
186 Vgl. Holub, H.W., Schnabl, H. (1994a), S. 80
187 Vgl. Holub, H.W., Schnabl, H. (1994a), S. 80; Miller, R.E., Blair. P.D. (2009), S. 35

Abhängigkeit vom Einkommen beeinflusst werden oder der staatliche Konsum von Steuereinnahmen.

Des Weiteren lassen sich Input-Output-Modelle anhand ihrer zugrundliegenden Bewertungsverfahren unterscheiden. In der Regel werden anstatt in Mengeneinheiten Leistungen und Güter anhand von Preisen bewertet. Aufgrund der großen Anzahl von Güterbündeln und Produktionsverfahren gestaltet sich die Darstellung in Mengeneinheiten aufwendiger als bei der monetären Bewertung. Diese lassen sich anschließend anhand festgelegter Preise in Mengeneinheiten interpretieren. [188] Preismodelle ermöglichen die Analyse von Preisänderungen. Hierzu werden fiktive Preise, sogenannte Schattenpreise verwendet, mit deren Hilfe direkt und indirekt die Preiswirkung einzelner Produktionsfaktoren analysiert wird.[189] Das Mengenmodell, wie es ursprünglich von Leontief entwickelt wurde, dient hauptsächlich zur Messung von quantitativen Mengenänderungen und basiert auf konstanten Preisen.

Als Drittes wird zwischen statischen und dynamischen Modellen unterschieden. In statischen Modellen bleibt die Komponente Zeit außer Betracht. Ergebnisse dieser Analysen sind der eingeschwungene, stationäre Zustand des Systems bzw. der sich ergebende Gesamteffekt. [190] Wie dieser Zustand erreicht wird, genauer gesagt, wie er sich zeitlich entwickelt, wird nicht beantwortet. Als Voraussetzung müssen sich deshalb sämtliche Parameter auf die gleiche Berichtsperiode beziehen.

In dynamischen Modellen hängen sämtliche Parameter funktionell von der Zeit ab. Zumeist in Form von Reaktionsgleichungen modellierte dynamische Systeme ermöglichen die Darstellung der Entwicklung über die Zeit. [191] Trotz des höheren Aussagegehaltes werden dynamische Systeme aufgrund der viel höheren Komplexität, dem gesteigerten Rechenaufwand und den zutreffenden Annahmen seltener verwendet.

Die Analyse der Gesundheitswirtschaft basiert auf einem statischen offenen Mengenmodell. Es ist das gängigste Verfahren der Input-Output-Analyse und hat den Vorteil, dass es aufgrund seiner einfachen Struktur leicht nachvollziehbar ist und nur wenige weiterführende Annahmen getroffen werden müssen, die die Ergebnisse beeinflussen. Im anschließenden Kapitel erfolgt die Herleitung dieses Modells.

---

188 Vgl. Holub, H.W., Schnabl, H. (1994a), S. 92
189 Vgl. Miller, R.E., Blair. P.D. (2009), S. 41
190 Vgl. Holub, H.W., Schnabl, H. (1994a), S. 81
191 Vgl. Miller, R.E., Blair. P.D. (2009), S. 639ff

4.3.2 Herleitung des statisch offenen Mengenmodells

In diesem Kapitel erfolgt die Herleitung des Analysemodells für die Ausstrahleffekte der Gesundheitswirtschaft. Die Herleitung erfolgt auf Basis der Gesundheitswirtschaftlichen Gesamtrechnungen und den darin enthaltenen speziellen Gesundheits-Input-Output-Tabellen (HIOT).[192] Das Modell funktioniert ohne Einschränkung auch für die standardisierten IOTs des statistischen Bundesamtes, da beide Basistabellen die gleiche Struktur besitzen.

Die Gesundheits-Input-Output-Tabellen (HIOT) der Gesundheitswirtschaftlichen Gesamtrechnung als Grundlage der Input-Output-Analyse beschreiben quantitativ die güter- und produktionsmäßigen Verflechtungen zwischen den verschiedenen Gesundheitsbereichen, den Wirtschaftsbereichen der gesamten Volkswirtschaft sowie deren Beziehungen zur übrigen Welt über Export- und Importströme.[193] Der rein deskriptive Charakter der HIOT wird anhand der IOA um die analytische Auswertung der Interdependenzen in der Leistungserstellung und der Beschäftigung der verschiedenen Wirtschaftssektoren erweitert. Sie dient als Grundlage für Strukturuntersuchungen der Gesundheitswirtschaft sowie für Analysen der direkten, indirekten und induzierten Auswirkungen auf die Gesamtwirtschaft sowie auf einzelne Teilbereiche.[194]

Um die quantitative Beschreibung der Güter- und Produktionsverflechtungen der HIOT für analytische Zwecke nutzen zu können, wird die Formulierung eines ökonomischen Modells vorausgesetzt.[195] Als methodischer Ansatz zur Ermittlung der gesamtwirtschaftlichen bzw. sektoralen Effekte durch die Leistungserstellung innerhalb der Gesundheitswirtschaft wird das offene statische Mengenmodell der Input-Output-Rechnung verwendet. D.h. die Endnachfrage des Modells ist hauptsächlich exogen vorgegeben (offen) und die zeitliche Abfolge von Reaktionen findet keine Berücksichtigung (statisch).

Auf Basis der Verflechtungsmatrix und Endnachfragematrix der HIOT wird in einem ersten Schritt für jede Gütergruppe eine Funktion des Gesamtaufkommens erstellt, die aus der Summe der jeweiligen Güter der intermediären Verwendung und Endnachfragekomponenten besteht. Es entsteht das folgende Gleichungssystem:

192 Vgl. Kapitel 5
193 Vgl. Koschel, H.; Moslener, U.; Sturm, B.; Fahl, U.; Rühle, B; Wolf, H. (2006), S. 109
194 Vgl. Bleses, P. (2007), S. 86ff
195 Vgl. Bulwien, H., Hujer, R., Kokot, S. Mehlinger, C. Rürup, B. (1999b), S. 203

$$
\begin{array}{ccccccc}
x_{11} + & \dots & +x_{1j} & \dots & +x_{1n} & +Y_1 & = & X_1 \\
\vdots & & \vdots & & \vdots & \vdots & & \vdots \\
x_{i1} + & \dots & +x_{ij} & \dots & +x_{in} & +Y_i & = & X_i \\
\vdots & & \vdots & & \vdots & \vdots & & \vdots \\
x_{n1} + & \dots & +x_{nj} & \dots & +x_{nn} & +Y_n & = & X_n
\end{array}
$$

Jede Zeile des abgebildeten linearen Gleichungssystems beschreibt den Gesamtoutput (Bruttoproduktionswert) einer homogenen Gütergruppe. Er setzt sich aus den Anteilen der produzierten Güter für die intermediäre Verwendung in den Produktionsprozessen der Produktionsbereiche sowie dem Teil, der an die Endnachfrage geliefert wird, zusammen.[196] Aufgrund mathematischer Nebenbedingungen darf die Endnachfrage Y_i insgesamt nicht negativ sein. Die Spalten geben an, welche Güter in welcher Höhe in den Produktionsprozess eines jeden homogenen Produktionsbereich einfließen bzw. als Vorleistungen bei der Herstellung der bereichsspezifischen Produkte und Dienstleistungen verbraucht werden.

Im nächsten Schritt wird durch die Einführung der sogenannten Inputkoeffizienten der proportionale Zusammenhang zwischen dem gesamten Output des Sektors j und den intermediären Vorleistungen abgebildet:

$$
a_{ij} = \frac{x_{ij}}{X_j}
$$

Anders formuliert geben die Inputkoeffizienten an, welchen Beitrag das Gut i an der Produktion einer Einheit des Gutes j leistet. Die Normierung der einzelnen Elemente der Vorleistungsmatrix anhand der Spaltensummen entspricht produktionstheoretisch der Darstellung der durchschnittlichen Technologiestruktur des jeweiligen Produktionsbereichs.[197] Diese branchenspezifischen Inputfunktionen des Typ $x_{ij} = a_{ij} * X_j$, werden in das obige lineare Gleichungssystem integriert. In der Matrixschreibweise entsteht folgende Gleichung:

$$
\underline{A} * \underline{x} + \underline{y} = \underline{x}
$$

$\underline{A}$ beschreibt eine quadratische nicht negative Matrix der auf das gesamte Aufkommen bezogenen Inputkoeffizienten, $\underline{x}$ den Spaltenvektor der Bruttoproduktion und $\underline{y}$ den Spaltenvektor der gesamten Endnachfrage.[198] Zur Ermittlung des von einer exogenen Nachfrageänderung ausgehenden zusätzlichen Produktionsvolumens, z.B. als Folge der gestiegenen Nachfrage nach Gesundheitsgütern,

---

196 Vgl. Holub, H.W., Schnabl, H. (1994a), S. 93
197 Vgl. Rheinisch-Westfälisches Institut für Wirtschaftsforschung (RWI) (2004), S.53
198 Vgl. Holub, H.W., Schnabl, H. (1994a), S. 94

muss das Matrizengleichungssystem nach dem Vektor der Bruttoproduktion aufgelöst werden. Mit der Einheitsmatrix $\underline{I}$ sieht die Lösung des statischen offenen Mengenmodells wie folgt aus:

$$\underline{x} = \left(\underline{I} - \underline{A}\right)^{-1} * \underline{y}$$

Die Matrix $L = \left(\underline{I} - \underline{A}\right)^{-1}$ ist unter dem Namen Leontief-Inverse bekannt. Als Kernelement des offenen statischen Input-Output-Modells ist sie von zentraler Bedeutung für die Ermittlung der Auswirkungen auf die Bruttoproduktionswerte infolge einer exogenen Veränderung der Endnachfrage $\Delta\underline{y}$. Für die Leontief-Inverse gelten dabei folgende Feststellungen:[199]

- Ihre einzelnen Elemente geben an, um wie viele Einheiten sich die Produktion bzw. der Output des Produktionsbereichs verändern muss, um eine Nachfragesteigerung nach einer zusätzlichen Einheit des Sektors j für die Endnachfrage zu erstellen.
- Die sektoralen Spaltensummen der Leontief-Inversen beschreiben den zusätzlichen Output aller Sektoren, der infolge einer Nachfrageänderung um eine Einheit nach Gütern des Produktionsbereichs erstellt werden muss (sektorale Produktionsmultiplikatoren).
- Die Summe der inversen Koeffizienten der Zeilen eines Produktionsbereichs bestimmt den zusätzlichen Output des Sektors, der benötigt wird, um die um eine Einheit gesteigerte exogenen Nachfrage nach Waren und Dienstleistungen aller Gütergruppen bereitstellen zu können.

Die Leontief-Inverse bildet den Ausgangspunkt für die Berechnung von indirekten und induzierten Effekten, die nachfolgend beschrieben wird.

4.3.2.1 Berechnung der indirekten Effekte

Indirekte Effekte beschreiben die ökonomische Wirkung der Produktion auf vorgelagerte Wirtschaftssektoren. Das offen statische Mengenmodell berechnet die Auswirkungen einer veränderten Nachfrage. Aus dieser Nachfrage entsteht zunächst ein Produktionswert in selber Höhe in den entsprechenden Produktionsbereichen deren Güter nachgefragt werden, auch direkter Effekt, Erstrundeneffekt oder Initialeffekt genannt. Für diese Produktion werden Vorleistungen aus anderen Branchen der Wirtschaft nachgefragt, wodurch es auch dort zu gesteigerten Produktionseffekten kommt. Diese wiederum beziehen ebenfalls Vorleistungen usw., sodass sich der anfängliche Nachfrageimpuls entlang der gesamten Wertschöpfungskette fortführt. Indirekte Effekte beschreiben somit die zusätzli-

---

199 Vgl. Holub, H.W., Schnabl, H. (1994a), S. 103

80

chen Effekte, die über den direkten Erstrundeneffekt hinaus aufgrund der Wirtschaftsverflechtungen in weiteren Wirkungsrunden entstehen, vgl. Abbildung 15. [200]

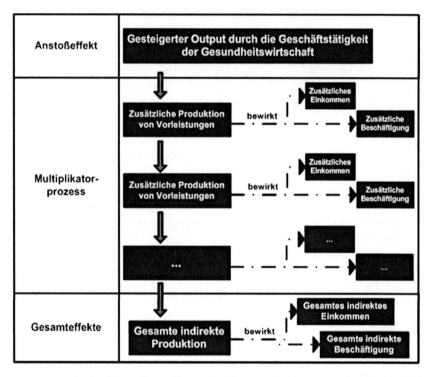

Quelle: Eigene Darstellung, in Anlehnung an Arbeitsgemeinschaft Teil C, 1999

Abbildung 15: Wirkungszusammenhänge der indirekten Effekte

Die in jeder Runde entstehenden Produktionseffekte entsprechen dabei der Multiplikation der Koeffizienten der Leontief-Inversen mit dem jeweiligen Vorrundeneffekt. Die Entwicklung dieses Multiplikatorprozesses über sämtliche Runden lässt sich als Potenzreihe darstellen deren Grenzwert gerade die Summe der Leontief-Inversen ergibt.[201] Neben den indirekten Effekten auf den Produktionswert können u.a. auch die Ausstrahleffekte auf die Bruttowertschöpfung,

200 Vgl. Koschel, H., Moslener, U., Sturm, B., Fahl, U., Rühle, H., Wolf, H. (2006), S. 125
201 Vgl. Holub, H.W., Schnabl, H. (1994a), S. 102ff

Arbeitnehmereinkommen oder Beschäftige quantifiziert werden, wie die nachfolgende mathematische Herleitung zeigt.

Wie beschrieben ergibt die Multiplikation des Nachfragevektors Δy mit der Leontief-Inversen $(\underline{I} - \underline{A})^{-1}$ den resultierenden Gesamteffekt $\Delta \underline{x}_{d+i}$, der die zur Befriedigung der Nachfrageänderung notwendige direkte und indirekte Produktion nach Produktionsbereichen darstellt. Somit lassen sich die kumulierten indirekten Produktionseffekte folgendermaßen berechnen:

$$\Delta \underline{x}_{d+i} = (\underline{I} - \underline{A})^{-1} * \Delta \underline{y}$$

Die Elemente der Leontief-Inversen stellen die sektoralen Produktionsmultiplikatoren dar. Sollen anstelle der kumulierten ausschließlich die indirekten Produktionswirkungen ausgewiesen werden, müssen lediglich die direkten Anstoßeffekte von dem generierten Gesamteffekt subtrahiert werden:

$$\Delta \underline{x}_i = \Delta \underline{x}_{d+i} - \Delta \underline{x}_d$$

Um neben den Produktionseffekten die durch die gesteigerte Produktion bewirkten Einkommenseffekte ermitteln zu können, muss der bisherige Ansatz um ein geeignetes Zurechnungsmodell erweitert werden. Durch die Erweiterung des offenen statischen Mengenmodells um Einkommensbestandteile ergibt sich folgende Gleichung:[202]

$$\Delta \underline{w} = \left\{ \underline{B} * (\underline{I} - \underline{A})^{-1} \right\} * \Delta \underline{y}$$

Die Auswirkungen der Nachfrageänderung auf das sektorale Einkommen lassen sich durch die Multiplikation der Produktionseffekte mit der Diagonalmatrix $\underline{B}$ ermitteln. Die Elemente der Diagonalmatrix $\underline{B}$ beschreiben dabei besondere Inputkoeffizienten der Form:[203]

$$b_i = \frac{W_i}{X_i}$$

Die Koeffizienten setzen sich aus der gesamten Lohn- und Gehaltssumme der Erwerbstätigen W_i (Nettolöhne und Gehälter) und dem Produktionswert X_i des Produktionsbereichs zusammen. Analog zu den sektoralen Produktionsmultiplikatoren enthält die neu entstandene Matrix in den geschweiften Klammern die sektoralen Einkommensmultiplikatoren. Wird anstelle einer beschäftigungs-

202 Vgl. Bulwien, H., Hujer, R., Kokot, S. Mehlinger, C. Rürup, B., Voßkamp, T. (1999b), S. 213f
203 Für die Modellierung der Einkommenseffekte wurden die in der HIOT ausgewiesenen Arbeitnehmerentgelte verwendet.

82

spezifischen Bezugsgröße die Wertschöpfung des jeweiligen Produktionsbereichs berücksichtigt, so lassen sich gemäß der beschriebenen Vorgehensweise auch die gesamtwirtschaftlichen bzw. sektoralen Wertschöpfungseffekte infolge der Produktionssteigerung berechnen.[204]

Um die Auswirkungen einer autonomen Nachfrageänderung auf die gesamtwirtschaftliche bzw. sektorale Beschäftigung im Rahmen des offenen statischen IO-Modells ermitteln zu können, müssen zunächst sektorale Arbeitskoeffizienten berechnet und in der Diagonalmatrix angeordnet werden.[205] Unter der Annahme der Homogenität der Arbeitskräfte innerhalb eines Produktionsbereichs werden zur Berechnung der Beschäftigungseffekte zusätzliche Informationen über die sektoralen Erwerbstätigen benötigt.[206] Auf Basis von Informationen aus der HIOT beschreibt ein sektoraler Arbeitskoeffizient den Quotienten aus den gesamten in einem Produktionsbereich i beschäftigten Erwerbstätigen und dem Produktionswert des entsprechenden Produktionsbereichs:[207]

$$AK_i = \frac{Bs_i}{X_i}$$

Die ermittelten Arbeitskoeffizienten entsprechen dabei den Kehrwerten der sektoralen Arbeitsproduktivität. Durch die Multiplikation der Leontief-Inversen mit den Arbeitskoeffizienten[208] ergeben sich letztendlich die resultierenden Beschäftigungseffekte $\Delta \underline{E}$, für die gilt:[209]

$$\Delta \underline{E} = \left\{ \underline{AK} * (\underline{I} - \underline{A})^{-1} \right\} * \Delta \underline{y} = \underline{AK} * \Delta \underline{x}_{d+i}$$

Durch Addition der einzelnen nachfrageinduzierten sektoralen Beschäftigungseffekte ergibt sich der gesamtwirtschaftliche Beschäftigungseffekt $\Delta \underline{E}$. Der Wert für den gesamtwirtschaftlichen Beschäftigungseffekt variiert dabei in Abhängigkeit von den zugrundeliegenden Arbeitskoeffizienten. D.h. wenn zur Berechnung der Arbeitskoeffizienten die geleisteten Arbeitsstunden herangezogen werden, so beschreibt die Summe des Vektors den zusätzlichen Gesamtbedarf an Arbeitsstunden als Resultat der gesteigerten Produktionstätigkeit. Demgegenüber wird bei der Verwendung sektoraler Erwerbstätigenzahlen der entstandene Beschäftigungseffekt direkt in Personen ausgedrückt. Analog zu den

204 Vgl. Holub, H.W., Schnabl, H. (1994a), S. 461ff
205 Vgl. Koschel, H., Moslener, U., Sturm, B., Fahl, U., Rühle, H., Wolf, H. (2006), S. 114
206 Erforderliche Daten der Erwerbstätigen befinden sich ebenfalls in den HIOTs.
207 Vgl. Holub, H.W., Schnabl, H. (1994a), S. 148ff
208 Angeordnet in einer Diagonalmatrix
209 Vgl. Koschel, H., Moslener, U., Sturm, B., Fahl, U., Rühle, H., Wolf, H. (2006), S. 114

Produktions- und Einkommensmultiplikatoren lassen sich aus der Matrix in den geschweiften Klammern die sektoralen Beschäftigungsmultiplikatoren ablesen.

4.3.2.2 Berechnung der induzierten Effekte

Induzierte Effekte bilden ebenfalls die wirtschaftlichen Effekte mehrerer Wirkungsrunden ab. Anstelle der Vorleistungswirkung der indirekten Effekte, quantifizieren induzierte Effekte allerdings die Wirkung des Einkommen-Konsum-Kreislaufs. Neben dem Einsatz von Vorleistungsgütern fließt in den Produktionsprozess hauptsächlich der Produktionsfaktor Arbeit der Erwerbstätigen ein. Diese werden für ihre geleistete Arbeit entlohnt. Das entstandene Einkommen steht nun wiederum zum Konsum zur Verfügung und generiert zusätzliche Nachfrage, sodass ein mehrstufiger Kreislauf zwischen Produktion-Entlohnung-Konsumnachfrage entsteht, den die indirekten Effekte modellieren.

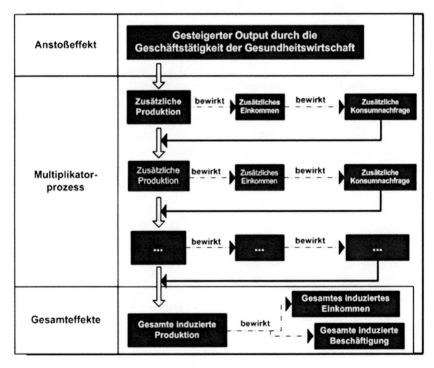

Quelle: Eigene Darstellung, in Anlehnung an Arbeitsgemeinschaft Teil C, 1999

Abbildung 16: Wirkungszusammenhänge zur Ermittlung der induzierten Effekte

Um dies im Leontief-Modell simulieren zu können, wird der private Konsum endogenisiert. Als Resultat der Wiederverausgabung von Löhnen und Gehältern lassen sich die induzierten Effekte als Rückkopplung zwischen den zusätzlichen, infolge der gesteigerten Nachfrage entstandenen, Einkommen und dem Konsum modellieren (vgl. Abbildung 16). Die Berücksichtigung des Einkommenskreislaufs basiert auf der Aufnahme einer Konsumfunktion in das statische IO-Modell.

Die induzierten Wirkungen berücksichtigen die, durch die Konsumausgaben der Beschäftigten aller Sektoren ausgelösten ökonomischen Effekte, die infolge der gesteigerten Nachfrage mit der zusätzlichen Produktion von Gütern oder der Bereitstellung von Dienstleistungen beauftragt wurden. Um die volkswirtschaftlich wirksamen Konsumausgaben zu quantifizieren, muss in einem ersten Schritt die aus der unmittelbaren Nachfragesteigerung resultierende Gesamtproduktion $\Delta \underline{x}_o$ ermittelt werden.[210] Durch den zusätzlichen Output entsteht ein zusätzliches Einkommen in Höhe von $\Delta \underline{w}_0$, das multipliziert mit den Konsumquoten zu zusätzlicher Konsumnachfrage $\Delta \underline{c}_0$ führt. Zur Befriedigung der aus diesem unmittelbaren Rückkopplungseffekt resultierenden Nachfragesteigerung ist eine zusätzliche Produktion in Höhe von $\Delta \underline{x}_1$ notwendig. Demzufolge ergibt sich wiederum eine Erhöhung des Einkommens um $\Delta \underline{w}_1$, dass unter Zugrundelegung der marginalen Konsumquote zum Teil erneut für den Konsum verwendet wird und infolgedessen wiederum zu einem Anstieg der entsprechenden Endnachfragekomponente $\Delta \underline{w}_1$ führt. Die gesteigerten Konsumausgaben in Höhe von $\Delta \underline{c}_0$ fallen dabei geringer aus als die Erstrundeneffekte. Dieser hier beschriebene Rückkopplungseffekt zwischen Produktion, Einkommensentstehung und Konsumnachfrage setzt sich analog zum beschriebenen Wirkungsmechanismus theoretisch über unendlich viele Wirkungsrunden hin fort.[211] Die Produktionseffekte schwächen sich dabei von Wirkungsrunde zu Wirkungsrunde ab, da jeweils nur ein Teil der zusätzlichen Einkommen für Konsumzwecke wiederverausgabt wird.

Die Berechnung des über alle Wirkungsrunden verteilten Gesamteffekts der Wiederverausgabung der Einkommen auf die Produktion kann unter Zuhilfenahme des folgenden Ansatzes erfolgen:[212]

$$\Delta \underline{x}_{gesamt} = \left\{ \left(\underline{I} - \underline{A} \right)^{-1} * \left(\underline{I} - \underline{V} \right)^{-1} \right\} * \Delta \underline{y}$$

---

210 Vgl. Koschel, H., Moslener, U., Sturm, B., Fahl, U., Rühle, H., Wolf, H. (2006), S. 115

211 Vgl. Bulwien, H., Hujer, R., Kokot, S. Mehlinger. C. Rürup, B., Voßkamp, T. (1999b), S. 215ff

212 Vgl. Pischner, R., Stäglin, R. (1976), S. 345ff

Das bereits bekannte statische Input-Output-Modell mit der Leontief-Inversen $(\underline{I} - \underline{A})^{-1}$ wird im Rahmen der Ermittlung der gesamtwirtschaftlichen Effekte inklusive der induzierten Wirkungen um sektorale Verbrauchsmultiplikatoren in Form von Elementen der Matrix $(\underline{I} - \underline{V})^{-1}$ erweitert. Sie ergeben sich als Resultat des nachfragewirksamen Anstoßeffekts Δy und der daraus resultierenden Folgewirkungen. Inhaltlich beschreiben die sektoralen Verbrauchsmultiplikatoren, wie viel Nachfrage insgesamt im Produktionsbereich i als Folge einer gesteigerten Nachfrage nach Gütern des Produktionsbereichs unter Berücksichtigung der sektoralen Produktionsverflechtungen, der im Rahmen der Wiederverausgabung entstehenden Rückkopplungseffekte sowie der daraus resultierenden gesteigerten Konsumnachfrage entsteht.[213] Die zugrundeliegende Matrix $\underline{V}$ ist dabei wie folgt definiert:

$$\underline{V} = \underline{b} \cdot \underline{c}' \cdot (\underline{I} - \underline{A})^{-1},$$

mit:

b = Inputkoeffizient für Löhne und Gehälter,
c = Marginale Konsumquote.

Durch die Multiplikation der Matrix der sektoralen Verbrauchsmultiplikatoren mit der bekannten Leontief-Inversen entsteht eine erweiterte inverse Matrix der Form: $(\underline{I} - \underline{Z})^{-1} = (\underline{I} - \underline{A})^{-1} * (\underline{I} - \underline{V})^{-1}$, die neben jenen auf Leontief zurückgehenden Produktionseffekten auch die multiplikativen Einkommenseffekte im Sinne von Keynes erfasst. Folglich stellen die Koeffizienten der erweiterten inversen Matrix $(\underline{I} - \underline{Z})^{-1}$ unter Berücksichtigung der sektoralen Vorleistungsverflechtungen die Gesamtproduktionsmultiplikatoren dar, die sich aufgrund der unternehmensinduzierten Nachfragesteigerung in Verbindung mit den daraus resultierenden konsumgetriebenen Folgewirkungen ergeben.[214] Die neue Matrix $\underline{Z}$ setzt sich dabei folgendermaßen zusammen:

$$\underline{Z} = \begin{pmatrix} a_{11} + b_1 * c_1 & \cdots & a_{1n} + b_1 * c_n \\ \vdots & & \vdots \\ a_{n1} + b_n * c_1 & \cdots & a_{nn} + b_n * c_n \end{pmatrix}$$

mit

a_{ij} = Inputkoeffizient der Vorleistungsmatrix,

---

213 Vgl. Koschel, H., Moslener, U., Sturm, B., Fahl, U., Rühle, H., Wolf, H. (2006), S. 116
214 Vgl. Bulwien, H., Hujer, R., Kokot, S. Mehlinger, C. Rürup, B., Voßkamp, T. (1999b), S. 219

b_i = Inputkoeffizient für die Löhne und Gehälter,
c_i = Marginale Konsumquote.

Die induzierten Effekte als Resultat der Produktionssteigerung durch die Leistungserbringung der Gesundheitswirtschaft, die sich mit Hilfe des um einen Keynes'schen Einkommensmultiplikator erweiterten statisch offenen Leontief-Modells berechnen lassen, ergeben sich durch die Subtraktion der direkten und indirekten Produktionseffekte $\Delta \underline{x}_{d+i}$ von der Gesamtwirkung $\Delta \underline{x}_{gesamt}$. Durch die Rückkopplung von Einkommen und Konsum entstehen letztendlich folgende induzierten Effekte:

$$\Delta \underline{x}_{indu} = \Delta \underline{x}_{gesamt} - \Delta \underline{x}_{d+i}$$

$$\Delta \underline{x}_{indu} = \left(\underline{I} - \underline{Z} \right)^{-1} * \Delta \underline{y} - \left(\underline{I} - \underline{A} \right)^{-1} * \Delta \underline{y}$$

$$\Delta \underline{x}_{indu} = \left\{ \left(\underline{I} - \underline{A} \right)^{-1} * \left[\left(\underline{I} - \underline{V} \right)^{-1} - \underline{I} \right] \right\} * \Delta \underline{y}$$

Wird der bisherige Ansatz um das bereits bekannte Zurechnungsmodell erweitert, so ist es möglich auch die durch die gesteigerte Produktion entstehenden Wertschöpfungseffekte inklusive der induzierten Wirkungen zu berechnen. Es ergibt sich folgende Gleichung für die gesamten Wertschöpfungseffekte:

$$\Delta \underline{WS}_{gesamt} = \left\{ \underline{W} * \left(\underline{I} - \underline{Z} \right)^{-1} \right\} * \Delta \underline{y} = \underline{W} * \Delta \underline{x}_{gesamt}$$

Die Auswirkungen der gesteigerten Nachfrage auf die Wertschöpfung der einzelnen Produktionsbereiche lassen sich durch die Multiplikation der gesamtwirtschaftlichen Produktionseffekte $\Delta \underline{x}_{gesamt}$ mit der Diagonalmatrix $\underline{W}$ ermitteln. Die Elemente auf der Hauptdiagonalen der Matrix $\underline{W}$ beschreiben besondere Inputkoeffizienten der Form:

$$w_i = \frac{WS_i}{X_i}$$

Die Koeffizienten w_i setzen sich aus der produktionsbereichsspezifischen Wertschöpfung WS_i und dem Produktionswert X_i des Produktionsbereichs i zusammen. Analog zu den sektoralen Produktionsmultiplikatoren enthält die neu entstandene Matrix in den geschweiften Klammern $\underline{W} * \left(\underline{I} - \underline{Z} \right)^{-1}$ die Wertschöpfungsmultiplikatoren der verschiedenen Produktionsbereiche. Wird anstelle einer wertschöpfenden Bezugsgröße für WS_i die sektorale Lohn- und Gehaltssumme der Erwerbstätigen des jeweiligen Produktionsbereichs berücksichtigt, so lassen sich analog auch die gesamtwirtschaftlichen bzw. sektoralen Einkommenseffekte infolge der Produktionssteigerung unter Berücksichtigung der konsumtiven Wiederverwendung der Einkommen berechnen.

Aus wirtschaftspolitischer Sicht sind vor allem die nachfrageinduzierten, gesamtwirtschaftlichen Beschäftigungseffekte von großem Interesse, die sich anhand der folgenden erweiterten Beschäftigungsinversen bestimmen lassen:[215]

$$\underline{BI}_{gesamt} = \underline{AK} * \left(\underline{I} - \underline{A}\right)^{-1} * \left(\underline{I} - \underline{V}\right)^{-1} = \underline{AK} * \left(\underline{I} - \underline{Z}\right)^{-1}$$

Insgesamt ergibt sich durch die wirksame Nachfragesteigerung $\Delta\underline{y}$ somit folgender gesamtwirtschaftlicher Beschäftigungseffekt:

$$\Delta\underline{E}_{gesamt} = \left\{\underline{AK} * \left(\underline{I} - \underline{A}\right)^{-1} * \left(\underline{I} - \underline{V}\right)^{-1}\right\} * \Delta\underline{y}$$
$$= \underline{BI}_{gesamt} * \Delta\underline{y} = \underline{AK} * \Delta\underline{x}_{gesamt}$$

Die Diagonalelemente der erweiterten Beschäftigungsinversen $\underline{BI}_{gesamt}$ beschreiben analog zu obigen Erkenntnissen wiederum die produktionsbereichsspezifischen Beschäftigungsmultiplikatoren.

Sind die direkten Produktions-, Wertschöpfungs-, Einkommens- und Beschäftigungseffekte durch die gesundheitswirtschaftsrelevanten Aktivitäten bekannt, ist es unter Beachtung der im nachfolgenden Abschnitt angeführten Annahmen und Restriktionen des offenen statischen Input-Output-Modells folglich möglich, die verschiedenen ökonomischen Ausstrahleffekte auf die deutsche Volkswirtschaft zu berechnen. Gemäß der beschriebenen Vorgehensweise im aktuellen und vorangegangenen Abschnitt können die indirekten und induzierten Produktions-, Wertschöpfungs-, Einkommens- und Beschäftigungseffekte als Resultat eines definierten Impulses berechnet werden.

4.3.2.3 Kritische Beurteilung des verwendeten Modells

Um einen umfassenden Einblick in die kurz- und mittelfristigen ökonomischen Wirkungen auf die deutsche Volkswirtschaft als Folge der gesundheitswirtschaftlichen Produktionstätigkeit zu erhalten, bietet sich das statische offene Mengenmodell der Input-Output-Rechnung als vergleichsweise einfaches Instrument der wissenschaftlichen Wirkungsforschung an. Bei der Interpretation und Auswertung der gewonnenen Erkenntnisse dürfen jedoch die teilweise restriktiven Annahmen dieses Modells nicht vernachlässigt werden. Die wichtigsten Einschränkungen und methodischen Grenzen des zugrundeliegenden Modellansatzes werden nachfolgend aufgezeigt:

• Als reines Mengenmodell bietet der vorgestellte Ansatz keinen mikroökonomisch fundierten, konsistenten und geschlossenen Modellrahmen, der eine totalanalytische Betrachtungsweise ermöglicht und gleichzeitig allokationsthe-

---

215 Vgl. Koschel, H., Moslener, U., Sturm, B., Fahl, U., Rühle, H., Wolf, H. (2006), S. 117

88

oretische Zusammenhänge hinreichend würdigt.[216] Aufgrund der Verwendung konstanter Vorleistungskoeffizienten als Resultat linearer Produktionsfunktionen sowie der Nichtberücksichtigung von preisabhängigen Kostenfunktionen werden Preis- und Substitutionseffekte nicht endogen abgebildet. D.h. Preise und Zinsen beispielsweise werden entgegen der Realität als konstant und gegeben angesehen. Zudem basieren die Beschäftigungs- und Vorleistungskoeffizienten sowie die Ausgestaltung der Primärinputs lediglich auf Durchschnittswerten[217], was die Aussagefähigkeit der Ergebnisse teilweise einschränkt.

- Der statische Ansatz der IO-Rechnung lässt des Weiteren den sektoralen technischen Fortschritt in Form exogen vorgegebener Änderungen im Prozessmix und in der Vorleistungsstruktur unberücksichtigt.[218] Hauptverantwortlich für viele dieser Vereinfachungen sind die oftmals für eine fundierte IOA unzureichende Datenbasis und die zeitliche Verzögerung, mit der IOTs veröffentlicht werden.

- Dem zentralen Problem der fehlenden Berücksichtigung von Einkommenskreisläufen im statischen IO-Modell konnte durch die Implementierung einer einfachen Konsumfunktion, d.h. durch Endogenisierung der Konsumnachfrage, begegnet werden. Die beschriebene Vorgehensweise zur Ermittlung der konsumtiven Einkommensverwendung soll allerdings nicht darüber hinwegtäuschen, dass eine Schätzung sektoraler Konsumfunktionen problematisch ist. Allerdings können ohne sie Rückkopplungen nur anhand eines sehr allgemeinen Einkommensmultiplikators erfasst werden.[219]

- Der Vollständigkeit halber sind als weitere Schwachpunkte des statischen IO-Modells die Nichtberücksichtigung der Lagerhaltung, dynamischer Reaktionen, sogenannter Lagstrukturen und von Reaktionsschwellen zu nennen.[220]

- Bei der Interpretation der im Rahmen der IOA ermittelten Beschäftigungseffekte treten ebenfalls methodische Defizite zu Tage, die von der proportionalen Verknüpfung der Anzahl der Erwerbstätigen mit dem Output über das Fehlen von Rückkopplungen vom Arbeitsmarkt auf das IO-Modell bis hin zur Unterstellung einer sektoralen Homogenität der Arbeitskräfte reichen. Auch kann mit Hilfe des Verfahrens keine Aussage darüber getroffen wer-

---

216 Vgl. Koschel, H., Moslener, U., Sturm, B., Fahl, U., Rühle, H., Wolf, H. (2006), S. 126
217 Alle Unternehmen, die identische Produkte oder Dienstleistungen herstellen, werden zu homogenen Produktionsbereichen mit identischen Inputstrukturen zusammengefasst. Die Produktionsstrukturen in Form aufbereiteter Durchschnittswerte ergeben sich als Resultat statistischer Erhebungen.
218 Vgl. Holub, H.W., Schnabl, H. (1994a), S. 83ff
219 Vgl. Koschel, H., Moslener, U., Sturm, B., Fahl, U., Rühle, H., Wolf, H. (2006), S. 127
220 Vgl. Holub, H.W., Schnabl, H. (1994a), S. 158ff

den, inwiefern in den begünstigten Produktionsbereichen Arbeitsplätze gesichert oder neue geschaffen werden. Zudem erfolgt keine Unterscheidung nach der Art der entstandenen Beschäftigungsverhältnisse (z.B. in a-typische oder Vollzeitäquivalente).

- Das Problem der Zeitreihenbetrachtung auf Basis jeweiliger Preise: Um die Entwicklung bestimmter gesundheitsspezifischer Kenngrößen im Zeitverlauf möglichst realitätsgetreu darstellen zu können, ist die Normierung der Preise auf ein bestimmtes Basisjahr zielführend. Eine entsprechende Normierung der Preise wurde allerdings nicht vorgenommen, sodass Entwicklungen über den Zeitverlauf vor diesem Hintergrund zu interpretieren sind.

Angesicht der methodischen Defizite des offenen statischen Mengenmodells wäre für eine exakte Quantifizierung aller ökonomischen Effekte ein entsprechend dem Erkenntnisziel aufbereitetes allgemeines Gleichgewichtsmodell wünschenswert. Trotz der nachteiligen Annahmen und Restriktionen stellt der verwendete Ansatz dennoch ein geeignetes Instrument für eine richtungsweisende Abschätzung der ökonomischen Ausstrahleffekte der Gesundheitswirtschaft dar. Der Zeit- und Kostenaspekt in Kombination mit fehlenden Informationen aufgrund von Lücken im verfügbaren Datenmaterial spricht für eine Anwendung der offenen statischen Input-Output-Rechnung anstelle der Entwicklung eines umfassenden ökonometrischen Gleichgewichtmodells.

4.4 Annahmen, Restriktionen und Schlussfolgerung für die Arbeit

Allgemein ist festzuhalten, dass das zentrale Problem von Modellen der empirischen Wirtschaftsforschung darin besteht, dass sie durch Abstraktion von der Realität entstehen und sich somit im Realitätsgehalt, der Komplexität und der Realitätsnähe unterscheiden. Obwohl sie als Abbild der Wirklichkeit erstellt werden, können die Ergebnisse der auf ihnen aufbauenden, modellgestützten Berechnungen nicht unmittelbar als valide Aussage über die Wirklichkeit interpretiert werden.[221] Vielmehr müssen die Abhängigkeit von modellinhärenten Definitionen und Annahmen sowie die Genauigkeit der Daten bei der Analyse der Ergebnisse einbezogen werden. Daraus folgt, dass auch die beste prognostische Annäherung an die Wirklichkeit nutzlos ist, wenn die Nachvollziehbarkeit eines Modells nicht mehr gewährleistet werden kann. Daraus resultiert unmittelbar ein zentrales Problem komplexer integrierter Modelle, die zwar sehr plastisch eine gute Annäherung an die Realität darstellen, jedoch aufgrund ihrer un-

---

221 Vgl. Holub, H.W., Schnabl, H. (1994a), S. 328

überschaubaren Interdependenzen zwischen den einzelnen Modellteilen nur eine geringe Transparenz aufweisen.

Neben methodischen Ungenauigkeiten durch die Erstellung der symmetrischen IO-Tabellen, wie z.b. die mathematische Überleitung nicht beobachtbarer Inputstrukturen für die homogenen Produktionsbereiche, die zeitlich verzögerte Veröffentlichung der Fachserie 18 Reihe 2 und die Verwendung fehlerbehafteter Sekundärstatistiken, müssen auch die der IO-Analyse zugrundeliegenden Annahmen bei der Interpretation der Ergebnisse berücksichtigt werden. Sie beeinflussen maßgeblich die Qualität bzw. Aussagekraft der Ergebnisse. Folgende zentrale Modellannahmen liegen den Berechnungen zu den sich fortpflanzenden indirekten und induzierten Effekten auf Basis symmetrischer Input-Output-Tabellen nach dem ESVG zugrunde:[222]

1. Konstante wertmäßige Inputstrukturen
2. Konstante Zusammensetzung der Produktionswerte nach homogenen Produktionsbereichen
3. Konstante gütermäßige Zusammensetzung der privaten Konsumausgaben

Anders formuliert besagen die Annahmen, dass sich beispielsweise Preisrelationen über die jeweilige Berichtsperiode nicht verändern, die Produktionstechniken konstant bleiben und keine Substitution zwischen den Gütern der Endnachfrage stattfindet.[223] Modifikationen an den Annahmen sind grundsätzlich möglich, z.B. durch Berücksichtigung des technologischen Wandels oder von Preisänderungen. Abhilfe versprechen diesbezüglich ökonometrische und andere Schätzungen, die helfen, den Einfluss relativer Preise und anderer Einflussfaktoren auf die technischen Koeffizienten der Vorleistungsmatrix bzw. auf die Konsumstruktur der privaten Haushalte einzubeziehen.[224] In diesem Zusammenhang sind in den vergangenen Jahrzehnten weltweit zahlreiche sogenannte integrierte Modelle entstanden, die sich bemühen, den offenkundigen Defiziten der Input-Output-Rechnung entgegenzuwirken.[225] Sie versuchen die Annahmen der IO-Modelle aufzuheben und durch kontinuierliche Anpassungen der Datenbasis

---

222 Vgl. ESVG (1995), 9.14
223 Vgl. ESVG (1995), 9.14
224 Vgl. Miller, R.E., Blair, P.D. (2009), S. 303ff.; ESVG (1995), 9.14
225 Als Beispiele für solche integrierten Modelle sind u.a. das auf das INFORUM-Modell (INterindustrie FORcasting at the University of Maryland) zurückzuführende INFOR-GE-Modell (INterindustry FORecasting Germany) der Gesellschaft für Wirtschaftliche Strukturforschung GmbH (www.gws-os.com/de) sowie das speziell für regionale „Impact-Analysen" entwickelte amerikanische IMPLAN-Modell der Firma MIG Inc. (http://implan.com) zu nennen.

bzw. durch verknüpfte und fortlaufend aktualisierte Schätzungen die Modell-
strukturen stärker der ökonomischen Realität anzupassen.[226]

Dabei ist jedoch festzuhalten, dass die statistisch erhobenen Primärdaten
durch die Aufnahme von (ökonometrischen) Schätzgleichungen bzw. die Berücksichtigung dynamischer Prozesse, die den innerperiodischen Veränderungen
ausgewählter Variablen im Zeitverlauf Rechnung tragen, um subjektive, nicht
statistisch erfassbare Einflüssen verfälscht werden. Der Gewinn an Genauigkeit
durch Berücksichtigung dynamischer Prozesse im Zeitverlauf, wie z.b. die Berücksichtigung relativer Preisänderungen, steht in einem ständigen Spannungs-
verhältnis zur Wahrung der Konsistenz gegenüber den statistisch erhobenen Daten der Inlandsproduktberechnung. D.h. der empirische Zusammenhang zwischen den Eckwerten der VGR und der IO-Rechnung wird durch die Aufnahme
zusätzlicher Schätzgleichungen verwässert. Um ein den tatsächlichen Verhält-
nissen entsprechendes Bild über die volkswirtschaftlichen Verflechtungen in
Deutschland vermitteln zu können, muss die Konsistenz der IO-Tabellen gegenüber den primärstatistischen Daten der VGR als umfassende und fundierte, gesamtwirtschaftliche Datenbasis gewahrt bleiben.

Die Entscheidung für die Anwendung eines bestimmten Modellansatzes variiert maßgeblich in Abhängigkeit von dem zugrundeliegenden Analyseziel sowie dem zur Verfügung stehenden Datenmaterial. Aufgrund der Fokussierung
auf die deutsche Volkswirtschaft und des intransparenten und proprietären Auf-
baus der meisten integrierten Modelle ist die IO-Rechnung des Statistischen
Bundesamts als Teilrechnung der VGR die beste Ausgangsbasis für die anste-
henden Berechnungen in dieser Arbeit. Sie ist frei verfügbar und weist einen
objektiven und transparenten Charakter auf, sodass der hohe Anspruch an die
Nachvollziehbarkeit und Kommunikation der Ergebnisse grundsätzlich gewährleistet ist. Das Statistische Bundesamt veröffentlicht mit der Input-Output-
Rechnung für jedes Jahr eine valide und im zeitverlauf vergleichbare Datenbasis, die die produktions- und gütermäßigen Verflechtungen der deutschen
Volkswirtschaft ausgehend von den umfangreichen Datensätzen der Volkswirtschaftlichen Gesamtrechnungen wiedergibt. Durch die Überleitung der IO-
Tabellen aus den statistisch erhobenen und aggregierten Daten der einzelnen
Wirtschaftseinheiten wird ein konsistentes Bild der ökonomischen Verflechtungen in Deutschland gezeichnet, das unter Berücksichtigung der Modellannahmen und Restriktionen ein wertvolles Hilfsmittel bzw. Analyseinstrument für
wirtschaftspolitische Entscheidungsprozesse darstellt.

Die Konten und Tabellen der VGR als Datenbasis für die Erstellung des Ta-
bellenangebots der IO-Rechnung beschreiben grundsätzlich ein widerspruchs-

---

226 Vgl. Holub, H.W., Schnabl, H. (1994a), S. 328

92

freies System, das auf Konventionen, Normen und Reglements beruht, welche die Definitionen und Klassifikationen, die Abgrenzungen der verwendeten Größen, die Datenerhebung sowie die Verfahren, mit denen die Basisdaten weiterverarbeitet werden, einheitlich festlegt.[227] Die einheitlich geregelte Aufbereitung und Verdichtung der Basisdaten sowie umfangreiche Kontrollrechnungen bilden die Grundlage für die Objektivität, Transparenz und Vergleichbarkeit der Input-Output-Rechnung.

Trotz der vielfältigen Verwendbarkeit und Anwendungsgebiete der Input-Output-Rechnung können auf Basis der festgelegten Abgrenzungen (z.b. die 71 homogenen Produktionsbereiche in der symmetrischen IO-Tabelle oder auch die zu 59 Wirtschaftsbereichen aggregierte Darstellung in den Basistabellen) nicht alle Fragestellungen gleichermaßen beantwortet werden.[228] Oftmals ist eine erkenntniszielorientierte Aufbereitung des statistischen Datenmaterials unumgänglich, um spezielle Analysen durchführen bzw. zweckdienliche Aussagen treffen zu können. Vor diesem Hintergrund haben in den vergangenen Jahren sogenannte Satellitensysteme stark an Bedeutung gewonnen, die in Abhängigkeit von dem Informationsbedürfnis die definierten und ausgewiesenen Größen der VGR und ihrer Teilrechnungen disaggregieren, um zusätzliche Daten erweitern und anschließend neu klassifizieren. Dies hat zum Ziel, zusätzliche Erkenntnisse zu gewinnen, die die VGR bzw. die IO-Tabellen als Resultat ihres fest vorgegebenen Darstellungsrahmens nicht oder nur eingeschränkt liefern.

Als zentrales Verfahren zur Ermittlung der Ausstrahleffekte der Gesundheitswirtschaft ist im aktuellen Kapitel das offene statische Mengenmodell der IO-Rechnung vorgestellt worden. Erweitert um eine endogenisierte Konsumnachfrage finden zusätzlich die Einkommenskreisläufe Berücksichtigung und ermöglichen dadurch die Erfassung der induzierten Effekte als Ursache ausgewählter Nachfragesteigerungen

Der große Vorteil der Input-Output-Rechnung liegt darin, volkswirtschaftliche Verflechtungen und Wirkungszusammenhänge aus den Daten der VGR auf Basis nachvollziehbarer mathematischer Modelle aufzuzeigen. Sie ermöglicht einen detaillierten Nachweis der direkten sowie der indirekten produktions- und gütermäßigen Verflechtungen zwischen den einzelnen Wirtschaftseinheiten. Ein deutlicher Vorteil gegenüber einer „einfachen" Multiplikatoranalyse besteht in der Möglichkeit, die verschiedenen Multiplikatoren nachvollziehbar berechnen und über die Vorleistungsverflechtungen konkret verschiedenen Wirtschaftssektoren zuordnen zu können, anstatt sie nur in der Summe auszuweisen. Die Analysemöglichkeiten und die Aussagequalität der Ergebnisse einer IO-Analyse

227 Vgl. Brümmerhoff, D. (2007), S. 6
228 Vgl. Brümmerhoff, D. (2007), S. 6

werden durch das Zusammenspiel zwischen der verwendeten Input-Output-Tabelle und dem analytischen Modell, auf dessen Basis die Erkenntnisse gewonnen werden sollen, determiniert.

5 GGR als Datenbasis zur Stabilitätsanalyse der Gesundheitswirtschaft

„Angesichts der gesamtwirtschaftlichen Entwicklung der Gesundheitswirtschaft und ihrer gesellschaftlichen Bedeutung braucht die Wirtschafts- und Gesundheitspolitik verlässliche Rahmendaten, die nicht nur die Höhe und Struktur der Gesundheitsausgaben sowie ihre Finanzierung nach Ausgabenträgern widerspiegeln. In einer offenen Gesundheitsgesellschaft, sollte der Beitrag der Gesundheitswirtschaft zur Wertschöpfung und Beschäftigung eines Landes regelmäßig und regelhaft aufgezeigt werden."
Markus Schneider[229]

Im Rahmen dieser Arbeit wird der Frage nachgegangen, welchen volkswirtschaftlichen Einfluss die Gesundheitswirtschaft auf die Gesamtwirtschaft in der Zeit der Finanz- und Wirtschaftskrise hatte. Neben der rein deskriptiven Betrachtung der Wirtschaftsleistung der Gesundheitswirtschaft, u. a. gemessen am Wertschöpfungsbeitrag und der Anzahl der Beschäftigten, werden zudem die Ausstrahleffekte auf andere Sektoren der Volkswirtschaft quantifiziert und geprüft, ob die Gesundheitswirtschaft als Stabilisator fungiert. Das hierfür benötigte Rechenmodell auf Basis von Input-Output-Tabellen wurde im vorangegangenen Kapitel beschrieben.

Zur Anwendung der Input-Output-Analyse anhand des statischen offenen Mengenmodells aus Kapitel 4.3.2, werden als Datengrundlage Input-Output-Tabellen benötigt, in denen die Gesundheitswirtschaft als eigenständiger Sektor enthalten ist, d.h. ein Satellitensystem der Gesundheitswirtschaft. Diese Input-Output-Tabellen für die Jahre 2005 bis 2009 sind Bestandteil der Gesundheitswirtschaftlichen Gesamtrechnungen (GGR), die im Rahmen eines Forschungsprojekts im Auftrag des Bundesministeriums für Wirtschaft und Technologie (BMWi) entstanden sind.

Hierbei handelt es sich um ein Satellitensystem nach der Definition aus Abschnitt 4.2. Die Erstellung der GGR erfolgt im Rahmen des Forschungsprojekts „Nutzung und Weiterentwicklung des deutschen Gesundheitssatellitenkontos zu einer Gesundheitswirtschaftlichen Gesamtrechnung". Es stellt die Weiterentwicklung des Initialprojekts „Erstellung eines Satellitenkontos für die Gesundheitswirtschaft in Deutschland (GSK)"[230] dar. Die Entwicklung der GGR erfolgt in Zusammenarbeit mit Klaus-Dirk Henke (TU Berlin), Karsten Neumann (Roland Berger) sowie Dennis A. Ostwald, Dirk Heeger und Sebastian Hesse (WifOR) und entsteht begleitend zu dieser Arbeit.

---

229 Henke, Neumann, Schneider (2010), S. 5
230 Henke, Neumann, Schneider (2010)

Bevor auf die Entwicklung der GGR eingegangen wird, erfolgt zunächst in Kapitel 5.1 die Definition und Abgrenzung der Begriffe Gesundheit und Gesundheitswirtschaft. In Kapitel 5.2 wird auf die bestehende Statistik des Gesundheitswesens eingegangen. Diese Statistiken sind zusätzlich von Bedeutung, da sie als Datengrundlage in die GGR einfließen. Daraufhin wird in Kapitel 5.3 und Kapitel 5.4. beschrieben wie das Satellitensystem Gesundheit erstellt wurde.

5.1 Begriffsdefinition von Gesundheit und Gesundheitswirtschaft

Grundsätzlich umfasst der Begriff Gesundheitswirtschaft sämtliche Wirtschaftszweige, die sich mit Gesundheit befassen. Allerdings existiert keine eindeutig anerkannte Definition von Gesundheit.

Die wohl gängigste Definition des Gesundheitsbegriffs stammt von der Weltgesundheitsorganisation (WHO)[231]: „Gesundheit ist ein Zustand vollkommenen körperlichen, geistigen und sozialen Wohlbefindens und nicht allein das Fehlen von Krankheit und Gebrechen."[232]

Es ist wichtig, Gesundheit nicht allein als Abwesenheit von Krankheit und Gebrechen zu definieren, da es sich bei Gesundheit um ein komplexes Phänomen handelt. Die Definition der WHO gilt in der Wissenschaft dennoch als zu einseitig. Zum einen bleiben die persönlichen Ressourcen der Individuen unberücksichtigt, zum anderen wird einzelnen Bevölkerungsgruppen das Erlangen von Gesundheit per Definition von vornherein abgesprochen, bspw. Menschen mit Behinderung. Mittlerweile wird Gesundheit vielmehr als multidimensionaler und dynamischer Prozess verstanden.[233] Gesundheit als ein Kontinuum, nach dem der Mensch nie vollständig gesund aber auch nie vollständig ungesund sein kann. Durch geeignete Maßnahmen kann der Mensch demnach lediglich eine bessere Positionierung innerhalb einer offenen Mengenskala erreichen.[234]

Dementsprechend kann der Begriff Gesundheitswirtschaft unterschiedlich eng gefasst werden. Auf der 1. Nationalen Branchenkonferenz Gesundheitswirtschaft im Dezember 2005 in Rostock beispielsweise einigte man sich auf die Definition: „Gesundheitswirtschaft umfasst die Erstellung und Vermarktung von Gütern und Dienstleistungen, die der Bewahrung und Wiederherstellung von Gesundheit dienen". Die Definition des Gesundheitsbegriffs im „System of

---

231 Vgl. WHO (2006)
232 „Health is a state of complete physical, mental and social wellbeing and not merely the absence of disease or infirmity." WHO 1946
233 Bundesministerium für Bildung, Wissenschaft, Forschung und Technologie 1997
234 Vgl. Niedersächsisches Ministerium für Inneres und Sport

96

Health Accounts"[235] (SHA) der OECD lautet: „Aktivitäten oder Güter, die von Einrichtungen oder Individuen durchgeführt oder bereitgestellt werden, und dabei medizinisches, hilfsmedizinisches oder pflegerisches Wissen oder die dafür erforderliche Technologie verwendet."[236] Die Weltgesundheitsorganisation (WHO) grenzt das Gesundheitswesen noch weiter ab: „Health systems are defined as comprising all the organizations, institutions and resources that are devoted to producing health actions. A health action is defined as any effort, whether in personal health care, public health services or intersectoral initiatives, whose primary purpose is to improve health"[237].

Die Abgrenzung des Gesundheitsbegriffs kann daher in Abhängigkeit der verwendeten Definition lediglich ärztliche Dienstleistungen beinhalten, aber auch bis hin zu Produkten wie Bio-Lebensmittel, funktionaler Kleidung und Gesundheitstourismus verstanden werden. Aus diesem Grund findet in der neueren Literatur oftmals eine mehrdimensionale Abgrenzung der Gesundheitswirtschaft statt, beispielsweise in Form des Schichten- oder Zwiebelmodells.[238] Sie ermöglichen eine variable Abgrenzung der Gesundheitswirtschaft in Abhängigkeit von der zu untersuchenden Fragestellung, vgl. Abbildung 17.

Dieser Ansatz trennt sich von der traditionellen Unterscheidung von Prävention, Kuration und Rehabilitation und ordnet die einzelnen Einrichtungen und Unternehmen nach ihren Stellen im Wertschöpfungsprozess, d.h. in gewisser Weise nach der Distanz zum Patienten.[239] Das Schichtenmodell differenziert die Gesundheitswirtschaft in fünf Ebenen:

1. Ebene: Der *Kernbereich des Gesundheits- und Sozialwesens* bestehend aus den personal- und beschäftigungsintensiven Dienstleistungsbranchen der ambulanten und stationären Einrichtungen. Hierzu zählen neben Krankenhäusern, Vorsorge- und Rehabilitationseinrichtungen auch Pflegeeinrichtungen sowie niedergelassene Arzt- und Zahnarztpraxen.
2. Ebene: *Handelsgesellschaften* bestehend aus den Einrichtungen und Unternehmen des Groß- und Einzelhandels inklusive Apotheken deren Kerngeschäft im Handel mit pharmazeutischen, medizinischen und orthopädischen Waren besteht.

---

235 Vgl. OECD (2000), S.42
236 Vgl. Ostwald, D. A. (2009)
237 Vgl. WHO (2000)
238 Vgl. Hilbert, J., Fretschner, R., Dülberg, A. (2002) und vgl. Ostwald, D. A. (2009)
239 Vgl. Hilbert, J., Fretschner, R., Dülberg, A. (2002), S. 4

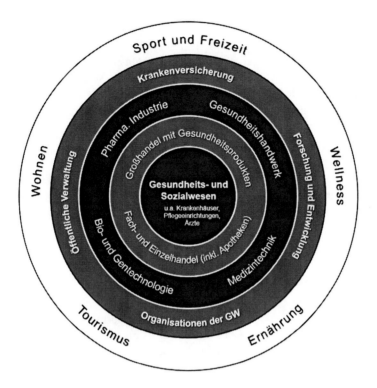

Sport und Freizeit

Krankenversicherung

Pharma. Industrie

Gesundheitshandwerk

Großhandel mit Gesundheitsprodukten

Gesundheits- und Sozialwesen

u.a. Krankenhäuser, Pflegeeinrichtungen, Ärzte

Wohnen

Öffentliche Verwaltung

Bio- und Gentechnologie

Fach- und Einzelhandel (inkl. Apotheken)

Medizintechnik

Forschung und Entwicklung

Wellness

Tourismus

Organisationen der GW

Ernährung

Quelle: Ostwald, 2009; in Anlehnung an Düllert, Fretschner, Hilbert, 2002

Abbildung 17: Schichtenmodell der Gesundheitswirtschaft

3. Ebene: Einrichtungen des *verarbeitenden Gewerbes* – dem kapital- und technologieintensiven Bereich der Gesundheitswirtschaft. Er besteht aus den Vorleistungs- und Zulieferindustrien der Pharma- und Medizintechnikunternehmen, Gen- und Biotechnologie und dem Gesundheitshandwerk.

4. Ebene: Diese enthält die sogenannten *weiteren Einrichtungen*. Ein Sammelposten, der aus den privaten und gesetzlichen Krankenkassen, Pflegeversicherungen, den gesundheitsbezogenen Teilen der Renten- und Unfallversicherungen, öffentlichen Verwaltungen und Organisationen des Gesundheitswesens sowie Einrichtungen der Forschung und Entwicklung im Bereich Medizin, Medizintechnik und Pharmazie besteht.

98

5. Ebene: Der *erweiterte Bereich* der Gesundheitswirtschaft. Diese Schicht enthält den Randbereich und Nachbranchen der unmittelbaren Gesundheitswirtschaft und komplementiert eine umfassende Abgrenzung um beispielsweise der weitreichenden Definition nach WHO-Standard gerecht zu werden. Die äußerste Ebene des Schichtenmodells umfasst unter anderem Branchen im Bereich gesundheitsbezogener Freizeit, Tourismus, Sport, Ernährung und Wellness.

Neben den bereits gefallenen Begriffen Gesundheitswirtschaft und Gesundheitswesen existieren noch ein ganze Reihe weitere Begrifflichkeiten deren Bedeutung lediglich marginal voneinander abweichen, wie etwa Gesundheitssystem, Gesundheitssektor, Gesundheitsbranche, Gesundheitsmarkt, Gesundheitszweig etc.[240] Für den weiteren Verlauf werden diese Begriffe synonym verwendet.

5.2 Die klassische Gesundheitsberichterstattung

Mit der „Gesundheitsberichterstattung des Bundes" (GBE) stellt das Statistische Bundesamt ein umfassendes Informationssystem in Form von einer Online Datenbank zusammen.[241] Kernbestandteil der GBE bilden dabei die drei Rechenwerke Gesundheitsausgabenrechnung, Gesundheitspersonalrechnung und Krankheitskostenrechnung.

Die *Gesundheitsausgabenrechnung* (GAR) gliedert sämtliche gesundheitsbezogenen Ausgaben einer Periode, d.h. die gesamten Ausgaben für Gesundheitsgüter und -dienstleistungen, die den Patienten in Deutschland zur Verfügung stehen, nach Ausgabenträgern und Leistungsarten. Zu den Ausgabenträgern zählen unter anderem öffentliche Haushalte, private und gesetzliche Versicherungen sowie Einrichtungen wie bspw. Arztpraxen und Krankenhäuser. Zu den Leistungsarten zählen beispielsweise ärztliche, pflegerische und therapeutische Leistungen und Waren.[242]

Der zweite Bestandteil der GBE ist die *Gesundheitspersonalrechnung* (GPR), diese erfasst alle im Gesundheitswesen Beschäftigten. Die Erwerbstätigen werden dabei getrennt nach Alter, Geschlecht, Beruf, Einrichtung und Art der Beschäftigung ausgewiesen. Auf Basis der GPR ist es somit möglich, die

---

240 Vgl. Henke, K. D., Neumann, K., Schneider, M. (2009), S. 19
241 Abzurufen unter www.gbe-bund.de
242 Vgl. GBE-Bund (2012)

Angaben zum Beschäftigungsumfang direkt mit den Erkenntnissen aus der Gesundheitsausgabenrechnung in Beziehung zu setzen.[243]

Als letztes Instrument der GBE ist die *Krankheitskostenrechnung* (KKR) zu nennen, die einerseits direkt die Krankheitskosten aufzeigt und andererseits wiedergibt, wie stark die deutsche Volkswirtschaft durch bestimmte Krankheiten und deren Folgen belastet wird. Methodisch an der Darstellung der GAR orientiert, dienen die verschiedenen Einrichtungen im Gesundheitswesen als Schnittstellen. Die in den einzelnen Einrichtungen im Zusammenhang mit der medizinischen Versorgung eines Patienten erfassten Ressourcen werden in einem mehrstufigen Top-Down Verfahren direkt den jeweiligen hinter diesen Behandlungsanlässen stehenden Krankheiten zugeordnet. [244] Alle in Anspruch genommenen Leistungen werden zudem nach Alter und Geschlecht ausgewiesen.

Die drei Statistikwerke sind über eine identische Gliederung nach Einrichtung verknüpft und garantieren ein inhaltlich konsistentes Abbild des deutschen Gesundheitswesens, vgl. Abbildung 18.

Weiterhin liefert der Mikrozensus ergänzende Informationen zur klassischen Gesundheitsberichterstattung. Hierbei handelt es sich vor allem um wichtige Informationen über den allgemeinen Gesundheitszustand sowie das Gesundheitsverhalten der Bevölkerung. Diese jährliche Haushaltsbefragung beinhaltet in regelmäßigen Abständen auch eine Befragung zum Gesundheitszustand, zum Rauchverhalten und zu den Körpermaßen der Bevölkerung. Aufgrund des gleichzeitig erhobenen und umfassenden sozioökonomischen Fragenkatalogs bietet der Mikrozensus differenzierte Auswertungsmöglichkeiten zu vielfältigen Fragestellungen.

In den nachfolgenden Kapiteln werden die drei Hauptbestandteile der Gesundheitsberichterstattung: die GAR, GBE und KKR gesondert betrachtet. Ihnen gilt ein besonderes Augenmerk, da sie wichtige Basisdaten für die Erstellung der Gesundheitswirtschaftlichen Gesamtrechnung liefern.

---

243 Vgl. Henke, K. D., Neumann, K., Schneider, M. (2009), S 30ff
244 Vgl. Destatis – Statistisches Bundesamt (2011c)

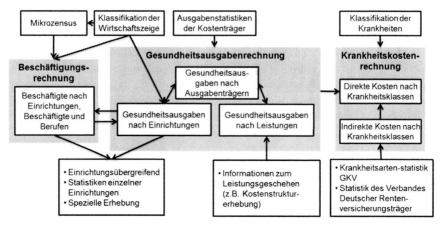

Quelle: Hofmann, 1999

Abbildung 18: Verknüpfung von GAR, GPR und KKR

5.2.1 Gesundheitsausgabenrechnung

- Gemäß der Abgrenzung des Gesundheitswesens des Statistischen Bundesamtes erfasst die GAR alle gesundheitsbezogenen Ausgaben, die innerhalb eines dreidimensionalen Kontensystems verbucht und ausgewertet werden. Im Folgenden werden Inhalt und die grundlegende Methodik
dieses komplexen Rechenwerkes vorgestellt. Für eine umfassende und detaillierte Beschreibung der Systematik wird an dieser Stelle auf das Methodenhandbuch des Statistischen Bundesamtes verwiesen.[245]

Die GAR beschreibt ein sekundärstatistisches Rechenwerk, dass die im Bereich des Gesundheitswesens verfügbaren Datenquellen zur Ermittlung der Gesundheitsausgaben zusammenfasst. Den Ansatzpunkt bildet der letzte Ver-
brauch, d.h. der unmittelbare Kontakt zwischen Patient und Leistungserbringer.
Ausgaben für Vorleistungen, wie etwa die Herstellung von Arzneimitteln durch
die Pharmaindustrie sowie den Handel mit solchen Präparaten, beispielsweise
über Apotheken, finden sich in der GAR nicht explizit wieder. Allerdings sind
entsprechende Kosten enthalten, beispielsweise im Fall der Arzneimittel als
Vorleistungen im Arzneimittel-Abgabepreis.[246]

---

245 Vgl. Destatis – Statistisches Bundesamt (2011c)
246 Vgl. GBE-Bund (2012)

Die Zielsetzung der GAR besteht in der vollständigen Erfassung aller gesundheitsbezogenen Ausgaben unabhängig von der Art der Kostenträger, d.h. die GAR beinhaltet sämtliche Ausgaben der gesetzlichen und privaten Krankenkassen, anderer Versicherungssysteme und auch die vom Patienten selbst finanzierten Leistungen. Die inhaltliche Abgrenzung richtet sich weitestgehend nach der Definition der SHA, vgl. Kapitel 5.1. Zusätzlich werden innerhalb eines erweiterten Leistungsbereichs zusätzlich gesundheitsbezogene Ausgaben für Forschung und Ausbildung ausgewiesen sowie Einkommensleistungen und Leistungen die dem Ausgleich krankheitsbedingter Folgen zu zurechnen sind.

Im Unterschied zum GSK bzw. der GGR werden Vorleistungsverflechtungen nicht berücksichtigt. Der Fokus der GAR liegt auf den Gütern und Dienstleistungen der letzten Verwendung sowie Investitionen und richtet sich nach Leistungen, die in der Regel eine Beteiligung des Patienten voraussetzen. Somit beschäftigt sich die GAR schwerpunktmäßig mit der ökonomischen Belastung der deutschen Volkswirtschaft, die im Zusammenhang mit gesundheitsbezogenen Leistungen steht. Die Quantifizierung der Wirtschaftsleistung der Gesundheitsbranche wird nicht ermittelt, wie etwa der Beitrag zum BIP.[247]

Das methodische Konzept der GAR besteht aus einem dreidimensionalen Rechensystem bei dem jede Gesundheitsausgabeposition einem Ausgabenträger, einer Leistungsart sowie der leistungserbringenden Einrichtung zugewiesen wird, vgl. Abbildung 19.

---

247 Vgl. Destatis – Statistisches Bundesamt (2012), S. 4 f

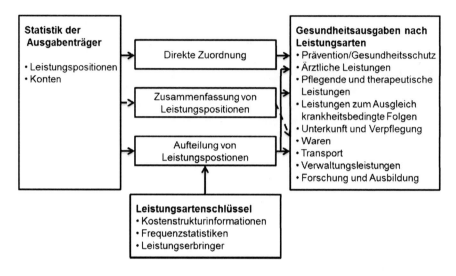

Statistik der Ausgabenträger • Leistungspositionen • Konten	Direkte Zuordnung	Gesundheitsausgaben nach Leistungsarten • Prävention/Gesundheitsschutz • Ärztliche Leistungen • Pflegende und therapeutische Leistungen • Leistungen zum Ausgleich krankheitsbedingte Folgen • Unterkunft und Verpflegung • Waren • Transport • Verwaltungsleistungen • Forschung und Ausbildung
	Zusammenfassung von Leistungspositionen	
	Aufteilung von Leistungspostionen	

Leistungsartenschlüssel
• Kostenstrukturinformationen
• Frequenzstatistiken
• Leistungserbringer

Quelle: Hofmann, 1999

Abbildung 19: Verknüpfung Ausgabenträger und Leistungsarten der GAR

Da die GAR ein sekundärstatistisches Rechenwerk ist, basieren ihre Ergebnisse nicht auf primären Datenerhebungen, sondern greifen auf unterschiedliche Datenquellen des Gesundheitswesens zurück. Es handelt sich dabei unter anderem um Verwaltungsdaten, Stichprobenerhebungen, Geschäfts- und Jahresberichte sowie Sonderauswertungen. Aus diesen Daten werden einzelne Ausgabenpositionen ermittelt und in einem Art Kontensystem verbucht. Diese Vorgehensweise erfolgt entlang den drei Dimensionen: Ausgabenträger, Leistungsart und Einrichtung. Wie die Beispiele in Tabelle 10 zeigen, gestaltet sich dieses Vorhaben in Abhängigkeit der zugrundeliegenden Datenquelle unterschiedlich kompliziert.[248]

Für einzelne Ausgabenpositionen liegen sehr präzise Angaben vor. In anderen Fällen erfolgt die Zuordnung anhand erstellter Schlüssel, Experteneinschätzungen oder aber im Vergleich zu ähnlichen Ausgabenpositionen. Eine Ausnahme bilden die Investitionen sowie die Leistungen des erweiterten Gesundheitsbereichs, bei ihnen wir auf eine Zuordnung des Bereichs Einrichtungen verzichtet.[249]

---

248 Vgl. Henke, K. D., Neumann, K., Schneider, M. (2009), S. 58
249 Vgl. Destatis – Statistisches Bundesamt (2011c) S. 9

Tabelle 10: Beispielrechnungen für das Kontensystem der GAR

Konto	Text	Wert in Mio.€	Ausgaben-träger	Leistungsart	Erbringende Einrichtung
Beispiel: Rechnungsergebnisse der GKV					
KV444	Kontaktlinsen von Optikern	3,882	GKV	Hilfsmittel	Einzelhandel/ Gesundheits- handwerk
Beispiel Sozialhilfestatistik					
SH301	Hilfe bei Krankheit (außerhalb von Einrichtungen)	203,729	Öffentliche Haushalte	Nicht eindeutig	Nicht eindeutig

Quelle: Rechnungsergebnisse der GKV (KJ1-Statistik), Sozialhilfestatistik

Die Stärken des GAR liegen in der detaillierten Abbildung der Verwendung, Finanzierung und Leistungserbringung gesundheitsbezogener Güter. Zudem basiert das Rechenmodell auf internationalen Standards der WHO und OECD, sodass ein konsistenter Vergleich des Kernbereichs der Gesundheitswirtschaft möglich ist. Für eine wirtschaftspolitische Betrachtung liegt der Nachteil der GAR vor allem darin, dass weder die Vorgänge in den Vorleistungsindustrien noch der Außenhandel Betrachtung findet. Erfasst wird lediglich die inländische Endnachfrage, die große Teile des zweiten Marktes nicht berücksichtigt.[250]

Das Statistische Bundesamt stellt die jährlichen Daten der GAR im Rahmen der Gesundheitsberichterstattung des Bundes[251] in vergleichbarer Form ab dem Berichtsjahr 1992 bereit. Durch frei gestaltbare Tabellen lassen sich individuelle Auswertungen nach den drei Kategorien: Art der Einrichtung, Art der Leistung und Ausgabenträger sowie Kombinationen untereinander generieren. Die einzelnen Klassen sowie ihre Unterklassen sind in Tabelle 11 abgebildet. Im Zeitraum 1992 – 2009 stiegen die Gesundheitsausgaben in Deutschland kontinuierlich von 158.628 Mio. € auf 278.345 Mio. €. Dies entspricht einem durchschnittlichen Wachstum von rund 4,4%.

250 Vgl. Henke, K. D., Neumann, K., Schneider, M. (2009), S. 84
251 Abrufbar unter www.gbe-bund.de

104

Tabelle 11: Kategorien der dreidimensionale Gliederung der GAR

Leistungsart	Unterklassen (sofern vorhanden)
Investitionen	
Prävention/Gesundheitsschutz	Allgemeiner Gesundheitsschutz, Gesundheitsförderung, Früherkennung, Gutachten und Koordination
Ärztliche Leistungen	Grundleistungen, Sonderleistungen, Laborleistungen, Strahlendiagnostische Leistungen
Pflegerische/therapeutische Leistungen	Pflegerische Leistungen, Therapeutische Leistungen, Mutterschaftsleistungen
Unterkunft und Verpflegung	
Waren	Arzneimittel, Hilfsmittel, Zahnersatz (Material- und Laborkosten), Sonstiger medizinischer Bedarf
Transporte	
Verwaltungsleistungen	

Art der Einrichtung	Unterklassen (sofern vorhanden)
Gesundheitsschutz	
Ambulante Einrichtungen	Arztpraxen, Zahnarztpraxen, sonstige Praxen, Apotheken, Gesundheitshandwerk und -einzelhandel, Ambulante Pflege, Sonstige ambulante Einrichtungen
Stationäre und teilstationäre Einrichtungen	Krankenhäuser, Vorsorge- und Rehabilitationseinrichtungen, Stationäre und teilstationäre Pflege
Rettungsdienste	
Verwaltung	
Sonstige Einrichtungen und private Haushalte	
Ausland	
Investitionen	

Ausgabenträger	
Öffentliche Haushalte	Gesetzliche Unfallversicherung
Gesetzliche Krankenversicherung	Private Krankenversicherung
Soziale Pflegeversicherung	Arbeitgeber
Gesetzliche Rentenversicherung	Private Haushalte und Organisationen

5.2.2 Gesundheitspersonalrechnung

Bei einem überwiegenden Teil der Güter der Gesundheitswirtschaft handelt es sich um arbeitsintensive Dienstleistungen, in denen der Personaleinsatz eine entscheidende Rolle spielt. Die Abbildung der Personal- und Beschäftigungsentwicklung der Gesundheitswirtschaft ist der Aufgabenbereich der Gesundheitspersonalrechnung (GPR)[252]. Dieses zweite Modul des Berichtsystems der Gesundheitsberichterstattung des Bundes gewinnt gerade vor dem Hintergrund der demographischen Veränderungen an Bedeutung. Die detaillierten Strukturinformationen der GPR sind eine wichtige Grundlage für zielorientierte Gestaltung und Beurteilung gesundheitspolitischer Maßnahmen. Durch die Klassifikation nach dem Standard der OECD dient die Statistik zudem zum Vergleich der internationalen Entwicklung.[253]

Bei der jährlich erscheinenden Statistik handelt es sich um ein sekundärstatistisches Rechenwerk, das auf etwa 30 unterschiedliche Berichtswege zurückgreift, u.a. Verwaltungsdaten, Stichprobenerhebungen, Geschäfts- und Jahresberichte. Die Datengrundlage bildet die Auswertung des Mikrozensus. Die Gliederung der GPR erfolgt in fünf Dimensionen:[254]

- Berufe: Gesundheitsdienstberufe, soziale Berufe, Gesundheitshandwerk, sonstige Gesundheitsfachberufe sowie andere Berufe im Gesundheitswesen,
- Einrichtungen: Gesundheitsschutz, ambulante Einrichtungen, stationäre und teilstationäre Einrichtungen, Rettungsdienste, Verwaltung, sonstige Einrichtungen, Vorleistungsindustrien des Gesundheitswesens,
- Art der Beschäftigung: Vollzeit-, Teilzeit- und geringfügig Beschäftigte, Vollzeitäquivalente,
- Alter und
- Geschlecht.

Als Beschäftigte zählen dabei einzelne Selbständige, Angestellte, Arbeiter, Auszubildende, mithelfende Familienangehörige und Praktikanten. Neben dem hochqualifizierten Fachpersonal, werden auch Personen hinzugezählt die nicht unmittelbar im Patientenkontakt stehen, wie beispielsweise Küchenpersonal, Reinigungskräfte und Verwaltungspersonal.[255] Zudem erfasst die GPR, im Gegensatz zur GAR, Vorleistungsindustrien innerhalb der Gesundheitswirtschaft. Hierzu zählen vor allem Pharmazeutische und Medizintechnische Industrien, Großhandel und Labore, vgl. Abbildung 20.

---

252 Genaue Bezeichnung der Statistik: Gesundheitspersonalrechnung EVAS-Nr. 23621
253 Vgl. Destatis – Statistisches Bundesamt (2011d)
254 Vgl. Afentakis, A., Böhm, K. (2009)
255 Vgl. Afentakis, A. (2009)

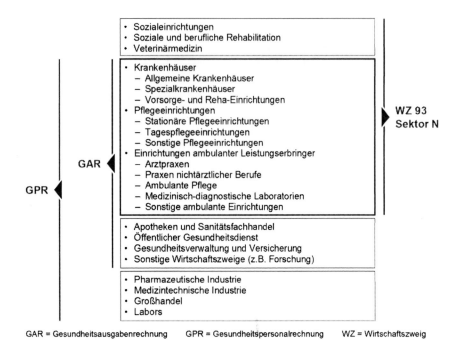

GAR = Gesundheitsausgabenrechnung   GPR = Gesundheitspersonalrechnung   WZ = Wirtschaftszweig

Quelle: Häussler, Ecker, Schneider, 2006

Abbildung 20: Abgrenzung der Einrichtungen nach GAR, GPR und WZ

Vergleichbare Ergebnisse der GPR liegen in einer Zeitreihe von 1999 – 2009 vor. In diesem Zeitraum nahm die Anzahl der Beschäftigungsverhältnisse im Gesundheitswesen von 4.103 Tsd. Beschäftigen um 632 Tsd. auf 4.735 Tsd. Beschäftige zu. In Vollzeitäquivalenten ausgedrückt entspricht dies 3.595 Tsd. Vollzeitkräften (2009).[256]

5.2.3 Krankheitskostenrechnung

Die Krankheitskostenrechnung (KKR) ist das dritte Statistikwerk des Dreigespanns der GBE. Ihr Ziel besteht aus der Quantifizierung der volkswirtschaftlichen Belastung von Krankheiten. Hierzu führt die KKR aus verschiedenen Da-

---

256 Daten: www.gbe-bund.de

tenquellen die direkten Kosten für Krankheiten zusammen, d.h. es werden unmittelbare mit einer medizinischen Heilbehandlung, einer Präventions-, Rehabilitations- oder Pflegemaßnahme verbundene Ressourcenverbräuche ermittelt. Private Arztfahrten oder unentgeltliche Pflege Angehöriger sind beispielsweise nicht enthalten. Neben den Krankheitskosten bildet die KKR durch Arbeitsunfähigkeit, Invalidität oder vorzeitigen Tod bedingte Ressourcenverluste der Volkswirtschaft in Form von verlorener Erwerbstätigkeit- und Lebensjahren ab.[257]

Die Abgrenzung der Krankheiten in der KKR richtet sich nach internationaler statistischer Klassifikation der Krankheiten und verwandter Gesundheitsprobleme (ICD)[258] von der WHO.[259] Aufgrund der großen Vielzahl der in der ICD enthaltenen Krankheiten wurde eine Auswahl relevanter Krankheiten vorgenommen. In der Kurzfassung enthält die KKR 47 Positionen und in einer ausführlicheren etwa 140 Positionen, untergliedert in Krankheitsklassen, Obergruppen und Kategorien.

Die Veröffentlichung der Krankheitskosten erfolgt in drei unterschiedlichen Varianten:

- Krankheitskosten nach Krankheiten, Alter und Geschlecht,
- Krankheitskosten nach Einrichtungen und Geschlecht und
- verlorene Erwerbstätigkeitsjahre nach Geschlecht und Ausfallart, d.h. Arbeitsunfähigkeit, Invalidität und Mortalität.

Abbildung 21 enthält eine Aufstellung der Krankheitskosten nach Krankheitsklassen. Mit 2,6 Millionen Behandlungsfällen sind Krankheiten des Kreislaufsystems sowohl die häufigste Diagnosegruppe als auch die häufigste Todesursache in Deutschland. Insgesamt 43,7% der Sterbefälle ist auf diese Gruppe zurückzuführen. Der Anteil dieser Diagnosegruppe an den Krankheitskosten entsprach 2006 14,9% bzw. 35,2 Milliarden €. Am zweithäufigsten treten Krankheiten des Verdauungssystems auf. Auf diese Position sind 32,7 Milliarden € der Krankheitskosten zurück zu führen.[260]

Vergleichbare Daten der KKR liegen seit dem Jahr 2002 vor. In den Jahren 2002 bis 2006 sind die Krankheitskosten um 7,8% bzw. 17,2 Milliarden € auf 236 Milliarden € gestiegen.

---

257 Vgl. Fortst T. (2004), S.1433
258 Online unter: http://www.dimdi.de
259 In der aktuell Gültigen 10. Revision
260 Vgl. Böhm, K., Nöthen, M. (2009)

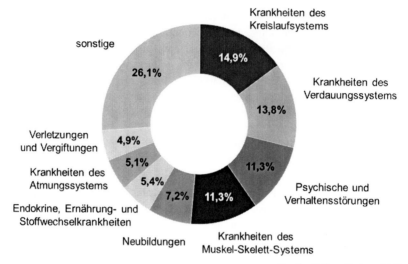

Quelle: Böhm, Nöthen, 2009

Abbildung 21: Krankheitskosten nach Krankheitsklassen (2006)

5.3 Erfordernis und historische Entwicklung eines Gesundheitssatellitenkontos

Mit der Gesundheitsberichterstattung des Bundes, bestehend aus dem Dreiergespann GAR, GKR und GPR, werden detaillierte Daten bezüglich des Kernbereichs des Gesundheitswesens, d.h. Kosten von Krankheiten und des im Gesundheitswesen beschäftigten Personals, bereitgestellt. Allerdings werden weder wichtige ökonomische Basisinformationen zur Verfügung gestellt wie bspw. Produktionswert und Wertschöpfung, noch werden volkswirtschaftliche Verflechtungen mit der Gesamtwirtschaft abgebildet. Zudem erfasst die GAR ausschließlich Umsätze am Endverbraucher, sodass der restliche Teil der Wertschöpfungskette, die Vorleistungsindustrien, nicht abgebildet werden.

Innerhalb der VGR wird eine Analyse der Gesundheitswirtschaft dadurch erschwert, dass sie nach statistischer Definition keine eigenständige Branche darstellt. Vielmehr stellt sie ein Portfolio vieler verschiedener Wirtschaftsbereiche dar, von Arztpraxen über Krankenhäuser bis hin zu Krankenversicherungen und medizintechnischen Erzeugnissen. Diese befinden sich in einer Vielzahl zentraler Konten der Wirtschaftszweigklassifikation u.a. 85.1 Gesundheitswesen, 85.3 Sozialwesen, 24.4 Pharmazeutische Erzeugnisse usw., die aus wirtschaftspolitischer Sicht eine unzureichende Abgrenzung für gezielte Analysen darstellen. So enthält bspw. der Wirtschaftszweig 85 Gesundheits-, Veterinär- und Sozialwesen eine Reihe nicht gesundheitsrelevanter Bereiche. Es fehlen hingegen in diesem Bereich u.a. Apotheken, Sanitätshäuser und Krankenversicherungen. Die meso-ökonomische Bedeutung einzelner Gesundheitsbranchen lässt sich daher nur unvollständig abbilden. Gerade wenn die Bewertung von gesundheitsbezogenen Projekten, Initiativen oder andersartigen Bündeln an Maßnahmenpaketen im Vordergrund steht, liefern die Basisdaten eine unzureichende Grundlage.[261]

Ein Satellitenkonto der Gesundheitswirtschaft schließt diese Datenlücke und liefert detaillierte Informationen über die zunehmend an Bedeutung gewinnende Gesundheitswirtschaft sowie deren Verflechtungen mit der Gesamtwirtschaft. Ein besonderes Augenmerk bei der Erstellung lag auf der Gewährung einer konsistenten Struktur mit der VGR sowie internationaler Vergleichbarkeit.

Das Fehlen und die Erforderlichkeit einer umfassenden und in den gesamtwirtschaftlichen Kontext eingegliederten Statistik über das Gesundheitswesen sind schon länger bekannt. Essig und Reich bemängelten bereits 1988, dass zur Abbildung der Gesamtwirkung der Gesundheitswirtschaft im volkswirtschaftlichen Kreislauf die Volkswirtschaftlichen Gesamtrechnungen zu allgemein strukturiert sind und forderten, um gesundheitsrelevante Ströme und Bestände konsistent im gesamtwirtschaftlichen Kontext zu beschreiben, die Erstellung eines „Gesundheitskontos" als Satellitensystem.[262]

Erste Versuche die Aufwendungen für Gesundheit abzubilden gehen auf Szameitat und Wuchter aus dem Jahr 1970 zurück.[263] Aus diesen Vorhaben entstand in Zusammenarbeit des Statistischen Bundesamtes sowie dem Unterausschuss „Kosten der Gesundheit" des Bundesgesundheitsrates eine erste statistische Übersicht über die Ausgaben für Gesundheit in Deutschland für das Jahr 1972. Mit dem Beschluss der Vollversammlung des Bundesgesundheitsrates im September 1976, die Entwicklung der Gesundheitsausgaben möglichst vollständig und transparent jährlich zu veröffentlichen, entstand ein Leistungskatalog, dessen Leistungsarten wiederum in vier Ebenen unterteilt ist:[264]

1. Primäre Finanzierung,
2. Sekundäre Finanzierung,
3. Leistungserstellung und
4. Leistungsverbrauch.

---

261 Vgl. Henke, K. D., Neumann, K., Schneider, M. (2009), S. 85
262 Vgl. Essig, H., Reich, U.-P. (1988), S. 71-79
263 Vgl. Szameitat, K., Wuchter, G. (1970), S. 121-131
264 Vgl. Henke, K. D., Neumann, K., Schneider, M. (2009), S. 39

Diese vier Bereiche in Verbindung mit ihren jeweiligen Untersektoren finden immer noch Verwendung, vgl. Tabelle 12

Tabelle 12: Ebenen und Sektoren des Finanzierungsmodells des Gesundheitswesens

I Primäre Finanzierung	II Sekundäre Finanzierung	III Leistungserstellung	IV Leistungs-verbrauch
A Öffentliche Haushalte	A Gesetzliche Kran-ken-versicherung	A Krankenhäuser in öffent-licher Trägerschaft	Private Haushalte
B Arbeitgeber	B Gesetzliche Ren-tenversicherung	B Krankenhäuser in privater Trägerschaft	
C Private Haushalte	C Gesetzliche Unfall-versicherung	C Öffentlicher Gesund-heitsdienst	
D Organisationen ohne Erwerbs-charakter	D Private Kranken-versicherung	D Sanitätswesen	
	E Versorgungs-einrichtungen außerhalb der GRV	E Betrieblicher Gesund-heitsdienst	
	F Private Unfallver-sicherung	F Ärzte	
		G Zahnärzte	
		H Medizinische Hilfsberufe	
		I Medizinische Hilfsdienste	
		K Medizinische For-schungseinrichtungen	
		L Apotheken u.a.	
		M Einrichtungen der beruf-lichen Rehabilitation	

Quelle: Henke et al., 2010; in Verbindung mit dem Statistisches Bundesamt, 1978

1980 erfolgte daraufhin die erste und fortan regelmäße Veröffentlichung der „Ausgaben im Gesundheitswesen" im Rahmen der Fachserie 12 Gesundheitswesen Reihe 2 des Statistischen Bundesamtes. Wenige Jahre später wurden die ersten Versuche unternommen die Verflechtungen und ökonomischen Geschehnisse des Gesundheitswesens abzubilden. Holub und Schnabel erweiterten die amtlichen Input-Output-Tabellen um die vier Gesundheitsbranchen Pharmazeutische Güter, Medizintechnik, Krankenhausleistungen und freiberufliches Gesundheitswesen. R. Schmidt und U. Schmidt nahmen sich währenddessen auf andere Art und Weise des Problems an, indem sie die Verflechtungen zwischen Finanzierung und Leistungserbringung aufdeckten.[265] Obwohl beide Ansätze auf unterschiedlichen Methoden basierten kamen sie zu ähnlichen Ergebnissen.[266]

Ein erstes tatsächliches Satellitensystem der Gesundheitswirtschaft wurde erstmalig im Jahr 1992 von Sarrazin und dem Statistischen Bundesamt im Auftrag des Bundesministeriums für Arbeit und Sozialordnung erstellt.[267] Durch die gezielte Verknüpfung der Gesundheitsausgabenrechnung und weiteren Sekundärstatistiken mit der VGR wurde ein Statistikwerk geschaffen, das kompatibel zum Konzept der VGR eine detailtreuere und tiefere Informationsbereitstellung ermöglicht. Trotz der Verknüpfung mit der VGR stellt sie keinen integralen Bestandteil dar, sondern vielmehr eine eigenständige Ergänzung. Dies ermöglicht es zum einen, die Abgrenzung der Gesundheitswirtschaft flexibel zu variieren, vergleichbar mit dem Schichtenmodell. Zum anderen erleichtert es die Erweiterung um zusätzliche Größen vor allem auch nichtmonetärer Einflussfaktoren. Allerdings vernachlässigt das Modell die Vorleistungsverflechtungen im Gegensatz zu den zuvor genannten Statistiken von Geigant, Holub und Schnabl aus dem Jahr 1986.[268] Diese Vorarbeiten legten den Grundstein für die heutige gesundheitswirtschaftliche Berichterstattung.

In Anbetracht der volkswirtschaftlichen Relevanz der Gesundheitswirtschaft sind solide Informationen über die Wachstumsentwicklung der Gesundheitswirtschaft aus wirtschaftspolitischer Sicht zunehmend von Bedeutung. Verlässliche Rahmendaten über Wertschöpfung, Produktivität und Verteilung der Faktorentgelte sind sowohl aus politischer als auch ökonomischer Sicht unverzichtbar, um belastbare Aussagen und Entscheidungen bezüglich der deutschen Gesundheitswirtschaft zu treffen. Im Fokus stehen vor allem Fragestellungen der Themenfelder gesamtwirtschaftliches Wachstum, Preisstabilität, Beschäftigungsentwicklung, fiskalische Stabilität, Außenhandel und die Bedeutung für den Mittelstand. Im nachfolgenden Abschnitt erfolgt die Beschreibung, wie ein derartiges Satellitensystem für die Gesundheitswirtschaft erstellt werden kann.

265 Vgl. Schmidt, R., Schmidt, U. (1986)
266 Vgl. Henke, K. D., Neumann, K., Schneider, M. (2009), S. 43
267 Vgl. Sarrazin, H.T. (1992)
268 Vgl. Henke, K. D., Neumann, K., Schneider, M. (2009), S. 45

5.4 Struktur der Gesundheitswirtschaftlichen Gesamtrechnungen

Bei dem Forschungsvorhaben Gesundheitswirtschaftliche Gesamtrechnung (GGR) handelt es sich um die Fortführung des Initialprojekts „Erstellung eines Satellitenkontos für die Gesundheitswirtschaft in Deutschland" (GSK) von Henke, Neumann und Schneider, jeweils im Auftrag des Bundesministeriums für Wirtschaft und Technologie (BMWi).[269] Die Entwicklung der GGR wurde parallel zu dieser Arbeit in Kooperation von Henke, Neumann, Ostwald, Heeger und Hesse durchgeführt und dient als Datengrundlage für die folgende Untersuchung. Um diese Analyse nachzuvollziehen zu können, wird in diesem Abschnitt die Methodik und konzeptionelle Struktur erläutert und die Abgrenzung zur GGR definiert. Zum momentanen Zeitpunkt basieren die hierfür verwendeten Health-Input-Output-Tabellen (HIOT) weitestgehend auf dem methodischen Konzept des Initialprojekts GSK, sodass dieses nicht gesondert vorgestellt werden muss. Auf Unterschiede gegenüber dem GSK wird an den jeweiligen Stellen eingegangen.

Der an dieser Stelle beschriebene Aufbau der GGR soll lediglich zum Verständnis der für diese Arbeit verwendeten Datengrundlage dienen. Für weitergehende Informationen bezüglich der Erstellung eines Satellitenkontos für die Gesundheitswirtschaft sei an dieser Stelle auf die veröffentlichte Literatur der oben genannten Projekte hingewiesen. [270]

Im nachfolgenden Abschnitt wird zunächst der konzeptionelle Aufbau der GGR dargestellt und die benötigten Abstimmungsprozesse zwischen den Basisdaten der VGR, GAR und weiteren Sekundärstatistiken geschildert. Anschließend wird die Abgrenzung der GGR anhand des Stufenmodells aufgezeigt und die Einteilung der Güter und Einrichtungen in den Dimensionen Kerngesundheitswirtschaft und erweiterte Gesundheitswirtschaft sowie erster und zweiter Gesundheitsmarkt beschrieben. Auf dieser Grundlage erfolgen schließlich die Erstellung des spezifischen Kontenrahmens sowie die Vorstellung der einzelnen Statistikwerke und Module der GGR.

---

269 Vgl. Henke, K. D., Neumann, K., Schneider, M. (2009)

270 Vgl. Krauss, T., Schneider, M. Hofmann, U. (2009), Henke, K. D., Neumann, K., Schneider, M. (2009), Henke, K. D., Neumann, K., Ostwald D. A., Heeger, D., Hesse, S. (2010) und Henke, K. D., Neumann, K., Ostwald D. A., Heeger, D., Hesse, S. (2011)

5.4.1 Konzeptioneller Aufbau und Abstimmungsprozesse

Das Grundkonzept der GGR basiert auf der Verknüpfung der Input-Output-Tabellen (IOT) der VGR mit den Gesundheitsinformationen der GAR. Das Gerüst der IOT garantiert hierbei, dass Aufkommen und Verwendung der einzelnen Gesundheitsbranchen konsistent zum Konzept der VGR abgebildet werden. Es entspricht der gesundheitsbezogene Bruttowertschöpfungsbeitrag dem Anteil der Gesundheitswirtschaft an der Gesamtwirtschaft. Die GAR integriert detaillierte und tiefgegliederte Informationen über die öffentliche und private Finanzierungsstruktur des Kernbereichs der Gesundheitswirtschaft. Die Schnittstelle beider Rechenwerke bildet die jeweils enthaltene bottom-up Berechnung der Güterentstehung, -verwendung und -finanzierung des Kernbereichs des Gesundheitswesens, die einen Datenabgleich auf tiefer Ebene ermöglicht. Durch die Ergänzung weiterer Statistiken erfolgt daraufhin der Einbezug der Güter des erweiterten Gesundheitsmarktes. In Abbildung 22 ist schematisch die Zusammenführung der VGR und GAR zu einem Satellitenkonto dargestellt.

Da im Gegensatz zum SIO-Güterverzeichnis der Input-Output-Tabellen die GAR die Konsumausgaben der Inländer zu Anschaffungspreisen enthält, erfolgen in einem ersten Abstimmungsprozess Korrekturen auf unterster Berechnungsebene, um vergleichbare Grunddaten zu erhalten. Hierzu wird jede Gütergruppe der Gesundheitswirtschaft nach dem folgenden Schema geprüft, abgestimmt und in die Systematik der Input-Output-Tabellen umgewandelt:

Konsumausgaben zu Anschaffungspreisen (Daten der GAR)
+ Exporte
+ Bruttoinvestitionen
+ Vorleistungen
− Gütersteuern abzüglich Gütersubventionen
− Handels- und Transportspannen
− Importe (cif)
= Produktionswert zu Herstellungspreisen
(Datensatz nach dem Konzept der IO-Tabellen)

Um sicherzustellen, dass sämtliche Posten der Güter- und Wirtschaftsbereiche innerhalb der GGR dem entsprechenden Anteil des volkswirtschaftlichen Gesamtbeitrags entsprechen, erfolgt ein Abgleich mit den Produktions- und Importwerten. Zudem enthalten die Ausgaben der GAR Umsätze inklusive Mehrwertsteuer. Unter Berücksichtigung der unterschiedlichen Preiskonzepte entspricht anschließend das Ergebnis dem in der GAR enthaltenen inländischen Produktionswert zu Herstellungspreisen.

114

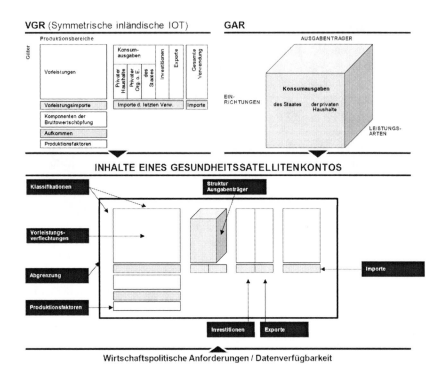

Quelle: Henke et al., 2009

Abbildung 22: Schematischer Aufbau des Satellitenkontos Gesundheitswirtschaft

Auf der Verwendungsseite erfolgt zunächst eine Umwandlung der einzelnen Ausgabenträger der GAR in die Kategorien der VGR. Diese bestehen aus den zwei Gruppen intermediäre Verwendung (Weiterverarbeitungsproduktion) sowie Endverbrauch. Die Gruppe Endverbrauch enthält die Untergruppen Konsum privater Haushalte, Konsum privater Organisationen ohne Erwerbszweck, Konsum des Staates, Anlageinvestitionen sowie Exporte. Des Weiteren werden die selbständigen Ausgaben der privaten Haushalte, die nicht über Krankenversicherungen finanziert werden separiert und dem zweiten Markt zugeordnet. Die Bruttowertschöpfung wird in Abhängigkeit von den jeweiligen Produzenten auf Basis verschiedener Rechenverfahren bestimmt, vgl. Tabelle 13.

In der Regel erfolgt die Berechnung anhand der Subtraktionsmethode, d.h. aus der Differenz aus Produktionswert und Vorleistungen. Für den zuvor zu ermittelnden Produktionswert stehen wiederum drei Methoden zur Verfügung. In

Abhängigkeit des betrachteten Wirtschaftssubjektes erfolgt die Ermittlung aus der Summe der Umsätze, Bestandsveränderungen und selbsterstellten Anlagen (Umsatzmethode), der Differenz aus Erträgen und Aufwendungen (Differenzmethode) oder durch die Bewertung des quantitativen Outputs zu Herstellungspreisen (Bewertungsmethode).

Tabelle 13: Methoden zur Berechnung der Bruttowertschöpfung

Produzent	Ermittlung der Bruttowertschöpfung	Ermittlung der Produktionswerte	Beispiele
Marktproduzenten	Subtraktionsmethode	Umsatzmethode	nichtfinanzielle Unternehmen (Regelfall)
		Differenzmethode	Kreditinstitute, Versicherungsunternehmen
		Bewertungsmethode	Landwirtschaft, Wohnungsvermietung
Produzenten für den Eigenbedarf		Ansatz zu Herstellungspreisen	Eigennutzung der Wohnung, häusliche Dienste
sonstige Nichtmarktproduzenten	Additionsmethode	Additionsmethode	Öffentliche Verwaltung, Private Organisationen

Quelle: Destatis, (2007)

Einen Ausnahmefall bilden die Nichtmarktproduzenten, die ihre Leistung unentgeltlich bzw. zu nicht signifikanten Preisen bereitstellen und für deren Güter keine Marktpreise existieren. In diesem Fall werden für die Bestimmung der Bruttowertschöpfung und des Produktionswertes die einzelnen Aufwandsposten addiert. Die Bruttowertschöpfung ergibt sich aus der Summe aus Arbeitnehmerentgelten, Abschreibungen und sonstigen Produktionskosten. Der Produktionswert entspricht in diesem Fall den Produktionskosten unter der Annahme, dass keine Gewinne erwirtschaftet werden.

Um bei den Vorleistungen Doppelzählungen zu vermeiden werden diese in einem nächsten Schritt ihrem Ursprung entsprechend in Vorleistungen aus der Gesundheitswirtschaft und sonstige Vorleistungen unterschieden und anschließend konsolidiert. Wichtig ist dabei, dass die Höhe des Bezugs an Waren und Dienstleistungen, die die jeweiligen inländischen Produktionsstätten in ihrem Produktionsvorgang verwenden, in der Summe mit den Gütern in- und ausländischer Vorleistungsprodukte übereinstimmen.

Wie bereits beschrieben enthalten die Daten der GAR keine Angaben über Exporte und Importe. Für ein vollständiges Bild der Verwendung werden diese Transaktionen zu Anschaffungspreisen abzüglich Distributionsmargen für Waren bewertet und um Importabgaben bereinigt.

Nach diesen Abstimmungsprozessen erfolgt die systematische Zusammenführung der berechneten Daten aus der GAR und den Input-Output-Tabellen nach dem Schema in Abbildung 23. Die zeilenweise Betrachtung gibt Auskunft über die intermediäre Verwendung (1. Quadrant) und den Endverbrauch (2. Quadrant) der inländischen Produkte sowie importierten Waren. Die Entstehung der Güter ist in den Spalten abgebildet und enthält die zur Fertigung bezogenen Vorleistungen aus In- und Ausland ergänzt um die einzelnen Komponenten der Bruttowertschöpfung.

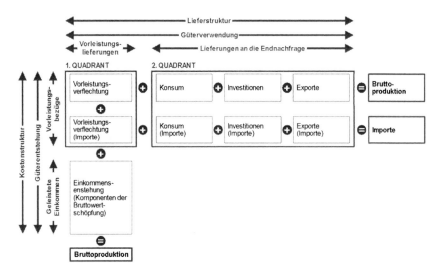

Quelle: Sarrazin, 2000

Abbildung 23: Input-Output-Tabelle nach Güterentstehung und Verwendung

5.4.2 Abgrenzung der Gesundheitswirtschaftlichen Gesamtrechnungen

Das Stufenmodell

Für die Abgrenzung der GGR wurde das bereits dem GSK zugrundliegende Stufenmodell beibehalten. Die statistische Erfassung der Gesundheitswirtschaft beinhaltet die ersten drei Stufen des in Abbildung 24 enthaltenen Modells. Neben dem Kernbereich des Gesundheitswesens (KGW), der auf den Daten der GAR basiert, enthält die GGR die Branchen der erweiterten Gesundheitswirtschaft (EGW) sowie Informationen über gesundheitsspezifische Vorleistungen. Ergänzt werden diese drei Bereiche der GGR um die Grundstufen nicht-gesundheitsspezifische Vorleistungen, Ausbildung, Forschung und Entwicklung sowie Investitionen.

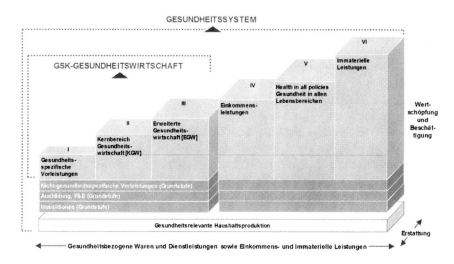

Quelle: Henke et al., 2009

Abbildung 24: Abgrenzung der GGR anhand des Stufenmodells

Die Grundstufen dienen zur Darstellung einer konsistenten Abbildung der Verflechtung der Gesundheitswirtschaft mit der Gesamtwirtschaft. Sie enthalten Vorleistungsgüter die nicht unmittelbar der Gesundheitswirtschaft zuzurechnen sind sowie Güter, die zur Bereitstellung der Produktionsfaktoren Investitionen, Ausbildung und F&E dienen. Die in den Grundstufen enthaltenen Güter werden zwar statistisch erfasst gehören allerdings nach Abgrenzung der GGR nicht in den Bereich der Waren und Dienstleistungen der Gesundheitswirtschaft. Vorleistungen die hingegen für gesundheitsbezogene Güter Verwendung finden werden innerhalb der Stufe I abgebildet und der Wertschöpfung der Gesundheitswirtschaft zugerechnet. Es handelt sich dabei bspw. um Vorleistungen an die Pharmaindustrie oder Erzeugnisse medizintechnischer Geräte für stationäre Einrichtungen des Gesundheitswesens. Die Abgrenzung der Stufe I erfolgt anhand der Gesundheitspersonalrechnung sowie weiterer Kostenstrukturdaten des Statistischen Bundesamtes.

Die Abgrenzung der Kerngesundheitswirtschaft (KGW) erfolgt in Stufe II. Die Basis hierfür bildet die Gesundheitsausgabenrechnung (GAR) des Statistischen Bundesamtes. Insgesamt enthält der Kernbereich 9 Gesundheitsbranchen von pharmazeutischer und medizintechnischer Industrie über stationäre und ambulante Einrichtungen bis hin zu Versicherungsdienstleistern.

Mit der dritten Stufe wird die Gesundheitswirtschaft komplementiert. Sie enthält die Güter des erweiterten Gesundheitsmarktes, unterteilt in 5 weitere Gesundheitsbranchen. Somit erfasst die GGR auch die in der GAR enthaltenen privaten Ausgaben des zweiten Marktes sowie Leistungen zur Pflege behinderter Menschen.

Nicht enthalten in der Abgrenzung der GGR sind nach aktuellem Stand[271] die Stufen IV, V und VI des Gesundheitssystems. Die vierte Stufe enthält überwiegend Transferzahlungen mit dem Charakter von Einkommensleistungen, bspw. Krankenhaustagegeld und Lohnfortzahlung. Stufe V beinhaltet den Bereich Gesundheit in allen Lebensbereichen „health in all policies". Hierbei handelt es sich um Sekundär- und Hilfsleistungen mit gesundheitsbezogenen Wirkungen auf die Bevölkerung, die allerdings außerhalb der geregelten Sozialversicherungsleistungen ausgeübt werden und daher schwer zu quantifizieren sind. Neben Präventionsmaßnahmen des Brandschutzes und Verkehrssicherheit zählt hierzu auch der Bereich des „Ambient Assisted Living". Unberücksichtigt bleiben ebenfalls die immateriellen Leistungen der sechsten Stufe. Dieser Bereich umfasst Faktoren wie Qualität, Hygiene, Verfügbarkeit und Erreichbarkeit von Gesundheitsleistungen sowie gesundheitsrelevante Haushaltsproduktion. Neben der nur schwer zu erbringenden Quantifizierung würde die Bewertung und Aufnahme dieser Güter in Wertschöpfungskategorien zu einer Steigerung des BIP führen, da sie in der Berechnung der VGR nicht enthalten sind.

---

271 Momentan wird die Aufnahme der Ambient Assisted Living in die GGR geprüft und wird planmäßig bis zum Abschluss des Projekts integriert.

Abgrenzung der Güter und Einrichtungen

Grundlage der Abgrenzung gesundheitsbezogener Güter ist die Endnachfrage. Güter die nach Definition der Gesundheitswirtschaft zuzurechnen sind stellen verwendungsseitig Ausgaben bzw. Konsum der Bevölkerung oder Exporte da. Auf der Entstehungsseite induzieren diese Ausgaben für Gesundheit Umsätze in gesundheitsrelevanten Branchen anhand derer die verschiedenen Wirtschaftszweige der Gesundheitswirtschaft abgegrenzt werden. Somit definiert der Konsum gesundheitsbezogener Waren und Dienstleistungen die Wirtschaftsbereiche der Gesundheitswirtschaft und grenzt sie von den restlichen volkswirtschaftlichen Wirtschaftsbereichen ab.

Die Abgrenzung gesundheitsrelevanter Güter erfolgt dabei anhand einer Reihe von Kriterien und Beurteilungen wie dem objektiven Gesundheitsnutzen, Gesundheitsrelevanz von Leistungen, Kaufabsicht der Konsumenten sowie produkt- und unternehmensbezogener Abgrenzungen. Hinzu kommen die Vorleistungsproduzenten der Gesundheitswirtschaft, insbesondere die Akteure der pharmazeutischen, medizintechnischen und augenoptischen Industrie, medizinische Labore sowie der Großhandel mit Gesundheitsgütern.

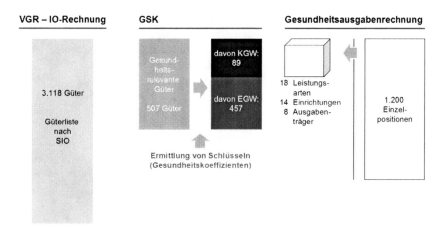

Quelle: Henke et al., 2009

Abbildung 25: Entstehung der Gütergruppen der GGR

Es liegt dabei der Abgrenzung des Kernbereichs der Gesundheitswirtschaft die Güterabgrenzung der GAR zugrunde. Den 3118 SIO-Positionen der IO-Rechnung stehen in dem Fall insgesamt 1200 Einzelpositionen, unterteilt in 18

Leistungsarten, 14 Einrichtungstypen und 8 Ausgabenträgern den Gütergruppen der GAR gegenüber, vgl. Abbildung 25.

Während die Abgrenzung der Güter des Kerngesundheitswesens mittels der funktionalen Abgrenzung nach Leistungsarten der GAR bestimmt wird bzw. anhand objektiver Relevanzkriterien vergleichsweise einfach zu realisieren ist, erfolgt die Auswahl der Güter des erweiterten Gesundheitsmarktes zumeist nur anhand von subjektiven Nutzenbewertungen. Bereits in der GAR sind zahlreiche Güter enthalten, deren Nutzen nur subjektiv zu bewerten ist, hierzu zählen bspw. Implantate, OTC-Präparate und IgeL-Leistungen. Unter Berücksichtigung von Marktforschungsdaten wurden nur diejenigen Güter aufgenommen die vordergründig aus gesundheitlicher Sicht von Relevanz sind. Die erweiterte Gesundheitswirtschaft beinhaltet daher weitere umfassende Bereiche und schließt Gesundheitsgüter mit ein, die einer gesunden Ernährung bzw. Lebensweise dienen sowie soziale Dienstleistungen für die Eingliederung und Pflege behinderter Menschen.

Zudem erfolgt die Unterteilung in den ersten und zweiten Gesundheitsmarkt. Der zweite Gesundheitsmarkt umfasst sämtliche Gesundheitsgüter, die weder von einer privaten oder gesetzlichen Krankenkasse noch durch staatliche Mittel finanziert werden. Dementsprechend beinhaltet der erste Gesundheitsmarkt diejenigen Waren und Güter, die durch das bestehende Finanzierungssystem des Gesundheitswesens erstattet werden. In Abbildung 26 befindet sich eine Übersicht der dem zweiten Markt zugehörigen Teilmärkte.

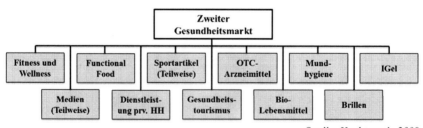

Quelle: Henke et al., 2009

Abbildung 26: Zweiter Gesundheitsmarkt der GGR

Durch die zweidimensionale Abgrenzung in die Richtungen KGW und EGW sowie erster und zweiter Gesundheitsmarkt ergibt sich eine vier Feldermatrix, vgl. Abbildung 27. Mit ihr lassen sich die vorhandenen Gesundheitsgüter in vier Fälle unterscheiden:

- Gütergruppen des Kerngesundheitswesens, deren Leistungen durch die Krankenkassen finanziert werden und somit dem ersten Markt zugehörig sind.
- Gütergruppen die dem Kernbereich der Gesundheitswirtschaft angehören und dem zweiten Gesundheitsmarkt zuzuordnen sind, bspw. IGeL-Leistungen und OTC-Präparate
- Gütergruppen der erweiterten Gesundheitswirtschaft sowie des ersten Gesundheitsmarktes, also diejenigen Güter die nicht mehr der Kerngesundheitswirtschaft zugeordnet werden und dem ersten Markt angehören. Hierzu zählen unter anderem Ausbildung, Forschung und Entwicklung sowie Heime für werdende Mütter.
- Gütergruppe, des erweiterten als auch zweiten Gesundheitsmarktes. Hierzu zählen privat finanzierte Gesundheitsleistungen, wie bspw. Gesundheitsreisen und gesunde Nahrungsmittel.

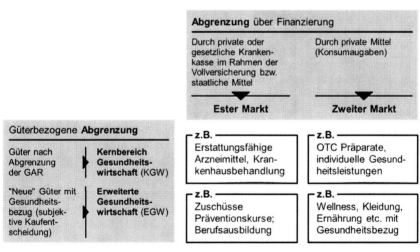

Quelle: Henke et al., 2009

Abbildung 27: GGR nach Teilmärkten

Festlegung des Kontenrahmens und der Kontenstruktur der GGR

Zur Erstellung der GGR erfolgt eine Neugliederung der Kontenstruktur der symmetrischen Input-Output-Tabellen. Der Kontenrahmen basiert dabei auf den Güterkonten der VGR und besteht auf der Aufkommensseite aus drei Gliederungstiefen, vgl. Tabelle 14. Auf der obersten Ebene erfolgt zunächst die Zuordnung der Güter in die drei Bereiche Kerngesundheitswirtschaft (KGW), erwei-

122

terter Bereich der Gesundheitswirtschaft (EGW) sowie den restlichen Bereich der „nicht Gesundheit" (NG).

Tabelle 14: Gliederung der GGR

Bereiche	Gütergruppen	Güter	
Nicht gesundheitsrelevanter Wirtschaftsbereich	71	2558	
Kernbereich der Gesundheitswirtschaft	9	90	darunter 36 Güter in beiden Bereichen
erweiterter Bereich der Gesundheitswirtschaft	5	470	

Quelle: Eigene Darstellung

Diese drei Bereiche enthalten auf der zweiten Gliederungsebene Gütergruppen. Für den nicht gesundheitsrelevanten Bereich entsprechen die 71 Gütergruppen der statistischen Güterklassifikation CPA wie sie auch in den Input-Output-Tabellen des Statistischen Bundesamtes verwendet werden. Die Gesundheitswirtschaft beinhaltet weitere 14 Gütergruppen, von denen 9 der Kerngesundheitswirtschaft und 5 der erweiterten Gesundheitswirtschaft angehören, vgl. Abbildung 15.

Die unterste Ebene entspricht den 3.118 Gütern der SIO-Klassifikation für die Gesamtwirtschaft von denen 524 Güter als gesundheitsrelevant gelten, 90 im Kernbereich, 470 im erweiterten Bereich und 36 Güter sind beiden Bereichen zuzuordnen. Die Klassifikation der einzelnen Güter erfolgt über die Bestimmung von Gesundheitskoeffizienten. Diese nehmen einen Wert zwischen 0 und 100% an und bestimmen über den Anteil der gesundheitsbezogenen Verwendung des Gutes. Somit wird für jedes Gut anhand ausgewiesener Quellen überprüft, ob es vollständig, teilweise oder gar nicht gesundheitsrelevant ist und dementsprechend klassifiziert. Anhand der eindeutigen Zuordnung der Güter in die jeweiligen Gütergruppen erfolgt die Aggregation der 14 Gruppen der Gesundheitswirtschaft.

Für eine symmetrische Gliederung und einen unmittelbaren Bezug zur VGR wurden die Wirtschaftszweige entsprechend der Güterstruktur gewählt. Alternativ wäre auch eine Klassifikation nach Einrichtungen wie in der GAR möglich gewesen, wurde aber wegen der Ausrichtung auf wirtschafts- und gesundheitspolitische Fragestellungen als weniger geeignet angesehen.

Tabelle 15: Die 14 Gesundheitsbranchen der GGR

	G 1	Pharmazeutische Erzeugnisse
	G 2	Medizintechnische Geräte
	G 3	Sonstige Waren des Kernbereichs
	G 4	Einzelhandelsleistungen des Kernbereichs
KGW	G 5	Private Versicherungen zur Deckung gesundheitlicher Risiken
	G 6	Gesundheitsrelevante Sozialversicherungen und Verwaltung
	G 7	Dienstleistungen stationärer Einrichtungen
	G 8	Dienstleistungen nicht-stationärer Einrichtungen
	G 9	Sonstige Dienstleistungen des Kernbereichs
	G 10	Dienstleistungen der privaten Haushalte
	G 11	Biologische und funktionelle Lebensmittel
EGW	G 12	Sonstige Gesundheitswaren des Erweiterten Bereichs
	G 13	Dienstleistungen für Sport, Fitness und Wellness
	G 14	Sonstige Gesundheitsdienstleistungen des Erweiterten Bereichs

Quelle: Eigene Darstellung

5.4.3 Bestandteile der Gesundheitswirtschaftlichen Gesamtrechnungen

Die GGR unter dem Arbeitstitel „Nutzung des Satellitenkontos für die Gesundheitswirtschaft in Deutschland – methodische Fragen und Erweiterungen zu einer Gesundheitsökonomischen Gesamtrechnung" besteht aus den Modulen:

• Satellitenkonto der Gesundheitswirtschaft
• Analysemodell der Ausstrahleffekte
• Prognoserechner
• Betrachtung der Exportströme
• Arbeitsmarktentwicklung

Das Satellitenkonto bildet das Kernstück der GGR und umfasst ein ausführliches Statistikwerk über die deutsche Gesundheitswirtschaft für die Jahre 2005 bis 2010. Es enthält die spezifischen Health-Input-Output-Tabellen (HIOT) für die gesamte deutsche Gesundheitswirtschaft, für die inländische Produktion sowie für Importe, jeweils mit 85x85 Gütergruppen sowie in aggregierter Form mit

26x26 Bereichen. Zudem existieren für jedes Jahr gesundheitsspezifische Aufkommens- und Verwendungstabellen in identischen Gliederungstiefen.

Das zweite Modul enthält ein auf den HIOT basierendes Analysemodell zur Quantifizierung der Ausstrahleffekte. Hierbei handelt es sich um eine modifizierte Methodik des offen statischen Mengenmodells, wie es in Kapitel 4.3.2 vorgestellt wurde.

Mit Hilfe des Prognoserechners sollen Handlungsempfehlungen für die Zukunft entwickelt werden. Durch die Prognosen verliert die GGR ihren rein deskriptiven Charakter und ermöglicht eine Steuerung der Entwicklung.

Durch die detaillierte Betrachtung der Exportströme werden die HIOTs um Informationen bezüglich der Zielländer ergänzt. Ausgewiesen werden neben dem allgemeinen Volumen der deutschen Exporte in diese Länder auch Außenhandelsüberschüsse bzw. -defizite sowie Angaben über Marktgrößen und Wachstumsprognosen der wichtigsten Exportländer.

Im letzten Modul zum Thema Arbeitsmarktentwicklung erfolgt die Zuordnung der Erwerbstätigen nach Berufen in die einzelnen Gesundheitsbranchen um Arbeitsangebot und –nachfrage gegenüberzustellen und Engpässe aufzudecken.

Aus der Kombination dieser Module entsteht ein detailliertes und breit gefächertes Informationssystem bezüglich der deutschen Gesundheitswirtschaft und deren Entwicklung. Im folgenden Abschnitt werden die Ergebnisse der GGR vorgestellt, die zugleich als Grundlage für die Stabilitätsanalyse dienen. Zuvor wird jedoch auf die Besonderheiten bei der Berechnung der GGR für die Jahre 2008 und 2009 eingegangen.

5.4.4 Entwicklung einer Fortschreibungsmethodik

Ein großes Problem bei der Erstellung des Satellitensystems der GGR liegt in der späten Veröffentlichung der verwendeten Grunddaten. Das Statistische Bundesamt veröffentlicht erst 36 Monate nach Ablauf der jeweiligen Berichtsperiode das vollständige Tabellenangebot der Input-Output-Rechnung. Zudem erfolgt wie bereits angesprochen eine grundlegende Umstellung der Wirtschaftszweigklassifikation von WZ03 auf WZ08, sodass die zum Zeitpunkt der Berechnung der GGR aktuellsten IOTs des Statistischen Bundesamtes für das Jahr 2007 in konsistenter Systematik vorlagen. Die Veröffentlichung der IOTs für 2008 ist für den Herbst 2012 angekündigt und wird allerdings aufgrund der Umstellung der Systematik nicht mehr vergleichbar mit den vorherigen Jahren sein. Um der Lücke zwischen den letzten Jahren und der letzten Veröffentlichung des Statistischen Bundesamtes entgegenzuwirken, wurde eine Fortschreibungsmethodik entwickelt, um die GGR auch für die Jahre 2008 und 2009 erstellen zu können. Dieser Fortschreibungsprozess wir nachfolgend erklärt.[272]

Die letzte Berichtsperiode, für welche die HIOT der GGR gemäß der im Methodenhandbuch beschriebenen Vorgehensweise aktualisiert werden können, ist das Jahr 2007. D.h. für 2007 liegen noch alle Grundtabellen des Statistischen Bundesamts vor, die für die konsistente Berechnung der HIOT 2007 benötigt werden. Für die Jahre 2008 und 2009 können aufgrund der verzögerten Datenaufbereitung im Ausgangsdatenmaterial die Berechnungen der jeweiligen HIOTs nicht mehr routinemäßig durchgeführt werden und die nachfolgend beschriebene Fortschreibungsmethodik kam zur Anwendung. Für die Jahre 2010 sowie 2011 lieferte dieses Verfahren aufgrund der noch geringen Verfügbarkeit keine belastbaren Ergebnissen, sodass trotz großem Interesse für diese Arbeit von einer Veröffentlichung abgesehen wurde.

In Abbildung 28 ist das entwickelte Verfahren schematisch für das Jahr 2008 dargestellt. Der Fortschreibungsprozess lässt sich dabei in drei Schritte unterteilen: In die Fortschreibung der benötigten allgemeinwirtschaftlichen Grundtabellen, die Aktualisierung der gesundheitsbezogenen Sekundarquellen und die Zusammenführung beider Ergebnisse zur HIOT des neuen Berichtsjahres.

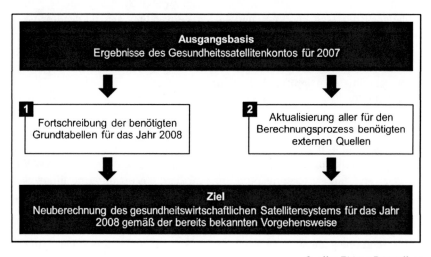

Quelle: Eigene Darstellung

Abbildung 28: Schematische Darstellung des Fortschreibungsverfahrens

---

272 Für eine detaillierte Beschreibung des Fortschreibungsprozess sei an dieser Stelle auf die Zwischenberichte I und II der GGR sowie das separat erhältliche Methodenhandbuch der Fortschreibungsmethode verwiesen.

126

Im Mittelpunkt der volkswirtschaftlichen Grundtabellen stehen die standardisierten IOTs des Statistischen Bundesamtes, die zunächst für die Jahre 2008 und 2009 fortgeschrieben wurden. Dabei wurden in einem ersten Schritt die Wachstumsraten der einzelnen Komponenten der Aufkommens- und Verwendungsseite der 71 Gütergruppen bzw. Produktionsbereiche gegenüber dem Vorjahr anhand der detaillierten Jahresergebnisse der Volkswirtschaftlichen Gesamtrechnungen bestimmt.[273] Hierfür wurde zunächst eine Überleitungstabelle erstellt, die den Input-Output-Tabellen in CPA-Klassifikation zugrundeliegenden Gütergruppen Wirtschaftszweige der WZ08-Gliederung zuordnet. Dies erfolgte unter anderem für den Produktionswert, Vorleistungen, Bruttowertschöpfung, Arbeitnehmerentgelte, Arbeitnehmer- und Erwerbstätigenzahlen. Da Importe und Exporte noch nicht in der entsprechenden Gliederung veröffentlicht wurden, erfolgte hier die Bestimmung der Wachstumsrate anhand der Klassifikation nach Güterabteilungen des Güterverzeichnisses für die Produktionsstatistik.[274] Die Wachstumsraten für den privaten Konsum basieren hingegen auf der Klassifikation nach 59 Gütergruppen.[275] Bei den restlichen Komponenten der letzten Verwendung wurde anhand der Verflechtungen des Vorjahres fortgeschrieben.

Nach der Fortschreibung der Input-Output-Tabelle 2008 mittels der zuvor berechneten Wachstumsraten wurden in einem zweiten Schritt sämtliche Teilbereiche der Bruttowertschöpfung und letzten Verwendung anhand der Randsummen niveauadjustiert. Um methodische Brüche gegenüber den Vorjahren zu vermeiden wurden dabei die Eckwerte auf Basis der WZ03-Gliederung verwendet, die im Gegensatz zu den tiefgegliederten Angaben noch auf Basis der alten WZ03 Klassifikation veröffentlicht wurden.[276]

In Abbildung 29 ist die Berechnung noch einmal schematisch dargestellt. Rot markiert sind dabei Felder der Endnachfragematrix und der Matrix der Primärinputs, die anhand der wirtschaftszweigspezifischen Wachstumsraten sowie der verfügbaren Zeilensummen berechnet wurden. Für die blau hinterlegte Vorleistungsmatrix konnten auf diese Weise ebenfalls die Randsummen jedes Wirtschaftszweigs für Vorleistungen und intermediäre Verwendung bestimmt werden. Zur Fortschreibung des Kerns der Vorleistungsmatrix wurde auf ein maschinelles Verfahren zurückgegriffen.

Zur Ermittlung der einzelnen Werte der Vorleistungsmatrix führt die alleinige Fortschreibung anhand von Wachstumswerten zu Verletzungen der Symmet-

273 Vgl. Statistisches Bundesamt (2011c)
274 Vgl. Statistisches Bundesamt (2011c) Tabelle 1.11.1.
275 Vgl. Statistisches Bundesamt (2011c) Tabelle 3.3.5.
276 Im Gegensatz zu den tiefgegliederten Angaben enthält die Fachserie 18 Reihe 1.4 vom 28.05.2010 aggregierte Werte für die Gesamtwirtschaft auf Basis der vorherigen WZ03 Klassifikation.

riebedingungen, d.h. die Zeilen- und Spaltensummen der neu berechneten Matrix stimmen nicht mit den vorgegebenen Ist-Werten überein. Deshalb muss auf ein maschinelles Verfahren zurückgegriffen werden, das durch eine Vielzahl iterativer Schritte diese Differenz beseitigt und somit die Konsistenz zwischen den berechneten Koeffizienten und den vorgegebenen Randsummen herstellt. Verwendet wurde dazu das von Stone entwickelte RAS-Verfahren.[277] Dies ist ein bivariates Modell dessen Name sich aus der Reihenfolge der Berechnungsschritte ergibt; R steht in dem Fall für die Diagonalmatrix der zeilenweisen Korrekturfaktoren, A für die Matrix der Input-Koeffizienten und S für die Diagonalmatrix der Spaltenkorrekturfaktoren.[278] Die einzelnen Elemente der Verflechtungsmatrix werden dabei iterativ zeilen- und spaltenweise unter Zuhilfenahme geeigneter Korrekturfaktoren solange angepasst, bis die vorgegebenen Randsummen der Verflechtungsmatrix mit den berechneten übereinstimmen.

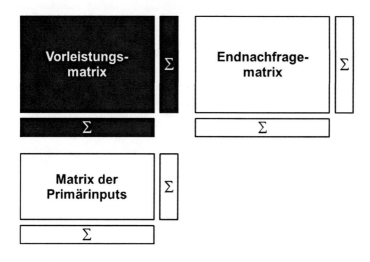

Quelle: Eigene Darstellung

Abbildung 29: Unterschiedliche Quadranten der Input-Output-Tabelle

Da es sich beim RAS-Verfahren um ein mathematisch-statistisches Modell handelt, werden Strukturänderungen wie der Einfluss des technischen Fortschritts bzw. auftretende Veränderungen in der Produktionsstruktur der ver-

---

277 Vgl. Stone, D. (1963)
278 Vgl. Eurostat (2008), S. 451

128

schiedenen Sektoren nicht berücksichtigt.[279] Dennoch hat sich das RAS-Verfahren zu einem zielführenden Ansatz für die Fortschreibung von Koeffizientenmatrizen auf Basis geeigneter Spalten- und Zeilensummen entwickelt. Die Abweichungen zwischen der neu berechneten Koeffizientenmatrix und der Ausgangsmatrix werden während des iterativen Prozesses so gering wie möglich gehalten, weil aufgrund mangelnder Informationen die Verflechtungsstruktur der Ausgangsmatrix als beste Vergleichsbasis dient. Das RAS-Verfahren zeichnet sich dadurch aus, dass gemäß der Ausgangssituation positive Koeffizienten nicht negativ werden und ursprüngliche Nullelemente ihren Wert beibehalten. Dies bedeutet, dass keine neuen Inputs aufgenommen werden und sich dadurch die Produktionsstrukturen nur in ihrer Höhe an die neuen Randsummen anpassen.[280] Bei größeren strukturellen Veränderungen, relativen Preisänderungen und technologischem Fortschritt ist für die Gewährung einer hohen Qualität das Einbinden von weiteren Datenquellen unausweichlich. Da es sich bei der Fortschreibung der IOTs für die Jahre 2008 und 2009 nur um einen verhältnismäßig kurzen Zeitraum handelt, sind derartige Strukturveränderungen nicht anzunehmen, sodass das RAS-Verfahren für die Herstellung der Symmetrie geeignet ist.

Der zweite Arbeitsschritt im Fortschreibungsprozess ist die Bestimmung der Gesundheitskoeffizienten für das jeweilige Berichtsjahr. Diese Geben an zu welchem Anteil ein jeweiliges Gut gesundheitsrelevant ist und ob es dem Kerngesundheitsmarkt oder dem erweiterten Markt zugerechnet wird. Aufgrund der Datenverfügbarkeit der GAR und GPR sowie den weiteren Sekundärstatistiken bis einschließlich 2009, können diese analog zur Berechnung der Jahre 2005 bis 2007 aktualisiert werden.

Auf Grundlage der neu berechneten IOT und den dazugehörigen Gesundheitskoeffizienten werden anschließend drei IOTs in der standardisierten 72x72 Struktur erstellt, jeweils eine mit den Werten der Kerngesundheitswirtschaft, des erweiterten Gesundheitsmarktes und der übrigen Wirtschaft ohne direkten Gesundheitsbezug,. die zusammengeführt eine 216x216 Matrix ergeben.

Die anschließende Aggregation auf die Gliederungstiefe 85x85 der HIOT, bestehend aus 14 Gesundheitsbranchen und 71 restlichen Wirtschaftszweigen, folgt der normalen Vorgehensweise des Erstellungsprozesses. Abschließend erfolgt eine Plausibilisierung der Ergebnisse anhand der Daten der VGR sowie den verwendeten Sekundärstatistiken und eine letzte Korrektur der Verflechtungen mit Hilfe des RAS-Verfahrens.

Mit Hilfe dieses entwickelten Fortschreibungsverfahrens konnte die GGR bis einschließlich 2009 berechnet werden. Die Ergebnisse wurden fortlaufend

---

279 Vgl. Eurostat (2008), S. 452
280 Vgl. Eurostat (2008), S. 455

von Auftraggebern des BMWi sowie des Statistischen Bundesamtes und BASYS den Entwicklern des Initialprojektes GSK geprüft und in Rücksprache anschließend revidiert, sodass nach dem momentanen Erkenntnisstand die GGR auch für die fortgeschriebenen Jahre belastbare Daten über die Gesundheitswirtschaft bereithält.

Im nächsten Kapitel werden die Ergebnisse der GGR für die Jahre 2005 bis 2009 ausführlich vorgestellt.

6   Die Gesundheitswirtschaft in Deutschland

„Wenn ich mir Deutschland anschaue, dann muss ich sagen, dieses Land hat enorme
Zukunft in der Gesundheitsindustrie…“
Jeffrey Immelt [281]

Mit der GGR ist ein Statistikwerk entstanden, dass die Gesundheitswirtschaft als
eigenständige Branche im Rahmen der Volkswirtschaftlichen Gesamtrechnungen abbildet und deren Bedeutung hinsichtlich Wachstum und Beschäftigung für
Deutschland verdeutlicht. Neben den traditionellen Bereichen der Gesundheitswirtschaft, wie Pharmaindustrie, Medizintechnik sowie stationäre und ambulante Einrichtungen, wird auch der Wertschöpfungsbeitrag des s.g. erweiterten Gesundheitsbereichs erfasst. Hierzu zählen u. a. Dienstleistungen privater Haushalte, gesundheitsbezogene Sport-, Fitness- und Wellnessangebote sowie biologische und funktionelle Lebensmittel. Hauptbestandteile der GGR bilden die
Health-Input-Output-Tabellen (HIOT), als integraler Bestandteil der VGR. Sie
ermöglichen den transparenten Vergleich mit den Daten der Gesundheitsausgabenrechnung des Bundes sowie dem internationalen *System of Health Accounts*.

Bevor die eigentliche Stabilitätsanalyse durchgeführt wird, erfolgt in den
nächsten Kapiteln zunächst eine ausführliche Charakterisierung der deutschen
Gesundheitswirtschaft. Anhand der Ergebnisse der GGR wird deren Struktur
sowie die Entwicklung der Jahre 2005 bis 2009 dargestellt, um die volkswirtschaftliche Bedeutung der Gesundheitswirtschaft für Deutschland zu analysie-
ren. Im Fokus der Betrachtung liegt der Beitrag zu den Stabilitätszielen: stetiges
und angemessenes Wirtschaftswachstum, hohes Beschäftigungsniveau und außenwirtschaftliches Gleichgewicht.[282].

Kapitel 6.1 stellt zunächst die wichtigsten Eckwerte der GGR vor. Anschließend erfolgt in Kapitel 6.2 die Betrachtung der Aufkommensseite anhand der
gesundheitsbezogenen Produktionsleistung, der damit implizierten Bruttowertschöpfung sowie den Beschäftigten der Gesundheitswirtschaft. In Kapitel 6.3
wird auf die unterschiedliche Verwendung von Gesundheitsgütern eingegangen
und Kapitel 0 befasst sich mit dem gesundheitsbezogenen Außenhandel.

Detaillierte Verflechtungen werden vorwiegend anhand des aktuellen Berichtsjahres 2009 aufgezeigt oder in Form von Durchschnittwerten für die Jahre
2005 bis 2009 angegeben. Außerdem werden signifikante Änderungen im Berichtszeitraum aufgezeigt. Entsprechende tiefgegliederte Angaben für die restli-

---

281 In der Sendung „Sabine Christiansen“ der ARD vom 17.10.2004
282 Das vierte Stabilitätsziel Preisniveaustabilität wird in Kapitel 7.4 analysiert, da die Daten
    der GGR zum jetzigen Zeitpunkt nur in nominalen Preisen vorliegen.

chen Berichtsjahre können analog aus den HIOT der jeweiligen Berichtsjahre generiert werden.

6.1 Volkswirtschaftliche Eckwerte der deutschen Gesundheitswirtschaft

Eine Übersicht über die wichtigsten Eckwerte der Gesundheitswirtschaft für die Jahre 2005 bis 2009 ist in Tabelle 16 abgebildet. Mit einem Aufkommen von insgesamt 434,3 Mrd. € im Jahr 2009, leistete die Gesundheitswirtschaft einen Beitrag von 8,6% am gesamten Güteraufkommen Deutschlands. Im Berichtszeitraum der Jahre 2005 bis 2009 stieg dieser Anteil um insgesamt 0,6 Prozentpunkte.

Tabelle 16: Basiswerte der GGR

Kennzahlen (in Mrd. €)	2009 [1]	2008 [1]	2007	2006	2005	Δ Gesamt	ø Wachstum
Gesamtes Güteraufkommen	434,3	428,3	412,6	392,6	374,0	60,3	16,1%
Anteil an Gesamtwirtschaft	*8,6%*	*7,7%*	*7,6%*	*7,6%*	*7,8%*		*3,8%*
Konsumausgaben	310,8	299,3	289,4	281,3	273,5	37,3	13,6%
Anteil an Gesamtwirtschaft	*18,3%*	*17,9%*	*17,8%*	*17,4%*	*17,3%*		*3,3%*
Bruttowertschöpfung	229,4	223,7	214,6	208,8	203,2	26,2	12,9%
Anteil an Gesamtwirtschaft	*10,7%*	*10,1%*	*9,8%*	*10,0%*	*10,0%*		*3,1%*
Exporte	69,5	72,8	71,5	63,8	54,8	14,7	26,9%
Anteil an Gesamtwirtschaft	*7,3%*	*6,29%*	*6,4%*	*6,2%*	*6,1%*		*6,5%*
Erwerbstätige (in Tsd.)	5,7	5,6	5,4	5,3	5,3	0,4	7,8%
Anteil an Gesamtwirtschaft	*14,2%*	*13,9%*	*13,7%*	*13,7%*	*13,7%*		*1,9%*

[1] Fortschreibung

Quelle: GGR; eigene Darstellung

Der Anteil, der in Deutschland produzierten Güter, betrug 373,0 Mrd. €. Dies entspricht einem Beitrag von 8,8% am gesamtdeutschen Produktionswert. Das restliche Aufkommen in Höhe von 61,3 Mrd. € wurde in Form von Importen bezogen. Die inländische Produktionsleistung generierte Wertschöpfung in Höhe von 229,4 Mrd. €. Dies entspricht einem Anteil von 10,7% am BIP. In den

Jahren 2005 bis 2009 erreichte die Gesundheitswirtschaft eine durchschnittliche Wachstumsrate der Bruttowertschöpfung von 3,1%.

Die Konsumausgaben für gesundheitsrelevante Güter stiegen im Betrachtungszeitraum von 273,5 Mrd. €, um 37,3 Mrd. € (+13,6%), auf 310,8 Mrd. €, dies entspricht einer Steigerung von 17,3% auf 18,3% am gesamten Konsum in Deutschland. Die stärksten Zuwächse verzeichneten die Ausfuhren. Während im Jahr 2005 noch Güter im Wert von 54,8 Mrd. € exportiert wurden, lag dieser Wert im Jahr 2009 bei 69,5 Mrd. €, dies entspricht einem Zuwachs von 26,9%.

Mehr als 5,7 Mio. Erwerbstätige in Deutschland waren im Jahr 2009 in der Gesundheitswirtschaft beschäftigt. Somit ist jeder siebte Erwerbstätige (18,3%) in Deutschland im Gesundheitsbereich tätig. Die Entwicklung der Beschäftigtenzahlen in der Gesundheitswirtschaft zeigt geringe aber kontinuierliche Zuwächse auf. Zwischen den Jahren 2005 und 2009 stieg die Zahl der Erwerbstätigen um insgesamt 420 000 Personen, dies entspricht einem Zuwachs von 1,9%.

Der stetige Zuwachs gesundheitsrelevanter Güter in Deutschland spiegelt sich in allen Eckdaten der GGR wieder. Auch im Zeitraum der Finanz- und Wirtschaftskrise und der damit einhergehenden Rezession im Jahr 2009 hat sich die Gesundheitswirtschaft auf einem stabilen Wachstumspfad weiterentwickelt. Lediglich die Exporte gingen aufgrund der weltweit rückläufigen Nachfrage im Jahr 2009 leicht zurück.

Entsprechend dem Konzept der VGR, kann auch das Gesamtergebnis der GGR über verschiedene Wege ermittelt werden, die zu gleichen Ergebnissen führen. Die Aufkommensseite bildet den Entstehungsprozess ab, bestehend aus Vorleistungen, Bruttowertschöpfung und Importen, sowie deren jeweiligen Unterkategorien. Auf der Verwendungsseite erfolgt die Berechnung anhand der einzelnen Nachfragekomponenten, hierzu zählen u.a. die verschiedenen Arten von Konsumausgaben, Exporte und intermediäre Verwendung. In Abbildung 30 sind beide Berechnungsverfahren für das Jahr 2009 gegenübergestellt.

Nach dieser kurzen Übersicht über die wichtigsten Eckwerte der Gesundheitswirtschaft, werden nun beide Betrachtungsseiten getrennt untersucht. Im nächsten Kapitel folgt zunächst eine tiefgehende Betrachtung der gesundheitsbezogenen Aufkommensseite, bei der sowohl die Entwicklung einzelner Komponenten des Aufkommens als auch die vierzehn Gesundheitsbranchen im Einzelnen analysiert werden.

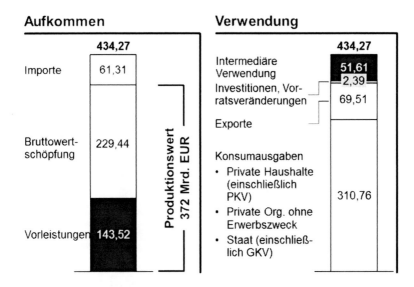

Quelle: GGR; eigene Darstellung

Abbildung 30: Aufkommen und Verwendung von Gesundheitsgütern (2009)

6.2 Aufkommen an Gesundheitsgütern

Nach der Systematik der VGR entspricht das gesamte Aufkommen an Gütern der gesamten Verwendung von Gütern. Das Aufkommen setzt sich aus dem Produktionswert der in Deutschland produzierten Güter und den aus dem Ausland importierten Gütern zusammen. Der Produktionswert ergibt sich wiederum aus den für den Produktionsprozess benötigten Vorleistungen und der generierten Bruttowertschöpfung.

Tabelle 17 bildet das gesamte Aufkommen gesundheitsbezogener Güter in Deutschland für die Jahre 2005 bis 2009 ab. Insgesamt stieg das Aufkommen an Gesundheitsgütern im Betrachtungszeitraum von 374,0 Mrd. € um 60,3 Mrd. € auf 434,3 Mrd. €. Die höchsten Zuwachsraten mit durchschnittlich 7,1% verzeichneten die Importe. Diese nahmen um insgesamt 14,5 Mrd. € zu. Sie stiegen mit 31% nahezu doppelt so schnell, wie das gesamte Aufkommen von Gütern, das einen Zuwachs um 16% verzeichnete. Die Gesundheitswirtschaft generierte im Jahr 2009 eine Bruttowertschöpfung in Höhe von 229,5 Mrd. € und somit 26,2 Mrd. € (+13%) mehr als noch im Jahr 2005. Die bezogenen Vorleistungen

134

der Gesundheitswirtschaft stiegen im Betrachtungszeitraum von 124 Mrd. € auf
143,5 Mrd. €. Sie waren im Jahr der Rezession mit -0,2% leicht rückläufig.

Tabelle 17: Aufkommen der Gesundheitswirtschaft

Kennzahlen (in Mio. €)	2009 [1]	2008 [1]	2007	2006	2005	Δ Gesamt ø Wachstum	
gesamtes Aufkommen	434.274	428.339	412.612	392.607	373.980	60.294	16,1%
Veränderung ggü. Vorjahr	1,4%	3,8%	5,1%	5,0%			3,8%
Importe	61.312	60.803	59.291	53.549	46.844	14.468	30,9%
Veränderung ggü. Vorjahr	0,8%	2,6%	10,7%	14,3%			7,1%
Produktionswert	372.962	367.536	353.321	339.058	327.136	45.826	14,0%
Veränderung ggü. Vorjahr	1,5%	4,0%	4,2%	3,6%			3,3%
Bruttowertschöpfung	229.440	223.739	214.638	208.789	203.216	26.224	12,9%
Veränderung ggü. Vorjahr	2,6%	4,2%	2,8%	2,7%			3,1%
Vorleistungen	143.522	143.797	138.683	130.269	123.920	19.602	15,8%
Veränderung ggü. Vorjahr	-0,2%	3,7%	6,5%	5,1%			3,8%

[1] Fortschreibung

Quelle: GGR; eigene Darstellung

Die unterschiedlichen Wachstumsdynamiken zeigen sich in der Zusammensetzung des gesamten Güteraufkommens der Gesundheitswirtschaft, vgl. Abbildung 31.
Während der Anteil importierter Gütern im Jahr 2005 bei 12,5% am gesamten Aufkommen lag, stieg dieser bis zum Jahr 2007 auf 14,4% und fiel anschließend wieder auf 14,1% im Jahr 2009. Eine entgegengesetzte Entwicklung nahm
der Anteil der Bruttowertschöpfung. Vom Höchstwert im Jahr 2005 mit 54,3%
sank dieser am Güteraufkommen im Jahr 2007 auf 52% und stieg in den Jahren
der Wirtschaftskrise wieder leicht um 0,8 Prozentpunkte. Die von der Gesundheitswirtschaft bezogenen Vorleistungen zeigen eine konstante Entwicklung auf.
Etwa ein Drittel des gesamten Güteraufkommens der Gesundheitswirtschaft besteht aus Vorleistungen vorgelagerter Branchen.

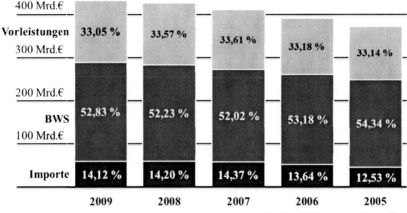

Quelle: GGR; eigene Darstellung

Abbildung 31: Güteraufkommen der Gesundheitswirtschaft

6.2.1 Produktion der deutschen Gesundheitswirtschaft

Die gesamtwirtschaftliche Produktionsleistung an Waren und Dienstleistungen in Deutschland lag im Jahr 2009 bei 4,2 Billionen € und somit unter dem Niveau aus dem Jahr 2006, vgl. Tabelle 18. Nach einer starken Wachstumsphase vor Krisenbeginn von mehr als 5% pro Jahr, begann sich im Jahr 2008 die Entwicklung zu verlangsamen. Im Vergleich zum Vorjahr 2007 ging das Wachstum auf +2,7% zurück. Im Jahr 2009 kam es aufgrund der globalen Rezession zum Einbruch der deutschen Produktionsleistung, mit einem Rückgang von 8,14% des Produktionswertes.

Der Wachstumspfad der gesundheitsrelevanten Güter zeigt in diesem Zeitraum deutlich geringere Schwankungen. Während die Gesundheitswirtschaft in den Jahren 2006 und 2007 mit 3,6% und 4,2% im gesamtwirtschaftlichen Vergleich unterdurchschnittlich schnell stieg, konnte sie ihren Entwicklungstrend auch zu Beginn der Krisenjahre aufrechterhalten. Im Jahr 2008 erreichte die Gesundheitswirtschaft ein Wachstum von 4%. Erst im Jahr 2009 sank das Wachstum der Gesundheitswirtschaft auf 1,5%.

Tabelle 18: Produktionswerte Gesundheitswirtschaft und Gesamtwirtschaft

Kennzahlen (in Mrd. €)	2009 [1]	2008 [1]	2007	2006	2005	Δ Gesamt	ø Wachstum
Gesamtwirtschaft	4.239,7	4.615,5	4.494,8	4.268,0	4.046,6	193,1	4,8%
Veränderung ggü. Vorjahr	*-8,1%*	*2,7%*	*5,3%*	*5,5%*			*1,3%*
Gesundheitswirtschaft	373,0	367,5	353,3	339,1	327,1	45,8	14,0%
Veränderung ggü. Vorjahr	*1,5%*	*4,0%*	*4,2%*	*3,6%*			*3,3%*
Kerngesundheitswirtschaft	279,8	275,9	265,4	257,8	248,2	31,6	12,7%
Veränderung ggü. Vorjahr	*1,5%*	*3,9%*	*3,0%*	*3,8%*			*3,0%*
Erweiterte Gesundheits-wirtschaft	93,1	91,7	87,9	81,3	78,9	14,2	18,0%
Veränderung ggü. Vorjahr	*1,6%*	*4,3%*	*8,1%*	*3,0%*			*4,3%*

[1] Fortschreibung

Quelle: GGR; eigene Darstellung

Diese relativ stabile Entwicklung führte dazu, dass der Anteil der Güter der Gesundheitswirtschaft am Gesamtaufkommen in Deutschland von 7,9% im Jahr 2007 auf 8,8% im Jahr 2009 stieg. Der Anteil der Kerngesundheitswirtschaft stieg in diesem Zeitraum von 5,9% auf 6,6% und der Anteil des erweiterten Bereichs wuchs von 1,95% auf 2,2%.

Etwa dreiviertel der Produktionsleistung der Gesundheitswirtschaft in Deutschland entfällt auf den Kernbereich. Der Produktionswert der Kerngesundheitswirtschaft stieg von 248 Mrd. € im Jahr 2005, um 31,5 Mrd. € (12,7%), auf 280 Mrd. € im Jahr 2009. Mit einem Zuwachs von insgesamt 18,0% stieg der Produktionswert der erweiterten Gesundheitswirtschaft etwas stärker. Im Jahr 2009 lag die Produktionsleistung des erweiterten Bereichs bei 93,1 Mrd. €.

Unter den 14 Gesundheitsbranchen erwirtschaften die Dienstleistungen der stationären und nicht-stationären Einrichtungen den höchsten Produktionswert. Mit einem jeweiligen Anteil von etwa 26%, generieren sie über die Hälfte der gesamten Produktionsleistung der Gesundheitswirtschaft. Den größten Produktionsbeitrag der erweiterten Gesundheitswirtschaft leistet die Sammelposition sonstige Dienstleistungen des EGW, mit einem Anteil von 15% an der Gesundheitswirtschaft, vgl. Abbildung 32.

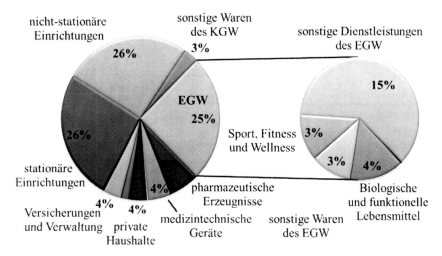

nicht-stationäre Einrichtungen 26%

sonstige Waren des KGW 3%

sonstige Dienstleistungen des EGW

EGW 25%

15%

26%

Sport, Fitness und Wellness 3%

3% 4%

stationäre Einrichtungen

4% 4%
Versicherungen und Verwaltung

4%
private Haushalte

pharmazeutische Erzeugnisse

medizintechnische Geräte

sonstige Waren des EGW

Biologische und funktionelle Lebensmittel

Quelle: GGR; eigene Darstellung

Abbildung 32: Produktionswert nach Gesundheitsbranchen (2009)

Die Abbildung der Produktionswerte nach Gesundheitsbranchen in Tabelle 19 und Tabelle 20 zeigt eine heterogene Entwicklung, die teilweise deutlich von den stabilen Ergebnissen der aggregierten Werte für den Kernbereich und den erweiterten Bereich der Gesundheitswirtschaft abweichen. Vor allem die produzierenden Branchen der Gesundheitswirtschaft, wie pharmazeutische Erzeugnisse, medizintechnische Geräte und sonstige Waren der KGW und EGW, verzeichneten deutliche Rückgänge im Krisenjahr 2009.

Stationäre und nicht-stationäre Einrichtungen erreichten mit durchschnittlichen Wachstumsraten von 3,7% bzw. 4,4% im Branchenvergleich die stärksten Zuwächse der Kerngesundheitswirtschaft. Im erweiterten Bereich der Gesundheitswirtschaft kam es zu starken Produktionsanstiegen in den Branchen biologische und funktionelle Lebensmittel sowie den gesundheitsrelevanten Bereichen von Sport, Fitness und Wellness, die vor allem von einem gesteigerten Gesundheitsbewusstsein in der Bevölkerung profitierten. Der Produktionswert von biologischen und funktionellen Lebensmitteln stieg von 9 Mrd. € im Jahr 2005 um 52% auf 13,6 Mrd. € im Jahr 2009. Dienstleistungen von gesundheitsrelevanten Sport-, Fitness- und Wellnessangeboten lagen im Jahr 2009 bei 11,4 Mrd. €, dies entspricht einem Zuwachs von 24,3%.

138

Tabelle 19: Produktionswerte der Kerngesundheitswirtschaft

Kennzahlen (in Mio. €)	2009 [1]	2008 [1]	2007	2006	2005	Δ Gesamt ø Wachstum	
Kernbereich	**279.839**	**275.852**	**265.449**	**257.770**	**248.247**	**31.591**	**12,7%**
jährliches Wachstum	*1,5%*	*3,9%*	*3,0%*	*3,8%*			*3,0%*
Pharmazeutische Erzeugnisse	23.806	25.955	25.954	23.694	21.317	2.489	11,7%
jährliches Wachstum	*-8,3%*	*0,0%*	*9,5%*	*11,2%*			*3,1%*
Medizintechnische Geräte	17.070	20.408	19.961	19.060	18.057	- 987	-5,5%
jährliches Wachstum	*-16,4%*	*2,3%*	*4,7%*	*5,6%*			*-1,0%*
Sonstige Waren der KGW	932	1.048	1.066	950	874	58	6,7%
jährliches Wachstum	*-11,0%*	*-1,7%*	*12,2%*	*8,7%*			*2,0%*
Einzelhandel KGW	13.709	14.591	14.135	13.694	13.748	- 40	-0,3%
jährliches Wachstum	*-6,1%*	*3,2%*	*3,2%*	*-0,4%*			*0,0%*
Private Versicherungen	6.056	5.831	5.932	6.001	5.577	479	8,6%
jährliches Wachstum	*3,9%*	*-1,7%*	*-1,2%*	*7,6%*			*2,2%*
Sozialversicherungen und Verwaltung	13.721	13.499	13.088	12.872	13.038	683	5,2%
jährliches Wachstum	*1,7%*	*3,1%*	*1,7%*	*-1,3%*			*1,3%*
Stationärer Einrichtungen	97.184	91.581	88.226	86.783	84.214	12.970	15,4%
jährliches Wachstum	*6,1%*	*3,8%*	*1,7%*	*3,1%*			*3,7%*
nichtstationärer Einrichtungen	95.982	90.833	85.353	83.567	80.740	15.242	18,9%
jährliches Wachstum	*5,7%*	*6,4%*	*2,1%*	*3,5%*			*4,4%*
Dienstleistungen KGW	11.377	12.107	11.734	11.148	10.682	695	6,5%
jährliches Wachstum	*-6,0%*	*3,2%*	*5,3%*	*4,4%*			*1,7%*

Tabelle 20: Produktionswerte der Erweiterten Gesundheitswirtschaft

Kennzahlen (in Mio. €)	2009 [1]	2008 [1]	2007	2006	2005	Δ Gesamt ø Wachstum	
Erweiterte Gesundheitswirtschaft	**93.124**	**91.685**	**87.872**	**81.288**	**78.889**	**14.235**	**18,0%**
Veränderung ggü. Vorjahr	*1,6%*	*4,3%*	*8,1%*	*3,0%*			*4,3%*
Privaten Haushalte	381	362	354	347	338	43	12,6%
jährliches Wachstum	*5,0%*	*2,5%*	*1,9%*	*2,7%*			*3,0%*
Bio und funkt. Lebensmittel	13.632	13.632	12.992	10.136	8.977	4.655	51,9%
jährliches Wachstum	*0,0%*	*4,9%*	*28,2%*	*12,9%*			*11,5%*
Gesundheitswaren EGW	10.484	11.360	10.889	10.710	11.169	- 686	-6,1%
jährliches Wachstum	*-7,7%*	*4,3%*	*1,7%*	*-4,1%*			*-1,5%*
Sport, Fitness und Wellness	11.383	11.158	11.064	10.093	9.159	2.224	24,3%
jährliches Wachstum	*2,0%*	*0,9%*	*9,6%*	*10,2%*			*5,7%*
Sonstige Gesundheitsdienstleistungen der EGW	57.244	55.172	52.573	50.001	49.246	7.999	16,2%
jährliches Wachstum	*3,7%*	*4,9%*	*5,1%*	*1,5%*			*3,8%*

[1] *Fortschreibung*

Quelle: GGR; eigene Darstellung

6.2.2 Bruttowertschöpfung der Gesundheitswirtschaft

Die Bruttowertschöpfung ist ein ökonomischer Leistungsindikator, der den geschaffenen Mehrwert repräsentiert. Sie gibt den Gesamtwert aller produzierten Waren und Dienstleistungen an, abzüglich der für den Herstellungsprozess verwendeten Vorleistungen. Somit gibt die Bruttowertschöpfung lediglich den zusätzlich geschaffenen Wert an und vermeidet Doppelzählungen, die im Produktionswert enthalten sind. Die Summe über alle Produktionsbereiche ergibt das BIP einer Volkswirtschaft. Die Bruttowertschöpfung ist von besonderer Bedeutung für diese Arbeit, da sie als Indikator für die Beurteilung des Beitrags am Stabilitätsziel eines stetigen und angemessenen Wirtschaftswachstums verwendet wird, vgl. Kapitel 2.1.4. Der direkte Beitrag der Gesundheitswirtschaft an der gesamtwirtschaftlichen

140

Bruttowertschöpfung und somit am Wirtschaftswachstum ist einer der wichtigsten Bestandteile der GGR.

In die Produktionsleistung der Gesundheitswirtschaft in Höhe von 373,0 Mrd. € im Jahr 2009, flossen Vorleistungen in Wert von 143,5 Mrd. € ein und 229,5 Mrd. € wurden selbständig innerhalb der Gesundheitswirtschaft in Form von Bruttowertschöpfung generiert. Für die Jahre 2005 bis 2009 lag die durchschnittliche Wertschöpfungsquote bei 61,3%[283]. Was bedeutet, dass jeder Euro Produktionswert einen Anteil von 61 Cent Bruttowertschöpfung enthält. Zum Vergleich lag die durchschnittliche Wertschöpfungsquote der Gesamtwirtschaft im selben Zeitraum bei 49,2%.

Die Bruttowertschöpfung der Gesundheitswirtschaft für das Jahr 2009 beträgt 10,7% der gesamtwirtschaftlichen Bruttowertschöpfung und liegt 2% über dem Produktionswertanteil. Die im gesamtwirtschaftlichen Vergleich überdurchschnittlich hohe Wertschöpfungsquote der Gesundheitswirtschaft ist vor allem darin begründet, dass Dienstleistungsbranchen einen geringeren Anteil an Vorleistung benötigen.

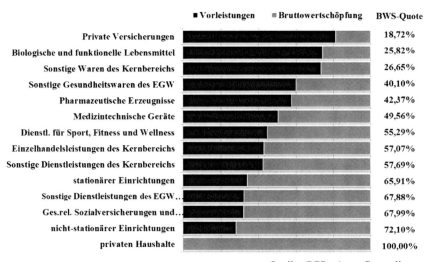

Quelle: GGR; eigene Darstellung

Abbildung 33: Durchschnittliche Wertschöpfungsquoten der Gesundheitsbranchen

---

283 Wertschöpfungsquote = Bruttowertschöpfung/Produktionswert

Die Gegenüberstellung der Produktionsstrukuren der vierzehn Gesundheitsbranchen zeigt, dass der Anteil der bezogenen Vorleistungen am Produktionswert und somit die Bruttowertschöpfungsquoten deutlich untereinander
abweichen, vgl. Abbildung 33. Private Versicherungen und biologische und funktionelle Lebensmittel
beziehen anteilsmäßig die meisten Vorleistungen. Der Wertschöpfungsbeitrag
zum Produktionswert liegt bei privaten Versicherungen bei durchnittlich 18,7%
und der von biologischen und funktionellen Lebensmitteln bei 25,8%.
Erwartungsgemäß erzielen die Dienstleistungsbranchen der Gesundheitswirtschaft die höchsten Bruttowertschöpfungsquoten. Durchschnittlich 72,1%
des Produktionswertes der nicht-stationären Einrichtungen besteht aus der
Bruttowertschöpfung. Gesundheitsrelevante Dienstleistungen der privaten Haushalte nehmen eine Sonderrolle ein, da sie nicht als Marktteilnehmer bewertet
sind und lediglich die geleistete Arbeit in deren Produktionswert einfließt. Sie
beziehen per Definition keine Vorleistungen.

Diese unterschiedlichen Produktionsstrukturen spiegeln sich in den Anteilen
an der gesundheitswirtschaftlichen Bruttowertschöpfung wieder, vgl. Abbildung
34.

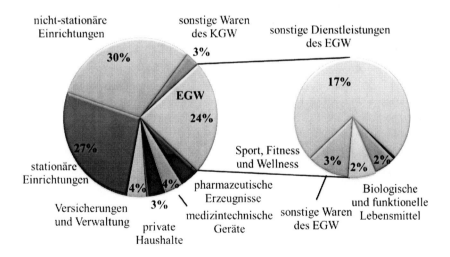

Quelle: GGR; eigene Darstellung

Abbildung 34: Bruttowertschöpfung nach Gesundheitsbranchen (2009)

Diese lag im Jahr 2009 bei insgesamt 229 Mrd. € von denen 24% auf die erweiterte Gesundheitswirtschaft und 57% auf die stationären und nicht-stationären Einrichtungen entfallen. Letztere besitzen somit einen um 5 Prozentpunkte höheren Anteil an der Bruttowertschöpfung als am Produktionswert, vgl. Abbildung 32. Geringer ist hingegen der Bruttowertschöpfungsbeitrag der pharmazeutischen Industrie, deren Wertschöpfungsbeitrag mit 4% zwei Prozentpunkte unter dem Anteil der gesundheitswirtschaftlichen Produktionsleistung liegt. Biologische und funktionelle Lebensmittel besitzen ebenfalls einen um zwei Prozentpunkte niedrigeren Anteil an der Bruttowertschöpfung (2%) gegenüber dem Produktionswert (4%).

Die Bruttowertschöpfung der Kerngesundheitswirtschaft stieg in den Jahren 2005 bis 2009 kontinuierlich mit einer durchschnittlichen Wachstumsrate von 2,8%, von 157 Mrd. € auf 175 Mrd. €. Der erweiterte Bereich der Gesundheitswirtschaft verzeichnete Zuwachsraten von durchschnittlich 4,0% und stieg von 45,9 Mrd. € im Jahr 2005 auf 53,5 Mrd. € im Jahr 2009, vgl. Tabelle 21 und Tabelle 22.

Im Branchenvergleich zeigt sich ein ähnliches Entwicklung der Bruttowertschöpfung wie des Produktionswertes, vgl. Tabelle 21 und Tabelle 22.

In den produzierenden Bereichen der Gesundheitswirtschaft sind die Folgen der Finanz- und Wirtschaftskrise deutlich zu erkennen. Die erzielte Bruttowertschöpfung mit medizintechnischen Geräten lag im Jahr 2009 mit 8,5 Mrd. € deutlich unter der des Jahres 2005 mit 9,1 Mrd. €. Auch die Herstellung pharmazeutischer Erzeugnisse (-6,9%) und Waren der erweiterten Gesundheitswirtschaft (-7,8%) verzeichneten deutliche Rückgänge im Krisenjahr 2009. Die deutlichsten Zuwächse im Kernbereich verzeichneten private Versicherungen mit einem Wachstum von 54% gegenüber dem Jahr 2005 sowie die nicht-stationären Einrichtungen, deren Wertschöpfung um 21% stieg. Im erweiterten Bereich stieg die Bruttowertschöpfung im Betrachtungszeitraum am stärksten bei den biologischen und funktionellen Lebensmitteln (+31%) sowie den gesundheitsrelevanten Dienstleistungen aus den Bereichen Sport, Fitness und Wellness (+22%).

Tabelle 21: Bruttowertschöpfung der Kerngesundheitswirtschaft

Kennzahlen (in Mio. €)	2009 [1]	2008 [1]	2007	2006	2005	Δ Gesamt	ø Wachstum
KGW	**175.907**	**171.469**	**164.777**	**162.768**	**157.317**	**18.591**	**11,8%**
jährliches Wachstum	*2,6%*	*4,1%*	*1,2%*	*3,5%*			*2,8%*
Pharmazeutische Erzeugnisse	9.826	10.552	10.659	10.347	9.636	190	2,0%
jährliches Wachstum	*-6,9%*	*-1,0%*	*3,0%*	*7,4%*			*0,6%*
Medizintechnische Geräte	8.546	9.960	9.692	9.449	9.173	- 627	-6,8%
jährliches Wachstum	*-14,2%*	*2,8%*	*2,6%*	*3,0%*			*-1,5%*
Sonstige Waren der KGW	245	269	279	252	250	- 5	-1,9%
jährliches Wachstum	*-8,7%*	*-3,5%*	*10,4%*	*1,0%*			*-0,2%*
Einzelhandel KGW	7.853	8.358	7.991	7.876	7.799	54	0,7%
jährliches Wachstum	*-6,1%*	*4,6%*	*1,5%*	*1,0%*			*0,3%*
Private Versicherungen	1.370	985	1.213	1.062	889	481	54,1%
jährliches Wachstum	*39,0%*	*-18,8%*	*14,2%*	*19,5%*			*13,5%*
Sozialversicherungen und Verwaltung	9.282	9.151	8.950	8.840	8.797	485	5,51%
jährliches Wachstum	*1,4%*	*2,2%*	*1,3%*	*0,5%*			*1,4%*
Stationärer Einrichtungen	62.706	59.238	57.425	58.285	57.338	5.367	9,4%
jährliches Wachstum	*5,9%*	*3,2%*	*-1,5%*	*1,7%*			*2,3%*
nichtstationärer Einrichtungen	69.337	65.782	61.813	60.498	57.332	12.006	20,9%
jährliches Wachstum	*5,4%*	*6,4%*	*2,2%*	*5,5%*			*4,9%*
Dienstleistungen KGW	6.742	7.173	6.754	6.159	6.103	639	10,5%
jährliches Wachstum	*-6,0%*	*6,2%*	*9,7%*	*0,9%*			*2,7%*

144

Tabelle 22: Bruttowertschöpfung der Erweiterten Gesundheitswirtschaft

Kennzahlen (in Mio. €)	2009 [1]	2008 [1]	2007	2006	2005	Δ Gesamt ø Wachstum	
Erweiterte Gesundheitswirtschaft	**53.533**	**52.270**	**49.861**	**46.021**	**45.899**	**7.633**	**16,6%**
Veränderung ggü. Vorjahr	*2,4%*	*4,8%*	*8,3%*	*0,3%*			*4,0%*
Privaten Haushalte	381	362	354	347	338	43	12,6%
jährliches Wachstum	*5,0%*	*2,5%*	*1,9%*	*2,7%*			*3,0%*
Bio und funkt. Lebensmittel	3.275	3.275	3.473	2.686	2.499	777	31,1%
jährliches Wachstum	*0,0%*	*-5,7%*	*29,3%*	*7,5%*			*7,8%*
Gesundheitswaren EGW	4.150	4.502	4.391	4.261	4.598	- 448	-9,8%
jährliches Wachstum	*-7,8%*	*2,5%*	*3,1%*	*-7,3%*			*-2,4%*
Sport, Fitness und Wellness	6.213	6.171	6.204	5.526	5.104	1.109	21,7%
jährliches Wachstum	*0,7%*	*-0,5%*	*12,3%*	*8,3%*			*5,2%*
Gesundheitsdienstleistungen der EGW	39.515	37.960	35.439	33.202	33.361	6.153	18,4%
jährliches Wachstum	*4,1%*	*7,1%*	*6,7%*	*-0,5%*			*4,4%*

[1] *Fortschreibung*

Quelle: GGR; eigene Darstellung

6.2.3 Vorleistungsbezüge der Gesundheitswirtschaft

Aus der Produktionsleistung der Gesundheitswirtschaft im Jahr 2009 entstand Nachfrage nach Vorleistungen in Höhe von 143,5 Mrd. €. Davon gingen 103 Mrd. € an den Kernbereich und 39 Mrd. € an den erweiterten Bereich der Gesundheitswirtschaft.

Im Durchschnitt der Jahre 2005 bis 2009 bestand 23% der Nachfrage nach Vorleistungen aus eigenen Gütern der Gesundheitswirtschaft. Zu 15% flossen Vorleistungen aus dem Kernbereich und zu 8% Gütern aus dem erweiterten Bereich in den Produktionsprozess der Gesundheitswirtschaft mit ein. Der restliche Anteil von 77% wurde von Branchen außerhalb der Gesundheitswirtschaft bezogen.

In Abbildung 35 ist ein Auszug der absatzstärksten Vorleistungslieferanten der Gesundheitswirtschaft dargestellt. Mit einem Anteil von durchschnittlich 15% profitiert der Sektor unternehmensbezogene Dienstleistungen am stärksten von der Nachfrage der Gesundheitswirtschaft. Im Jahr 2009 wurden aus diesem

Bereich Dienstleistungen in Höhe von 20,1 Mrd. € nachgefragt. Diese Sammel-position umfasst unter anderem Rechtsberatungen, Notariate, Wirtschaftsprü-fungsgesellschaften, Steuerberatungen, Marktforschungsinstitute, Unterneh-mensberatungen, Personal- und Stellenvermittlungsgesellschaften, Wach- und Sicherheitsdienste sowie Gebäudereinigungsgesellschaften und Callcenter.

An zweiter Stelle mit einem Anteil von 8% folgt der Sektor Dienstleistun-gen des Grundstücks- und Wohnungswesens, der neben Vermietungen und Ver-pachtungen auch Kauf und Verkauf, Vermittlung und Verwaltung von Grund-stücken, Gebäuden und Wohnungen beinhaltet. Im Jahr 2009 beliefen sich diese Leistungen auf 10,8 Mrd. €.

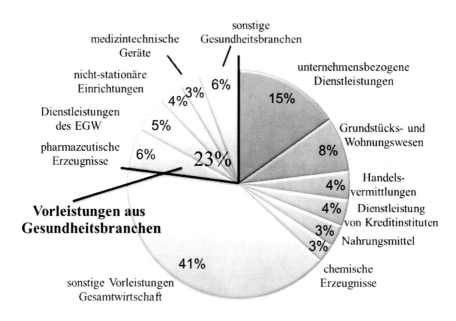

Quelle: GGR; eigene Darstellung

Abbildung 35: Vorleistungsbezüge der Gesundheitswirtschaft

An dritter und vierter Stelle der größten Vorleistungslieferanten liegen Branchen der Gesundheitswirtschaft. Durchschnittlich 6% der Vorleistungs-nachfrage richtet sich an die Hersteller pharmazeutischer Erzeugnisse, insgesamt 7,2 Mrd. € im Jahr 2009. Rund 5% der Vorleistung lieferte die Branche sonstige

Gesundheitsdienstleistungen der erweiterten Gesundheitswirtschaft. Dies entspricht Gütern im Wert von 6,4 Mrd. €.

Mit der Darstellung der gesundheitsbezogenen Vorleistungsverflechtungen sowie den zuvor betrachteten Hauptbestandteilen Bruttowertschöpfung und importierten Gesundheitsgütern wurden alle drei Komponenten der Aufkommensseite aufgezeigt und die Anteilnahme der 14 Gesundheitsbranchen am Gesamtaufkommen analysiert. Das folgende Kapitel betrachtet die Verwendungsseite der Gesundheitswirtschaftlichen Gesamtrechnungen.

6.3 Verwendung von Gesundheitsgütern

Nach dem Konzept der Volkswirtschaftlichen Gesamtrechnungen entspricht das gesamte Aufkommen an Gütern der gesamten Verwendung, soweit identische Preiskonzepte verwendet werden. Die gesamte Verwendung unterteilt sich in die einzelnen Komponenten: Konsum privater Haushalte[284], Konsum privater Organisationen ohne Erwerbszweck, Konsum des Staates[285], Intermediäre Verwendung[286], Investitionen, Vorratsveränderungen sowie Exporte. Neben den Informationen über die Empfänger von deutschen Gesundheitsgütern gibt die Betrachtung der Verwendungsseite auch Aufschluss über die Verteilung der für Gesundheit anfallenden Kosten bzw. der Finanzierungsstruktur. In Tabelle 23 sind die Eckwerte der Verwendungsseite der Gesundheitswirtschaft für die Jahre 2005 bis 2009 abgebildet. Am stärksten stiegen die Exporte mit einer durchschnittlichen jährlichen Wachstumsrate im Betrachtungszeitraum von 6,5%. Ebenfalls überdurchschnittliche Zuwachsraten verzeichnete die intermediäre Verwendung mit 5,7% jährlichem Wachstum. Trotz dieser hohen durchschnittlichen Wachstumsraten ist bei beiden Größen der Einfluss der Wirtschaftskrise zu erkennen. Nach zunächst rückläufigen Wachstum auf 1,9% im Jahr 2008, erfolgte im Jahr der Rezession 2009 ein absoluter Rückgang der Exporte um 4,6%. Ebenso war im Jahr 2009 die Nachfrage der intermediären Verwendung rückläufig, d.h. die Nachfrage aus anderen Branchen der Volkswirtschaft. Die intermediäre Verwendung gesundheitsrelevanter Güter sank um 3%.

Die Entwicklung der Konsumnachfrage nach gesundheitsrelevanten Gütern verlief in den Krisenjahren stabil. Mit durchschnittlichen Wachstumsraten von 3,3% stieg sowohl die Nachfrage der privaten Haushalte, als auch die des Staa-

---

284 Nach den Volkswirtschaftlichen Gesamtrechnungen enthalten die Konsumausgaben der Privaten Haushalte auch die Ausgaben der privaten Krankenversicherung.

285 In den Konsumausgaben der Staates sind die Ausgaben der Sozialversicherungen enthalten

286 Güter die als Vorleistungen andere Branchen Verwendung finden

tes kontinuierlich. Insgesamt stieg die Konsumnachfrage um 37,3 Mrd. €, von 273 Mrd. € im Jahr 2005 auf 310 Mrd. € im Jahr 2009.

Tabelle 23: Verwendung von Gesundheitsgütern

Kennzahlen (in Mrd. €)	2009 [1]	2008 [1]	2007	2006	2005	Δ Gesamt ø Wachstum	
Gesamte Güterverwendung	434,3	428,3	412,6	392,6	374,0	60,3	16,1%
Veränderung ggü. Vorjahr	*1,4%*	*3,8%*	*5,1%*	*5,0%*			*3,8%*
Konsumausgaben	310,8	299,3	289,4	281,3	273,5	37,3	13,6%
Veränderung ggü. Vorjahr	*3,8%*	*3,4%*	*2,9%*	*2,9%*			*3,3%*
Private Haushalte	106,2	103,0	99, 9	97,4	93,5	12,7	13,6%
Veränderung ggü. Vorjahr	*3,1%*	*3,1%*	*2,5%*	*4,2%*			*3,2%*
Private Organisationen ohne Erwerbszweck	8,0	7,6	7,5	7,5	7,6	0,5	5,9%
Veränderung ggü. Vorjahr	*5,5%*	*1,8%*	*-0,2%*	*-1,2%*			*1,5%*
Staat	196,6	188,7	182,0	176,4	172,4	24,1	14,0%
Veränderung ggü. Vorjahr	*4,1%*	*3,7%*	*3,2%*	*2,3%*			*3,3%*
Intermediäre Verwendung	51,6	53,2	48,7	45,7	41,6	10,0	24,1%
Veränderung ggü. Vorjahr	*-3,0%*	*9,3%*	*6,6%*	*9,8%*			*5,7%*
Exporte	69,5	72,8	71,5	63,8	54,8	14,7	26,9%
Veränderung ggü. Vorjahr	*-4,6%*	*1,8%*	*12,1%*	*16,5%*			*6,5%*
Investitionen, Vorratsveränderung	2,39	2,98	3,06	1,85	4,15		

[1] Fortschreibung

Quelle: GGR; eigene Darstellung

In Folge des relativ stabilen Wachstums der einzelnen Nachfragekomponenten kam es im Zeitraum 2005 bis 2009 zu nur wenig Veränderung in der Verwendungsstruktur, vgl. Abbildung 36. Der Anteil exportierter Güter stieg vor Krisenbeginn von 14,6% (2005) auf 17,3% (2007) und ging anschließend bis auf 16% zurück. Durchschnittlich 11,8% der gesundheitsrelevanten Güter fließen in die intermediäre Verwendung. Den größten Anteil am Konsum von Gesundheitsgütern finanzieren der Staat und die darin enthaltenen gesetzlichen Krankenkassen. Mit durchschnittlich 45% beträgt der Konsum des Staates nahezu die

Hälfte der gesamten Verwendung von Gesundheitsgütern. Die restlichen 24,5%
entfallen auf den Konsum der privaten Haushalte und den der darin enthaltenen
privaten Krankenkassen.

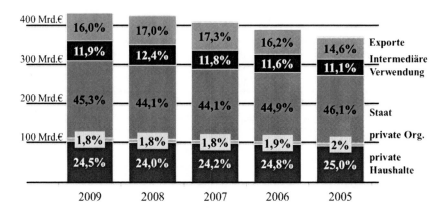

Quelle: GGR; eigene Darstellung

Abbildung 36: Verwendung von Gesundheitsgütern

6.3.1 Gesundheitsrelevante Konsumgüter

Die Konsumausgaben für Gesundheitsgüter lagen im Jahr 2009 bei 310 Mrd. €.
Von den gesamten inländischen Konsumausgaben von insgesamt 1.695 Mrd. €
fielen somit 18% auf die Güter der Gesundheitswirtschaft und davon wiederum
79% auf den Kernbereich.

Die Konsumausgaben für Gesundheit des Staates und der darin enthaltenen
Sozialversicherungen lagen im Jahr 2009 bei 196,5 Mrd. €. Dies entspricht dem
größten Posten des gesundheitsbezogenen Konsums mit einem Anteil von 63%.
Am gesamten Konsum des Staates in Höhe von 466 Mrd. € im Jahr 2009 entfallen 42 % auf die Gesundheitswirtschaft, vgl. Tabelle 24.

Die Ausgaben verteilen sich zu 90,6% auf den Kernbereich und zu 9,4% auf
den erweiterten Bereich. Insgesamt ist der staatliche Konsum an Gesundheitsgütern von 172,4 Mrd. € im Jahr 2005 um 14% auf 196,5 Mrd. € im Jahr 2009 gestiegen und somit etwas stärker als der gesamte Konsum des Staates mit eines
Wachstumsrate von 12%.

Tabelle 24: Konsumausgaben des Staates

Kennzahlen (in Mio. €)	2009 [1]	2008 [1]	2007	2006	2005
Gesamtwirtschaft	466.012	445.907	429.917	421.690	415.070
Anteil an Gesamtwirtschaft	*100,0%*	*100,0%*	*100,0%*	*100,0%*	*100,0%*
Gesundheitswirtschaft	196.552	188.728	182.003	176.405	172.425
Anteil an Gesamtwirtschaft	*42,2%*	*42,3%*	*42,3%*	*41,8%*	*41,5%*
Kerngesundheitswirtschaft	177.989	170.941	164.881	160.107	156.163
Anteil an Gesamtwirtschaft	*38,2%*	*38,3%*	*38,4%*	*38,0%*	*37,6%*
Erweiterte Gesundheitswirtschaft	18.563	17.787	17.122	16.298	16.262
Anteil an Gesamtwirtschaft	*3,9%*	*4,0%*	*4,0%*	*3,9%*	*3,9%*

[1] Fortschreibung

Quelle: GGR; eigene Darstellung

Im Jahr 2009 beliefen sich die Konsumausgaben der privaten Haushalte für gesundheitsrelevante Güter auf 106 Mrd. €. Dies entspricht einem Anteil von 8,9% am gesamten privaten Konsum von insgesamt 1.189 Mrd. €. Zu beachten ist hierbei, dass die Konsumausgaben der privaten Haushalte auch die Leistungen der privaten Krankenversicherungen enthalten. Auf den Kernbereich entfallen hiervon 66 Mrd. € (62%) und auf den erweiterten Bereich der Gesundheitswirtschaft 40 Mrd. € (37,8%), vgl. Tabelle 25.

Im Berichtszeitraum der Jahre 2005 bis 2009 stieg der Konsum von Gesundheitsgütern privater Haushalte um insgesamt 14%. Dabei stieg der Konsum der Güter der erweiterten Gesundheitswirtschaft mit 20% stärker als der Konsum der Kernwirtschaft mit 10%. Beide Werte liegen über dem Wachstum des gesamten Konsums privater Haushalte von 6%.

150

Tabelle 25: Konsum privater Haushalte

Kennzahlen (in Mio. €)	2009 [1]	2008 [1]	2007	2006	2005
Gesamtwirtschaft	1.189.940	1.191.362	1.161.566	1.155.358	1.126.328
Anteil an Gesamtwirtschaft	*100,0%*	*100,0%*	*100,0%*	*100,0%*	*100,0%*
Gesundheitswirtschaft	106.187	102.998	99.891	97.418	93.470
Anteil an Gesamtwirtschaft	*8,9%*	*8,7%*	*8,6%*	*8,4%*	*8,3%*
Kerngesundheitswirtschaft	66.033	63.907	62.072	61.503	60.018
Anteil an Gesamtwirtschaft	*5,6%*	*5,4%*	*5,3%*	*5,3%*	*5,3%*
Erweiterte Gesundheitswirtschaft	40.155	39.090	37.818	35.915	33.453
Anteil an Gesamtwirtschaft	*3,4%*	*3,3%*	*3,3%*	*3,1%*	*3,0%*

[1] Fortschreibung

Quelle: GGR; eigene Darstellung

6.3.2 Erster und zweiter Gesundheitsmarkt

Nach der Systematik der Volkswirtschaftlichen Gesamtrechnungen sowie der GGR erfolgt die Zuweisung der Verwendung nach Ausgabenträgern. Dies führt dazu, dass der Konsument bzw. Leistungsempfänger nicht unbedingt mit der Verwendungsposition der VGR übereinstimmt. Beispielsweise werden Konsumausgaben, die von gesetzlichen Krankenversicherungen abgedeckt werden, dem staatlichen Konsum zugeordnet obwohl der Konsument der Leistung den privaten Haushalten angehört. Leistungen die hingegen von privaten Krankenversicherungen finanziert werden, sind dem Konsum privater Haushalte zugeordnet. Diese Zuordnung ist wichtig um die Konsistenz zur Gesamtwirtschaft zu gewährleisten, schränkt jedoch den Aussagegehalt über das Konsumverhalten von Gesundheitsgütern ein. Deshalb erfolgt in der GGR eine zusätzliche Abgrenzung des Konsums in einen ersten und zweiten Gesundheitsmarkt.

Der erste Gesundheitsmarkt umfasst sämtliche Güter der Gesundheitswirtschaft, die im Rahmen des bestehenden Finanzierungssystems von privaten oder gesetzlichen Krankenkassen im Rahmen der Vollversicherung erstattet oder durch staatliche Mittel finanziert werden. Dem zweiten Markt zugeordnete Güter werden von den privaten Haushalten hingegen zu vollen Teilen selbständig finanziert. Dabei ist zu berücksichtigen, dass die Konsumausgaben der privaten Haushalte bereits diejenigen des zweiten Gesundheitsmarktes beinhalten.

Durchschnittlich ein Fünftel des gesamten Konsums an Gesundheitsgütern gehört dem zweiten Markt an. Im Betrachtungszeitraum stieg der Konsum an Gütern des zweiten Gesundheitsmarktes von 52,3 Mrd. € im Jahr 2005 um insgesamt 14% auf 59,5 Mrd. € im Jahr 2009 und wuchs gleichermaßen wie der erste Gesundheitsmarkt um 14%, vgl. Tabelle 26. Mit dem Unterschied, dass der zweite Markt in den Jahren vor Krisenbeginn hohe Wachstumsraten verzeichnete, 6% im Jahr 2006 und in den Folgejahren mit abschwächender Gesamtkonjunktur geringeren Wachstum von unter 2,5% erreichte. Der erste Markt hingegen weist kontinuierlich steigende Wachstumsraten über den gesamten Berichtszeitraum auf.

Tabelle 26: Konsumausgaben erster und zweiter Gesundheitsmarkt

Kennzahlen (in Mio. €)	2009 [1]	2008 [1]	2007	2006	2005
Konsum an Gesundheitsgütern	310.762	299.328	289.364	281.307	273.470
Veränderung ggü. Vorjahr	*3,8%*	*3,4%*	*2,9%*	*2,9%*	
erster Gesundheitsmarkt	251.258	241.259	232.497	225.810	221.155
Veränderung ggü. Vorjahr	*4,1%*	*3,8%*	*3,0%*	*2,1%*	
zweiter Gesundheitsmarkt	59.504	58.069	56.866	55.497	52.316
Veränderung ggü. Vorjahr	*2,5%*	*2,1%*	*2,5%*	*6,1%*	

[1] Fortschreibung

Quelle: GGR; eigene Darstellung

In Abbildung 37 ist die Verteilung des gesundheitsrelevanten Konsums nach erstem und zweitem Gesundheitsmarkt für 14 Gesundheitsbranchen der GGR anhand der Durchschnittswerte für die Jahre 2005 bis 2009 abgebildet. Der Konsum von Gütern der Kerngesundheitswirtschaft besteht zu 90% aus erstattungsfähigen Gütern des ersten Marktes. Während die Güter des erweiterten Gesundheitsmarktes zu mehr als die Hälfte (53%) privat finanziert werden.

Von den zehn Gütergruppen der Kerngesundheitswirtschaft setzen die Hersteller medizintechnischer Geräte mit 35% den höchsten Anteil ihrer Güter am zweiten Gesundheitsmarkt ab (ø 2,6 Mrd. € pro Jahr), gefolgt von sonstigen Waren des Kernbereichs mit 27% (ø 50 Mio. € pro Jahr). Güter der stationären und nicht-stationäre Einrichtungen haben einen Anteil von 16% bzw. 14%. Aufgrund des absolut höheren Absatzes von Konsumgütern besitzen stationäre und nicht-stationäre Einrichtungen den größten Anteil am zweiten Markt der Kerngesundheitswirtschaft. Mit durchschnittlich 11,3 Mrd. € Umsatz der nicht-stationären Einrichtungen sowie 4 Mrd. € Umsatz der stationären Einrichtungen im zweiten Markt bilden sie zusammen einen Anteil von 64% des zweiten Marktes innerhalb der Kerngesundheitswirtschaft.

	erster Markt	zweiter Markt	Konsum in Mrd. €
Kerngesundheitswirtschaft	90%	10%	**229.138**
Pharmazeutische Erzeugnisse	85%	15%	17.517
Medizintechnische Geräte	65%	35%	6.005
Sonstige Waren des Kernbereichs	73%	27%	185
Einzelhandelsleistungen des Kernbereichs	84%	16%	13.586
Private Versicherungen	81%	19%	4.769
Sozialversicherungen und Verwaltung	100%		12.781
Stationäre Einrichtungen	96%	4%	89.293
Nicht-stationäre Einrichtungen	86%	14%	81.494
Dienstleistungen des Kernbereichs	84%	16%	61.708
Erweiterte Gesundheitswirtschaft	47%	53%	**3.508**
Dienstleistungen der privaten Haushalte	100%		356
Biologische und funktionelle Lebensmittel	100%		7.532
Sonstige Gesundheitswaren des EGW	96%		4.399
Dienstl. für Sport, Fitness und Wellness	29%	71%	8.261
Gesundheitsdienstleistungen des EGW	64%	36%	41.160

Quelle: GGR; eigene Darstellung

Abbildung 37: Konsum des ersten und zweiten Gesundheitsmarktes

Die Branchen der erweiterten Gesundheitswirtschaft sind zu großen Teilen vollständig dem zweiten Markt zugeordnet. Lediglich gesundheitsrelevante Dienstleistungen aus den Bereichen Sport, Fitness und Wellness werden zu 29% erstattet, sowie sonstige Dienstleistungen des erweiterten Bereichs zu 64%.

Durch die zweidimensionale Abgrenzung des Konsums entlang der Branchen der Kerngesundheitswirtschaft und der erweiterten Gesundheitswirtschaft sowie den ersten und zweiten Gesundheitsmarkt lassen sich sämtliche gesundheitsrelevanten Konsumgüter innerhalb einer Vierfelder-Matrix abbilden. Abbildung 38 enthält diese vier Teilbereiche für das Jahr 2009.

Mit 70,9% entfällt ein Großteil des gesamten Konsums an Gesundheitsgütern auf den ersten Markt im Kernbereich der Gesundheitswirtschaft. Hierbei handelt es sich um Waren und Dienstleistungen, die durch private und gesetzliche Krankenkassen finanziert werden und der Abgrenzung der Güterdefinition dem Kernbereich zugeordnet sind, wie beispielsweise erstattungsfähige Arzneimittel und Krankenhausbehandlungen.

	Erster Markt	Zweiter Markt	Gesamt
Kernbereich Gesundheitswirtschaft	220,2	24,3	244,5
	70,9%	7,8%	78,7%
Erweiterte Gesundheitswirtschaft	31,1	35,2	66,3
	10,0%	11,3%	21,3%
Gesamt	251,3	59,5	310,8
	80,9%	19,1%	100,0%

Absolut [in Mrd. €]
Anteil Gesamt [in %]

Quelle: GGR; eigene Darstellung

Abbildung 38: Konsumausgaben nach dem Vier-Felder-Schema (2009)

Güter des Kernbereichs, die rein privat finanziert werden und somit dem zweiten Markt angehören besitzen einen Anteil von 7,8% am Gesamtkonsum. Hierunter fallen unter anderem OTC-Präparate und individuelle Gesundheitsleistungen.

Der erweiterte Gesundheitsbereich besitzt insgesamt einen Anteil von 21,3% am gesamten Konsum gesundheitsrelevanter Güter. Davon gehören 10% dem ersten und 11,3% dem zweiten Markt an. In den ersten Gesundheitsmarkt des erweiterten Bereichs fallen beispielsweise öffentlich finanzierte Ausbildungen im Gesundheitsbereich und in den zweiten Markt Wellnessprodukte und Nahrung mit Gesundheitsbezug.

6.3.3 Gesundheitsgüter als Vorleistungen

Neben Gütern für den Endverbrauch, wie Konsumgüter und Exporte, stellt die Gesundheitswirtschaft auch Güter für die Weiterverarbeitung bereit, die s.g. intermediäre Verwendung. Mit Gütern im Wert von 51,6 Mrd. € hatte die Gesundheitswirtschaft einen Anteil von 2,5% an der gesamten Vorleistungsindustrie in Deutschland im Jahr 2009, vgl. Tabelle 27. Der Anteil stieg im Betrachtungszeitraum kontinuierlich von 2,1% im Jahr 2005 um 0,4 Prozentpunkte auf 2,5% im Jahr 2009.

Tabelle 27: Gesundheitsgüter der intermediären Verwendung

Kennzahlen (in Mio. €)	2009 [1]	2008 [1]	2007	2006	2005
Gesamtwirtschaft	2.033.996	2.323.233	2.252.787	2.111.282	1.965.742
Anteil an Gesamtwirtschaft	*100,0%*	*100,0%*	*100,0%*	*100,0%*	*100,0%*
Gesundheitswirtschaft	51.616	53.191	48.681	45.669	41.586
Anteil an Gesamtwirtschaft	*2,5%*	*2,3%*	*2,2%*	*2,2%*	*2,1%*
Kerngesundheitswirtschaft	24.804	24.304	21.667	21.886	19.155
Anteil an Gesamtwirtschaft	*1,2%*	*1,1%*	*1,0%*	*1,0%*	*1,0%*
Erweiterte Gesundheits-wirtschaft	26.812	28.887	27.014	23.783	22.432
Anteil an Gesamtwirtschaft	*1,3%*	*1,2%*	*1,2%*	*1,1%*	*1,1%*

[1] Fortschreibung

Quelle: GGR; eigene Darstellung

Es besteht ein deutliches Ungleichgewicht zwischen den bezogenen Vorleistungen und den für andere Branchen bereitgestellten Vorleistungen der Gesundheitswirtschaft. Im Durchschnitt bezieht die Gesundheitswirtschaft jährlich Vorleistungen in Höhe von 136 Mrd. € und somit fast dreimal so viel wie sie zur intermediären Verwendung bereitstellt.

Der erweiterte Bereich der Gesundheitswirtschaft stellt mit durchschnittlich 25,8 Mrd. € pro Jahr 54% der Güter der intermediären Verwendung zur Verfügung und der Kernbereich Gütern im Wert von 22,4 Mrd. € pro Jahr.

Den größten Anteil an den Gütern der intermediären Verwendung hat die Gesundheitsbranche sonstige Dienstleistungen des erweiterten Gesundheitsbereichs mit 24,1% im Jahr 2009, gefolgt von den Herstellern biologischer und funktioneller Lebensmittel mit 16%, vgl. Abbildung 39.

Im Kernbereich der Gesundheitswirtschaft leisten die nicht-stationären Einrichtungen mit 15,2% und Hersteller pharmazeutischer Erzeugnisse mit 14,3% den größten Beitrag zur intermediären Verwendung. An dritter Stelle liegen medizintechnische Geräte mit einem Anteil von 8,1% im Jahr 2009.

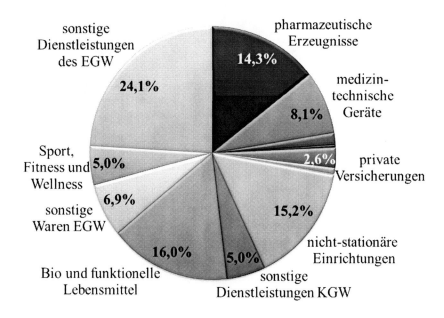

Quelle: GGR; eigene Darstellung

Abbildung 39: intermediäre Verwendung nach Gesundheitsbranchen (2009)

Von den Gesundheitsgütern der intermediären Verwendung verbleiben 61% der Güter in der Gesundheitswirtschaft und dienen als Vorleistungsgüter anderer Gesundheitsbranchen. Die restlichen 39% der für die Weiterproduktion verwendeten Gesundheitsgüter wird von Branchen außerhalb der Gesamtwirtschaft bezogen, vgl. Abbildung 40. Mit 9,7% ist die Nahrungs- und Futtermittelindustrie die nachfragestärkste Branche der restlichen Wirtschaft. Die Branchen der Kerngesundheitswirtschaft beziehen 49% der intermediären Güter, davon zu großen Teilen von den stationären und nicht-stationären Einrichtungen mit jeweils 16,8% sowie pharmazeutische Erzeugnisse mit 12%. Die restlichen 12%

der intermediären Verwendung der Gesundheitswirtschaft bezieht der erweiterte Gesundheitsbereich.

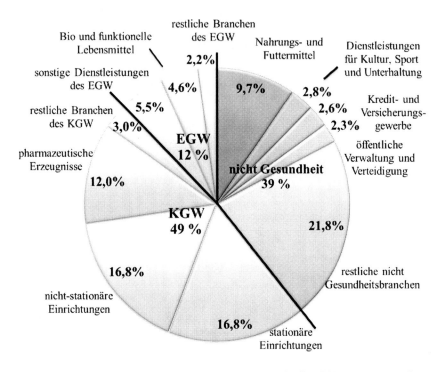

Quelle: GGR; eigene Darstellung

Abbildung 40: Bezug von Vorleistungen der Gesundheitswirtschaft (2009)

6.4 Außenhandel mit Gesundheitsgütern

Um das Abbild der Gesundheitswirtschaft zu vervollständigen, folgt in diesem Abschnitt die Betrachtung des Außenbeitrags. Auf der Aufkommensseite handelt es sich dabei um die importierten Gesundheitsgüter aus dem Ausland und auf der Verwendungsseite um die exportierten Gesundheitsgüter an die restliche Welt. Für diese Arbeit ist der Beitrag der Gesundheitswirtschaft zum Außenhandel von besonderer Bedeutung, da dieser als Beurteilungsgrundlage für das Stabilitätsziel eines außenwirtschaftlichen Gleichgewichts dient.

Zunächst erfolgen getrennte Analysen beider Güterströme sowie deren Bedeutung an der Gesamtleistung Deutschlands. Anschließend wird anhand der Gegenüberstellung der Im- und Exporte der Gesundheitswirtschaft der Außenbeitrag beurteilt.

6.4.1 Exporte der Gesundheitswirtschaft

Im Jahr 2009 wurden Gesundheitsgüter im Wert von 69,5 Mrd. € exportiert. Dies entspricht 16% des gesamten Aufkommens an Waren und Dienstleistungen der Gesundheitswirtschaft und 7,25% der Gesamtexporte Deutschlands. Diese lagen im Jahr 2009 bei 958 Mrd. €, vgl. Tabelle 28.

Tabelle 28: Exporte der Gesundheitswirtschaft

Exporte (in Mio. €)	2009 [1]	2008 [1]	2007	2006	2005
Gesamtwirtschaft	958.235	1.157.180	1.116.300	1.031.170	900.050
Anteil an Gesamtwirtschaft	*100,0%*	*100,0%*	*100,0%*	*100,0%*	*100,0%*
Gesundheitswirtschaft	69.511	72.841	71.511	63.784	54.775
Anteil an Gesamtwirtschaft	*7,3%*	*6,3%*	*6,4%*	*6,2%*	*6,1%*
Kerngesundheitswirtschaft	51.979	55.210	54.923	49.359	41.685
Anteil an Gesamtwirtschaft	*5,4%*	*4,8%*	*4,9%*	*4,8%*	*4,6%*
Erweiterte Gesundheitswirtschaft	17.532	17.631	16.588	14.424	13.090
Anteil an Gesamtwirtschaft	*1,8%*	*1,5%*	*1,5%*	*1,4%*	*1,5%*

[1] Fortschreibung

Quelle: GGR; eigene Darstellung

Bis zum Krisenbeginn im Jahr 2008 stiegen die Exporte der Gesundheitswirtschaft von 63,8 Mrd. € im Jahr 2005 auf 72,8 Mrd. €, was einem Wachstum von 33% entspricht. Die gesamtwirtschaftlichen Exporte stiegen im gleichen Zeitraum um 29%. Im Jahr der Rezession waren exportierte Güter der Gesundheitswirtschaft vom Nachfragerückgang weniger betroffen als die restlichen Exportgüter. Von 2008 auf 2009 gingen die Exporte der Gesundheitswirtschaft um 5% zurück, während die gesamten Exporte einen Rückgang um 17% verzeichneten.

Durchschnittlich 76% der exportierten Gesundheitsgüter kommen aus der Kerngesundheitswirtschaft. Diese stiegen in den Jahren 2005 bis 2008 von 54,7 Mrd. € um 32% auf 72,8 Mrd. € und gingen anschließend im Jahr 2009 um 6% auf 69,5 Mrd. € zurück. Die Exportgüter der erweiterten Gesundheitswirtschaft verzeichneten etwas stärkere Zuwachsraten. Sie stiegen in den Jahren 2005 bis 2008 von 13 Mrd. € um 35% auf 17,6 Mrd. € und sanken im Jahr 2009 lediglich um 1% auf 17,5 Mrd. €.

Nur neun der vierzehn Gesundheitsbranchen sind am Export der Gesundheitswirtschaft beteiligt, da dienstleistungsorientierte Sektoren ihre Leistungen vorwiegend für die deutsche Bevölkerung bereitstellen. Fünf dieser Branchen gehören zur Kerngesundheitswirtschaft und zur vier der erweiterten Gesundheitswirtschaft. Exportstärkste Gesundheitsbranche ist die pharmazeutische Industrie mit einem Anteil von 52% an den gesamten exportierten Gesundheitsgütern im Jahr 2009. Ihr Exportvolumen stieg in den Jahren 2005 bis 2009 von 26,8 Mrd. € um insgesamt 36% auf 36,4 Mrd. €. Im Jahr 2008 war das exportstärkste Jahr mit 37,2 Mrd. € Umsatz im Ausland, vgl. Tabelle 29.

Tabelle 29: Exporte nach Gesundheitsbranchen

Kennzahlen (in Mio. €)	2009 [1]	2008 [1]	2007	2006	2005
Kerngesundheitswirtschaft	**51.979**	**55.210**	**54.923**	**49.359**	**41.685**
Pharmazeutische Erzeugnisse	36.482	37.224	36.470	32.428	26.850
Medizintechnische Geräte	11.193	13.276	13.455	12.358	10.546
Sonstige Waren des Kernbereichs	142	147	141	119	121
Sozialversicherungen und Verwaltung	21	22	21	19	18
Sonstige Dienstleistungen der KGW	4.140	4.541	4.836	4.435	4.149
erweiterte Gesundheitswirtschaft	**17.532**	**17.631**	**16.588**	**14.424**	**13.090**
Bio und funktionelle Lebensmittel	3.805	3.719	3.120	2.482	2.014
Sonstige Gesundheitswaren EGW	11.251	11.533	11.077	9.818	9.242
Sport, Fitness und Wellness	287	291	290	267	229
Sonstige Dienstleistungen des EGW	2.189	2.088	2.102	1.857	1.604

[1] Fortschreibung

Quelle: GGR; eigene Darstellung

An zweiter Stelle des Kernbereichs liegen die Exporte von medizintechnischen Geräten mit exportierten Waren im Wert von 11,2 Mrd. € im Jahr 2009. Hierbei handelt es sich vorwiegend um hochtechnologische Investitionsgüter mit hohem Anschaffungswert, deren Nachfrage deutlich von der Wirtschaftskrise betroffen war. Gegenüber dem Höchstwert im Jahr 2007 mit Exporten in Höhe von 13,5 Mrd. € sanken diese um 17% in der Krisenzeit auf 11,2 Mrd. € im Jahr 2009. Mit 64% der Exporte des erweiterten Gesundheitsmarktes, bzw. 16% am gesamten Güterexport der Gesundheitswirtschaft, sind die Hersteller sonstiger Gesundheitswaren exportstärkste Branche der erweiterten Gesundheitswirtschaft. Ihr Exportvolumen stieg von 9,2 Mrd. € im Jahr 2005 um insgesamt 22% auf einen Wert von 11,3 Mrd. € im Jahr 2009. Die stärksten Zuwächse verzeichneten die Hersteller biologischer und funktioneller Lebensmittel. Ihr Absatz im Ausland verdoppelte sich nahezu von 2 Mrd. € auf 3,8 Mrd. €.

6.4.2 Import von Gesundheitsgütern

Die Einfuhr gesundheitsrelevanter Güter im Jahr 2009 in Höhe von 61,3 Mrd. € entspricht 7,6% der gesamten Importe Deutschlands und 14,1% des gesamten Güteraufkommens der Gesundheitswirtschaft. In den Jahren 2005 bis 2008 stiegen die Einfuhren an Gesundheitsgütern von 46,8 Mrd. € auf 60,8 Mrd. €. Dies ist eine Entwicklung von plus 30%, die bis Krisenbeginn dem Trend der gesamten Einfuhren entspricht. Der Wert aller importierten Güter stieg in den Jahren 2005 bis 2008 um insgesamt 29%. Im Jahr 2009 hingegen unterscheidet sich die Entwicklung der Gesundheitsgüter von der der Gesamtwirtschaft. Während die Einfuhren insgesamt um 16% zurückgingen, stiegen die importierten Gesundheitsgüter um 1%, vgl. Tabelle 30.

Rund zwei Drittel der Importe bestehen aus Gütern der Kerngesundheitswirtschaft. Dabei ist eine leichte Umverteilung der Anteile zu bemerken. In den Jahren 2005 bis 2009 sank das Verhältnis zum erweiterten Gesundheitsmarkt kontinuierlich von 68% auf 65%. Ursache hierfür liegt vor allem in dem starken Anstieg der Einfuhren von Gütern der erweiterten Gesundheitswirtschaft. Diese stiegen im Betrachtungszeitraum von 15,3 Mrd. € auf 21,1 Mrd. €. Dies ist ein Wachstum von 37%. Auffällig ist vor allem das Jahr 2008 mit einem Zuwachs von 8%, während die Entwicklung der Kerngesundheitswirtschaft nahezu stagnierte.

160

Tabelle 30: Importe der Gesundheitswirtschaft

Importe (in Mio. €)	2009 [1]	2008 [1]	2007	2006	2005
Gesamtwirtschaft	808.691	966.780	912.070	868.320	748.890
Anteil an Gesamtwirtschaft	*100,0%*	*100,0%*	*100,0%*	*100,0%*	*100,0%*
Gesundheitswirtschaft	61.312	60.803	59.291	53.549	46.844
Anteil an Gesamtwirtschaft	*7,6%*	*6,3%*	*6,5%*	*6,2%*	*6,3%*
Kerngesundheitswirtschaft	40.151	39.875	39.832	36.370	31.454
Anteil an Gesamtwirtschaft	*5,0%*	*4,1%*	*4,4%*	*4,2%*	*4,2%*
erweiterte Gesundheitswirtschaft	21.161	20.928	19.459	17.179	15.391
Anteil an Gesamtwirtschaft	*2,6%*	*2,2%*	*2,1%*	*2,0%*	*2,0%*

[1] Fortschreibung

Quelle: GGR; eigene Darstellung

Ebenso wie beim Export findet der vorwiegende Teil der Importe mit Gütern des produzierenden Gewerbes statt. An erster Stelle stehen Einfuhren pharmazeutischer Erzeugnisse. Mit einem Importvolumen von 32,5 Mrd. € im Jahr 2009 handelt es sich bei über der Hälfte aller importierten Gesundheitsgüter um pharmazeutische Produkte. Weitere 14% entfallen auf die Gruppe sonstige Gesundheitswaren des erweiterten Bereichs, 13% auf biologische und funktionelle Lebensmittel und an vierter Stelle mit 12% folgen medizintechnische Geräte, vgl. Tabelle 31.

Am stärksten stiegen vor allem biologische und funktionelle Lebensmittel mit einem Zuwachs von 4,8 Mrd. € um 68% auf 8,1 Mrd. € sowie pharmazeutische Erzeugnisse mit einem Plus von 36%. Von der Krise am stärksten betroffen waren die Einfuhren medizintechnischer Geräte mit einem Rückgang von 17% vom Jahr 2009 gegenüber 2007 sowie Importe sonstiger Waren des Kernbereichs mit –5%.

Tabelle 31: Importe nach Gesundheitsbranchen

Kennzahlen (in Mio. €)	2009 [1]	2008 [1]	2007	2006	2005
Kerngesundheitswirtschaft	**40.151**	**39.875**	**39.832**	**36.370**	**31.454**
Pharmazeutische Erzeugnisse	32.540	30.853	30.747	27.625	24.000
Medizintechnische Geräte	7.464	8.870	8.931	8.607	7.326
Sonstige Waren des Kernbereichs	106	108	111	97	90
Sonstige Dienstleistungen KGW	41	44	42	41	37
Erweiterte Gesundheitswirtschaft	**21.161**	**20.928**	**19.459**	**17.179**	**15.391**
Bio. und funktionelle Lebensmittel	8.135	8.135	6.911	5.853	4.844
Sonstige Gesundheitswaren EGW	8.775	8.737	8.505	7.803	7.247
Sport, Fitness und Wellness	381	372	376	326	342
Sonstige Dienstleistungen EGW	3.871	3.684	3.667	3.198	2.958

[1] Fortschreibung

Quelle: GGR; eigene Darstellung

6.4.3 Außenhandelsbilanz der Gesundheitswirtschaft

Insgesamt werden jährlich mehr Gesundheitsgüter exportiert als importiert, was zu einem positiven Außenhandelsbeitrag der Gesundheitswirtschaft führt. Mit einem Außenhandelsbilanzüberschuss in Höhe von 8,2 Mrd. € im Jahr 2009 betrug der Anteil der Gesundheitswirtschaft am Gesamtüberschuss 5,5%, vgl. Tabelle 32.

In den Zahlen der Außenhandelsbilanz ist der Einfluss der Finanz- und Wirtschaftskrise deutlich erkennbar. Bis ins Jahr 2007 profitierte der Außenhandel von der weltweit guten Konjunkturlage mit jährlich stetig höheren Überschüssen. Sowohl die Gesundheitswirtschaft als auch die Gesamtwirtschaft verzeichneten deutliche Zuwächse. In den Jahren 2007 bis 2009 gingen diese aufgrund der globalen Rezession stark zurück. Der gesamte Außenhandelsüberschuss fiel um 27%, von 204,2 Mrd. € auf 149,5 Mrd. € und somit unter das Niveau aus dem Jahr 2005. Innerhalb der Gesundheitswirtschaft sank der Außenhandelsüberschuss sogar um 33% von 12,2 Mrd. € auf 8,2 Mrd. € und liegt nur noch leicht über dem Wert aus dem Jahr 2005 mit 7,9 Mrd. €. Die Ursache für diesen Rückgang liegt in der stärkeren Reaktion des Exportes gegenüber dem Import. Sowohl früher als auch stärker ging die Exportnachfrage zurück, während sich bei den Importen lediglich das Wachstum verlangsamte.

162

Tabelle 32: Außenhandelsbilanz der Gesundheitswirtschaft

Außenhandelsbilanz (in Mio. €)	2009 [1]	2008 [1]	2007	2006	2005
Gesamtwirtschaft	149.544	190.400	204.230	162.850	151.160
Anteil an Gesamtwirtschaft	*100,0%*	*100,0%*	*100,0%*	*100,0%*	*100,0%*
Gesundheitswirtschaft	8.199	12.038	12.220	10.234	7.931
Anteil an Gesamtwirtschaft	*5,5%*	*6,3%*	*6,0%*	*6,3%*	*5,3%*
Kerngesundheitswirtschaft	11.828	15.335	15.091	12.989	10.231
Anteil an Gesamtwirtschaft	*7,9%*	*8,1%*	*7,4%*	*8,0%*	*6,8%*
erweiterte Gesundheitswirtschaft	- 3.629	- 3.297	- 2.871	- 2.755	- 2.300
Anteil an Gesamtwirtschaft	*- 2,4%*	*- 1,7%*	*- 1,4%*	*- 1,7%*	*- 1,5%*

[1] Fortschreibung

Quelle: GGR; eigene Darstellung

Die differenzierte Darstellung der Außenhandelsbilanz der Gesundheitswirtschaft in Kerngesundheitswirtschaft und erweiterte Gesundheitswirtschaft zeigt deutliche Unterschiede, vgl. Tabelle 32. Die Kerngesundheitswirtschaft generiert mit durchschnittlich 10,1 Mrd. € etwa 8% des gesamten Außenhandelsüberschuss in Deutschland. Dagegen werden mehr Güter der erweiterten Gesundheitswirtschaft importiert als exportiert, so dass die Außenhandelsbilanz in allen Jahre ein Defizit von durchschnittlich 3,0 Mrd. € aufweist.

In Abbildung 41 sind die Exporte und Importe der einzelnen Gesundheitsbranchen nach Anteilen für das Jahr 2009 gegenüber gestellt. Mit einem Importanteil von 53% und Exportanteil von 52% findet mehr als die Hälfte des gesamten Außenhandels der Gesundheitswirtschaft mit pharmazeutischen Erzeugnissen statt. Medizintechnische Geräte haben einen Anteil von 16% an den Exporten und 12% an den Importen. Bei 16% der Ausfuhren und 14% der Einfuhren handelt es sich um sonstige Waren des erweiterten Bereichs.

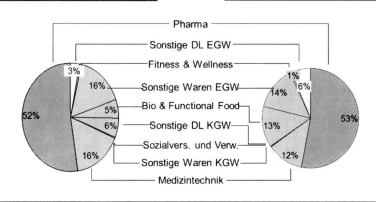

| EXPORTE | Σ 69,5 Mrd. € | IMPORTE | Σ 61,3 Mrd. € |

Pharma
Sonstige DL EGW
Fitness & Wellness
Sonstige Waren EGW
Bio & Functional Food
Sonstige DL KGW
Sozialvers. und Verw.
Sonstige Waren KGW
Medizintechnik

Außenhandelsüberschuss 8,2 Mrd. €

Quelle: GGR; eigene Darstellung

Abbildung 41: Außenhandelsbilanz nach Gesundheitsbranchen (2009)

Die Entwicklung der Außenhandelsbilanzen der einzelnen Gesundheitsbranchen verdeutlicht die Unterschiede der Import-Export-Strukturen, vgl. Tabelle 33. Die drei Branchen der Kerngesundheitswirtschaft pharmazeutische Erzeugnisse, medizintechnische Geräte und sonstige Dienstleistungen erwirtschaften deutliche Überschüsse im Außenhandel. Mit einem Plus von 6,3 Mrd. € erzielte die pharmazeutische Industrie im Jahr 2008 das bisher höchste Ergebnis. Dieses Ergebnis konnte im Jahr 2009 nicht aufrechterhalten werden und sank um 38% auf 3,9 Mrd. €, mit der Folge, dass die sonstigen Dienstleistungen des Kernbereichs mit 4,1 Mrd. € den größten Beitrag am Außenhandelsüberschuss erreichten.

Die Gesundheitsbranche sonstige Gesundheitswaren ist die einzige Branche des erweiterten Gesundheitsbereichs, die einen positiven Beitrag zum Außenhandelsüberschuss leistet. Im Durchschnitt liegt der Überschuss bei 2,4 Mrd. €. Deutliche Unterschiede in den Ein- und Ausfuhren gibt es vor allem bei biologischen und funktionellen Lebensmitteln mit einem Defizit von durchschnittlich 3,7 Mrd. € sowie den sonstigen gesundheitsbezogenen Dienstleistungen des erweiterten Bereichs mit einem Defizit von 1,5 Mrd. €.

164

Tabelle 33: Außenhandelsbilanzen der Gesundheitsbranchen

Kennzahlen (in Mio. €)	2009 [1]	2008 [1]	2007	2006	2005
Kerngesundheitswirtschaft	**11.828**	**15.335**	**15.091**	**12.989**	**10.231**
Pharmazeutische Erzeugnisse	3.942	6.370	5.723	4.803	2.850
Medizintechnische Geräte	3.729	4.406	4.524	3.750	3.220
Sonstige Waren des Kernbereichs	36	39	30	23	30
Sozialversicherungen und Verwaltung	21	22	21	19	18
Sonstige Dienstleistungen KGW	4.099	4.497	4.793	4.394	4.113
erweiterte Gesundheitswirtschaft	**- 3.629**	**- 3.297**	**- 2.871**	**- 2.755**	**- 2.300**
Bio. und funktionelle Lebensmittel	- 4.330	- 4.416	- 3.791	- 3.370	- 2.829
Sonstige Gesundheitswaren EGW	2.476	2.797	2.572	2.016	1.995
Sport, Fitness und Wellness	- 94	- 81	- 86	- 59	- 113
Sonstige Dienstleistungen EGW	- 1.681	- 1.597	- 1.565	- 1.341	- 1.354

[1] Fortschreibung

Quelle: GGR; eigene Darstellung

6.5 Beschäftigte in der Gesundheitswirtschaft

Die Situation auf dem Arbeitsmarkt hat maßgeblichen Einfluss auf die Stabilität einer Volkswirtschaft. Eine hohe Arbeitslosenquote führt aus sozialer, politischer und ökonomischer Sicht zu negativen Beeinträchtigungen. Neben der fehlenden finanziellen Sicherheit, gehören zu den individuellen Folgen von Arbeitslosigkeit vor allem psychische und gesundheitliche Probleme, Dequalifizierung und gesellschaftliche Isolation. Diese Missstände können zu Unzufriedenheit gegenüber der Regierung bis hin zur Verbreitung antidemokratischer Ansichten führen. Ökonomisch betrachtet bedeutet Unterbeschäftigung eine ungenügende Auslastung des Faktors Arbeit und somit freie Kapazitäten, die ungenutzt bleiben, vgl. Kapitel 2.1.1.

Die Gesundheitswirtschaft hat auf mehrere Weisen Einfluss auf den Beschäftigungsstand einer Nation. Gesundheit als Bestandteil des Humankapitals beeinträchtigt den Bildungsstand und somit die Qualität des Arbeitsangebots. Eine gute Gesundheitsversorgung führt zu geringeren Fehlzeiten und somit zu einer höheren Arbeitsproduktivität, vgl. Kapitel 3.1.1. Ein hoher Anteil der Beschäftigten in Deutschland ist zudem im Gesundheitsbereich tätig, sodass die Gesundheitswirtschaft als Arbeitgeber das Beschäftigungsniveau beeinflusst.

Nachfolgend wird dieser direkte Beitrag der Gesundheitswirtschaft am Erreichen des Stabilitätsziels eines hohen Beschäftigungsniveaus anhand der Anzahl der Erwerbstätigen in der Gesundheitswirtschaft analysiert.

Eine wichtige Rolle in der arbeits- und dienstleistungsintensiven Gesundheitswirtschaft spielen vor allem die Beschäftigten. Dies zeigt sich bereits daran, dass mit über 5,7 Mio. Beschäftigten im Jahr 2009 jeder Siebte der 40,2 Mio. Erwerbstätigen in Deutschland in der Gesundheitswirtschaft tätig ist, vgl. Tabelle 34.

Im Berichtszeitraum stieg die Anzahl der Erwerbstätigen von 5,3 Mio. auf 5,7 Mio. und somit um insgesamt 7,8%. Dies entspricht einem Zuwachs, der im Verhältnis zur Gesamtwirtschaft mehr als doppelt so hoch ist. Die Zahl aller Erwerbstätigen in Deutschland stieg von 38,8 Mio. im Jahr 2005 auf 40,3 Mio. im Jahr 2009 und somit um 3,7%.

Innerhalb der Gesundheitswirtschaft waren von den 5,7 Mio. Erwerbstätigen mit 4,5 Mio. mehr als drei Viertel im Kernbereich und mit 1,25 Mio. etwa ein Viertel im erweiterten Bereich tätig.

Die Kerngesundheitswirtschaft verzeichnete mit einer Zunahme der Beschäftigten von 8,8% in den Jahren 2005 bis 2009 die höheren Wachstumsraten. Der erweiterte Bereich liegt mit einem Zuwachs von 4,5% im entsprechenden Zeitraum ebenfalls über dem gesamtwirtschaftlichen Durchschnitt.

Tabelle 34: Erwerbstätige der Gesundheitswirtschaft

Kennzahlen (in 1.000)	2009 [1]	2008 [1]	2007	2006	2005
Gesamtwirtschaft	40.271	40.276	39.724	39.075	38.835
Anteil an Gesamtwirtschaft	*100,0%*	*100,0%*	*100,0%*	*100,0%*	*100,0%*
Gesundheitswirtschaft	5.730	5.593	5.439	5.342	5.315
Anteil an Gesamtwirtschaft	*14,2%*	*13,9%*	*13,7%*	*13,7%*	*13,7%*
Kerngesundheitswirtschaft	4.480	4.367	4.210	4.143	4.118
Anteil an Gesamtwirtschaft	*11,1%*	*10,8%*	*10,6%*	*10,6%*	*10,6%*
Erweiterte Gesundheitswirtschaft	1.250	1.226	1.229	1.200	1.197
Anteil an Gesamtwirtschaft	*3,1%*	*3,0%*	*3,1%*	*3,1%*	*3,1%*

[1] Fortschreibung

Quelle: GGR; eigene Darstellung

166

In Abbildung 42 sind die Erwerbstätigen nach den Teilbereichen der Gesundheitswirtschaft für das Jahr 2009 abgebildet. Der überwiegende Teil der Beschäftigten ist in den Dienstleistungsbranchen tätig. Alleine die stationären und nicht-stationären Einrichtungen beschäftigen 1,7 Mio. sowie 1,9 Mio. Erwerbstätige und somit 63% aller Erwerbstätigen in der Gesundheitswirtschaft.

Anzahl Erwerbstätige [Tsd.]

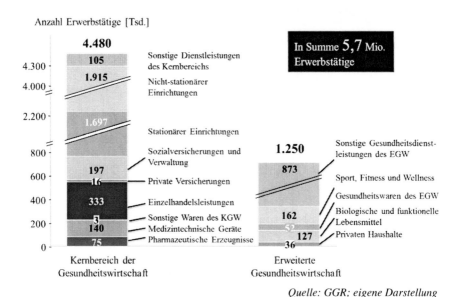

Quelle: GGR; eigene Darstellung

Abbildung 42: Erwerbstätige der Gesundheitswirtschaft nach Branchen (2009)

Den beschäftigungsstärksten Sektor im erweiterten Bereich mit 870.000 Erwerbstätigen bilden die sonstigen Dienstleistungen. Etwa 70% der Beschäftigten in der erweiterten Gesundheitswirtschaft sind dort tätig.

Die beschäftigungsintensiven Branchen der stationären und nicht-stationären Einrichtungen verzeichneten in den Jahren 2005 bis 2009 die deutlichsten Beschäftigungszuwächse. Mit etwa 150.000 zusätzlichen Stellen, stieg die Zahl der Erwerbstätigen in den stationären Einrichtungen um 9,6%. Bei den nicht-stationären Einrichtungen stieg die Zahl der Erwerbstätigen um 212.000 und somit um 12,5%, vgl. Tabelle 35.

Tabelle 35: Erwerbstätige nach Gesundheitsbranchen

Kennzahlen (in 1.000)	2009 [1]	2008 [1]	2007	2006	2005
Kerngesundheitswirtschaft	**4.480**	**4.367**	**4.210**	**4.143**	**4.118**
Pharmazeutische Erzeugnisse	75,1	80,0	80,0	79,0	78,0
Medizintechnische Geräte	140,1	142,0	137,5	137,0	137,0
Sonstige Waren des Kernbereichs	2,5	2,5	2,7	2,4	2,6
Einzelhandelsleistungen KGW	332,9	330,5	326,9	315,4	328,7
Private Versicherungen	15,7	15,8	17,0	18,0	17,2
Sozialversicherungen und Verwaltung	196,9	196,0	195,9	196,7	196,2
Stationärer Einrichtungen	1.696,9	1.641,6	1.591,8	1.566,1	1.548,3
Nicht-stationärer Einrichtungen	1.915,3	1.852,9	1.751,9	1.722,7	1.703,0
Sonstige Dienstleistungen KGW	104,8	105,4	106,7	105,3	107,2
Erweiterte Gesundheitswirtschaft	**1.250**	**1.226**	**1.229**	**1.200**	**1.197**
Dienstleistungen der privaten Haushalte	35,9	35,3	35,0	34,5	34,1
Biologische und funktionelle Lebensmittel	126,6	126,6	103,5	102,8	101,1
Sonstige Gesundheitswaren EGW	52,5	53,2	54,0	54,2	59,0
Dienstl. für Sport, Fitness und Wellness	161,7	157,0	157,0	152,0	149,7
Sonstige Gesundheitsdienstleistungen EGW	873,3	854,3	879,3	856,1	852,7

[1] Fortschreibung

Quelle: GGR; eigene Darstellung

Sinkende Beschäftigungszahlen sind vor allem in den Branchen pharmazeutische Erzeugnisse, sonstige Waren der Kerngesundheitswirtschaft, private Versicherungen und sonstige Waren des erweiterten Bereichs festzustellen. Während sich der Rückgang im pharmazeutischen Bereich auf das Jahr 2009 beschränkt, verzeichnen die restlichen Branchen kontinuierlich sinkende Erwerbstätigenzahlen.

Die Unterschiede der Beschäftigungsstrukturen werden bei Betrachtung der Bruttowertschöpfung pro Kopf deutlich, vgl. Abbildung 43. Das Verhältnis von Bruttowertschöpfung zu Erwerbstätigen ist in den produzierenden Branchen höher als in den dienstleistungsorientierten Gesundheitsbranchen. Während in der pharmazeutischen Industrie pro Erwerbstätigem eine Wertschöpfung von 131.000 € jährlich generiert wird, liegt der Wertschöpfungsbeitrag von Erwerbstätigen in den stationären und nicht-stationären Einrichtungen bei lediglich

37.000 €. Im Vergleich dazu lag die durchschnittliche Bruttowertschöpfung je Erwerbstätigem in der Gesamtwirtschaft 2009 bei 53.155 €.

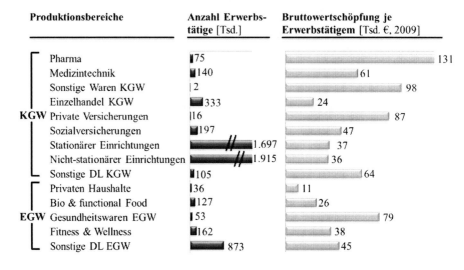

Produktionsbereiche	Anzahl Erwerbs-tätige [Tsd.]	Bruttowertschöpfung je Erwerbstätigem [Tsd. €, 2009]
Pharma	75	131
Medizintechnik	140	61
Sonstige Waren KGW	2	98
Einzelhandel KGW	333	24
KGW Private Versicherungen	16	87
Sozialversicherungen	197	47
Stationärer Einrichtungen	1.697	37
Nicht-stationärer Einrichtungen	1.915	36
Sonstige DL KGW	105	64
Privaten Haushalte	36	11
Bio & functional Food	127	26
EGW Gesundheitswaren EGW	53	79
Fitness & Wellness	162	38
Sonstige DL EGW	873	45

Quelle: GGR; eigene Darstellung

Abbildung 43: BWS je Erwerbstätigen nach Gesundheitsbranchen

6.6 Verflechtungen der Gesundheitswirtschaft mit anderen Branchen

Die in den vorangegangenen Kapiteln ermittelten direkten Beiträge der Gesundheitswirtschaft am gesamtwirtschaftlichen Produktionswert, an der Bruttowertschöpfung, dem Außenhandel und der Beschäftigung werden in diesem Kapitel um die Analyse der Verflechtungsbeziehungen und Ausstrahleffekte auf die restliche nationale Wirtschaft erweitert. Die Summe dieser indirekten und induzierten Effekte sowie der zuvor dargestellten Eigenleistung der Gesundheitswirtschaft ergibt den Gesamteffekt für Deutschland, der die Grundlage für die Analyse des Einflusses der Gesundheitswirtschaft auf die volkswirtschaftliche Stabilität bildet. Die Berechnungen der Effekte basieren auf dem in Kapitel 4.3.2 vorgestellten offenen statischen Mengenmodell der Input-Output-Analyse.

Anhand der Berechnung dieser ökonomischen Effekte werden die bei der Bereitstellung von Gütern in der Gesundheitswirtschaft generierten kurz- und mittelfristigen Produktions-, Wertschöpfungs-, Einkommens- und Beschäftigungseffekte auf die deutsche Volkswirtschaft quantifiziert. Hierunter wird die im Zusammenhang mit der Wirtschaftsleistung der Gesundheitsbranche erfolgte Nachfrage nach den Faktoren Personal, Sachmitteln, Anlagen und Gebäuden verstanden. Dies beinhaltet sämtliche Leistungen der Gesamtwirtschaft, die aus den Ausgaben der Unternehmen der Gesundheitswirtschaft für die Produktion von Gesundheitsgütern entstehen und somit positive Impulse auf die deutsche Volkswirtschaft entfalten.

Die ökonomischen Wirkungen der Gesundheitswirtschaft auf die deutsche Wirtschaft und den Arbeitsmarkt setzen sich aus verschiedenen Teileffekten zusammen. Zur Ermittlung der gesamten Produktions- und Beschäftigungseffekte als Resultat der Nachfrage nach gesundheitswirtschaftlichen Waren und Dienstleistungen lassen sich aufgrund ihrer unterschiedlichen Wirkungsweise in direkte, indirekte sowie induzierte Effekte unterscheiden, vgl. Abbildung 44.[287]

Unter den direkten ökonomischen Effekten sind zunächst alle Produktions-, Einkommens- und Beschäftigungseffekte zu verstehen, die sich unmittelbar aus den wirtschaftlichen Prozessen der verschiedenen Akteure der Gesundheitswirtschaft ergeben. Diese wurden im vorangegangenen Kapitel ausführlich aufgezeigt. Dazu zählen beispielsweise gesundheitswirtschaftliche Produktions- und Wertschöpfungsleistungen, die Anzahl der in der Gesundheitswirtschaft beschäftigten Personen und ihre Arbeitnehmerentgelte sowie die Konsumausgaben, die für Waren und Dienstleistungen der Gesundheitswirtschaft ausgegeben werden. Die direkten Effekte der Gesundheitswirtschaft können unmittelbar aus den berechneten HIOTs für die verschiedenen Berichtsperioden herausgelesen werden. Zentrale Kenngrößen der Gesundheitswirtschaft, wie z.B. Vorleistungen, Bruttowertschöpfung, Beschäftigung, Konsumausgaben, Exporte, usw., sind in den berechneten HIOTs detailliert dargestellt.

287 Vgl. Heuer, K., Klophaus, R. (2007), S. 12

170

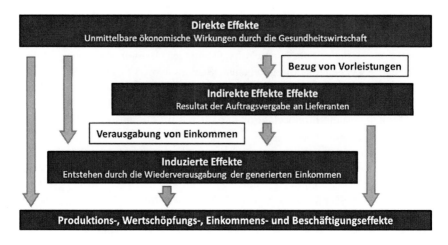

Quelle: Eigene Darstellung

Abbildung 44: Kategorisierung der Nachfrageeffekte

Die direkten Effekte, die durch die Gesundheitswirtschaft ausgelöst werden, beschreiben jedoch nur einen Ausschnitt des tatsächlichen wirtschaftlichen Beitrags der Gesundheitswirtschaft, da beispielsweise Ausgaben für Vorleistungsgüter, wie z.b. für Roh-, Hilfs- und Betriebsstoffe, weitere Produktionsprozesse in anderen Unternehmen in Gang setzen, deren positive Auswirkungen ebenfalls der Gesundheitswirtschaft zuzurechnen sind.[288] Aus dieser Auftragsvergabe resultiert eine unmittelbare Nachfragesteigerung, die zu einer Erhöhung der Umsätze bei den beauftragten Wirtschaftseinheiten führt.

Unter den indirekten Effekten werden dabei die Ausstrahleffekte der Gesundheitswirtschaft auf die vorgelagerten Wirtschaftsbereiche verstanden.[289]Das bedeutet, dass es durch die direkten Effekte der Gesundheitswirtschaft und der damit unmittelbar ansteigenden Nachfrage nach Vorleistungsgütern (exogener Nachfrageanstoß) auch bei den vorgelagerten Wirtschaftsbereichen zu einer Steigerung der Produktion, des Einkommens sowie der Beschäftigung (sogenannter Vorleistungseffekt) kommt. Auch als Sekundäreffekte bezeichnet, berücksichtigen sie alle unmittelbar aus der Auftragsvergabe bei den Lieferanten von gesundheitswirtschaftlichen Waren und Dienstleistungen entstehenden Produktionseffekte, die sich indirekt auch in zusätzlichen Arbeitsplätzen und Ein-

---

288 Vgl. Knappe, S. (2006), S. 14ff.
289 Vgl. Rheinisch-Westfälisches Institut für Wirtschaftsforschung (RWI) (2004), S.11.

kommen niederschlagen.[290]Da die Lieferanten ihrerseits auch wiederum Güter und Dienstleistungen zur Erstellung der georderten Vorleistungen bei anderen Arbeitsstätten nachfragen müssen, entsteht ein Multiplikatorprozess, der eine Wirkungskette über theoretisch unendlich viele Wirkungsrunden in Gang setzt. Das ist deshalb als theoretisch zu bezeichnen, weil sich der Effekt in jeder Runde aufgrund verschiedener Faktoren (z.b. dem fiskalisch begründeten Abfluss), reduziert und letztendlich gegen einen Grenzwert strebt. Anstatt jede einzelne Wirkungsrunde separat als Bestandteil einer geometrischen Reihe zu untersuchen, werden in der Praxis analytische Modelle zur Erfassung der Gesamtheit der indirekten ökonomischen Nachfrageeffekte eingesetzt.[291]

Analog zu den indirekten ökonomischen Effekten, die durch die direkten Nachfrageeffekte ausgelöst werden, können auch die induzierten Wirkungen als ein Ergebnis der direkten und indirekten Einkommenseffekte betrachtet werden. Die zusätzlich geschaffenen bzw. gesicherten Löhne und Gehälter, die als Resultat der direkten und indirekten ausgabeninduzierten Nachfragesteigerung entstehen, werden von den Einkommensbeziehern entweder für die Bildung von Ersparnissen oder aber für neue Konsumausgaben verwendet.[292]Diese Wiederverausgabung der direkten und indirekten Einkommen für Güter und Dienstleistungen bewirkt die sogenannten induzierten Einkommens- bzw. Beschäftigungseffekte. D.h. neue Einkommen sorgen über Rückkopplungseffekte erneut für einen volkswirtschaftlichen Anstieg der Produktion, der Umsätze, der Einkommen und somit auch der Beschäftigung. Analog zu den indirekten Effekten laufen auch die Prozesse der Wiederverausgabung theoretisch unendlich lange weiter.

Um ein fundiertes Abbild der gesamtwirtschaftlichen Bedeutung der Gesundheitswirtschaft zeichnen zu können, müssen sowohl die direkten, die indirekten als auch die induzierten Wirkungen quantifiziert werden. Die gesamten ausgabeninduzierten Produktions-, Wertschöpfungs-, Einkommens- und Beschäftigungseffekte ergeben sich aus der Addition dieser drei Wirkungskategorien.

Relevant für die vorliegende Analyse sind dabei jedoch nur diejenigen Effekte der Leistungserstellung die einen positiven Beitrag für die deutsche Volkswirtschaft leisten. Dies sind also nur die Ausgaben, die in Deutschland verbleiben und dort den Umsatz der Wirtschaftseinheiten steigern, um neue Arbeitsplätze zu schaffen bzw. bereits bestehende zu sichern. Wird die Nachfrage jedoch ausschließlich mittels Importen befriedigt, so treten die gewünschten po-

---

290 Vgl. Bulwien, H., Hujer, R., Kokot, S. Mehlinger, C. Rürup, B., (1999b) S. 212
291 Vgl. Ministerium für Bildung, Wissenschaft, Jugend und Kultur des Landes Rheinland-Pfalz (2006), S. 16
292 Vgl. Bulwien, H., Hujer, R., Kokot, S. Mehlinger, C. Rürup, B. (1999a) S. 11

sitiven Effekte nicht auf. Aus diesem Grund basieren die nachfolgenden Be-
rechnungsergebnisse auf den HIOTs der inländischen Produktion, die Vorleistungsbezüge aus dem Ausland gesondert ausweist, vgl. Tabelle 36.

Etwa drei Viertel der Vorleistungsnachfrage der Gesundheitswirtschaft richtet sich direkt an andere Branchen der deutschen Volkswirtschaft, rund 19%
werden durch Importe bezogen und 7% entfällt auf Gütersteuern abzüglich Subventionen.

Tabelle 36: Vorleistungsbezüge der Gesundheitswirtschaft

Kennzahlen (in Mio.)	2009 [1]		2008 [1]		2007		2006		2005	
Gesundheitswirtschaft	143,5		143,8		138,7		130,3		123,9	
Inländische Produktion	**107,2**	**75%**	**107,0**	**74%**	**103,3**	**75%**	**97,6**	**75%**	**94,4**	**76%**
Importe	25,9	18%	26,7	19%	25,7	19%	24,3	19%	21,6	17%
Gütersteuern										
- Subventionen	10, 4	7%	9,9	7%	9,5	7%	8,3	6%	7,8	6%
KGW	103,9		104,4		100,7		95,0		90,9	
Inländische Produktion	**76,6**	**74%**	**76,7**	**73%**	**73,8**	**73%**	**70,4**	**74%**	**68,7**	**76%**
Importe	18,9	18%	19,6	19%	19,2	19%	18,0	19%	16,0	18%
Gütersteuern										
- Subventionen	8,4	8%	8,0	8%	7,7	8%	6,6	7%	6,3	7%
EGW	39,6		39,4		38,0		35,3		33,0	
Inländische Produktion	**30,6**	**77%**	**30,3**	**77%**	**29,5**	**78%**	**27,2**	**77%**	**25,8**	**78%**
Importe	7,0	18%	7,1	18%	6,6	17%	6,3	18%	5,6	17%
Gütersteuern										
- Subventionen	2,0	5%	1,9	5%	1,9	5%	1,7	5%	1,6	5%

1 Fortschreibung

Quelle: GGR; eigene Darstellung

Für das Jahr 2009 bedeutet dies, dass für die gesamte Produktionsleistung in
Höhe von 373 Mrd. € insgesamt Vorleistungen von 143,5 Mrd. € bezogen wurden, wovon wiederum 107,2 Mrd. € direkt von anderen inländischen Branchen
geordert wurden. Diese Nachfrage nach inländischen Gütern ist ausschlagge-
bend für die Wirkung der indirekten Effekte der Gesundheitswirtschaft.

Im nachfolgenden Abschnitt werden die Ergebnisse der Berechnungen der
indirekten und induzierten Effekte vorgestellt. Nach einer kurzen Übersicht der
Kernergebnisse folgt die detaillierte Betrachtung der Produktions-, Wertschöp-
fungs- und Beschäftigungseffekte im Einzelnen.

6.6.1 Übersicht der Ausstrahleffekte

Der Ausgangsimpuls für die Berechnung der indirekten und induzierten Effekte entspricht, sofern keine abweichenden Angaben gemacht werden, dem Produktionswert der gesamten Gesundheitswirtschaft im jeweiligen Jahr. Die verschiedenen Effekte entsprechen somit dem Gesamteffekt den die Gesundheitswirtschaft auf die deutsche Volkswirtschaft ausstrahlt.

Abbildung 45 enthält eine Übersicht der Ergebnisse für das Jahr 2009. Die Produktionsleistung der Gesundheitswirtschaft in Höhe von 376,6 Mrd. € führte durch den Bezug der hierfür benötigten Vorleistungen zu weiteren Produktionswerten in vorgelagerten Wirtschaftsbranchen im Gesamtwert von 166,4 Mrd. €. Dies entspricht einem Multiplikator des indirekten Produktionswertes von 0,45, d.h. jeder zusätzliche Euro der in der Gesundheitswirtschaft generiert wird steigert den Produktionswert der Gesamtwirtschaft um weitere 45 Cent in anderen Branchen.

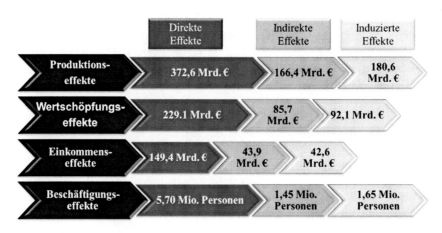

Quelle: GGR; eigene Darstellung

Abbildung 45: Indirekte und induzierte Effekte der Gesundheitswirtschaft (2009)

Das im Produktionswert enthaltene Einkommen der direkt und indirekt beschäftigten Erwerbstätigen induziert über den Einkommens-Konsum-Kreislauf weitere Effekte in Höhe von 180,6 Mrd. € an Produktionswerten in Deutschland. Der Multiplikator der induzierten Produktionseffekte der Gesundheitswirtschaft lag im Jahr 2009 bei 0,49.

Unter Berücksichtigung der indirekten und induzierten Effekte erhöht sich die Gesamtwirkung der Gesundheitswirtschaft auf 719,6 Mrd. € und ist um den Faktor 1,9 höher als die alleinige direkte Produktionsleistung der Gesundheitswirtschaft.

Die in der Produktionsleistung enthaltene Bruttowertschöpfung der Gesundheitswirtschaft von 229,1 Mrd. € erhöht sich bei Hinzunahme der Ausstrahleffekte auf insgesamt 406,9 Mrd. €. Dies entspricht einem Multiplikator von 1,78. Davon sind 85,7 Mrd. € indirekte Vorleistungseffekte und 92,1 Mrd. € induzierte Effekte aus der Wiederverausgabung entstandener Einkommen.

Wiederum in den Wertschöpfungseffekten enthaltene Arbeitnehmerentgelte lagen im Jahr 2009 bei 237 Mrd. €. Von diesen Entgelten entsprachen 149,4 Mrd. € direkten Einkommenseffekten der Gesundheitswirtschaft, 43,9 Mrd. indirekten und 42,6 Mrd. € induzierten Einkommenseffekten.

Die Erwerbstätigenzahl der Personen die unmittelbar in der Gesundheitswirtschaft tätig waren, lag im Jahr 2009 bei 5,7 Mio. Hinzu kommen noch einmal 1,45 Mio. Erwerbstätige, die in anderen Branchen indirekt durch die Gesundheitswirtschaft beschäftigt sind, sowie 1,65 Mio. Personen deren Beschäftigung aus induzierten Beschäftigungseffekten stammt. Insgesamt ergibt dies einen Beschäftigungsstand von 8,9 Mio. Erwerbstätigen. Dies entspricht einem Beschäftigungsmultiplikator von 1,54, was bedeutet, dass auf 2 Beschäftigte in der Gesundheitswirtschaft eine weitere Person folgt, die indirekt-induziert beschäftigt ist.

Eine Übersicht der Effekte für die Jahre 2005 bis 2009 ist in Tabelle 37 enthalten. Über den Berichtszeitraum ist ein kontinuierlicher Anstieg sämtlicher Effekte zu erkennen, der hauptsächlich auf den kontinuierlich steigenden Produktionswert der Gesundheitswirtschaft und dem somit stetig höheren Ausgangsimpuls für die Berechnung der indirekten und induzierten Effekte zurückzuführen ist. Die Multiplikatoren bleiben über die Jahre überwiegend konstant und unterliegen nur geringen Schwankungen.

In den nachfolgenden Kapiteln werden die Produktions-, Wertschöpfungs-, Einkommens- und Beschäftigungseffekte detailliert untersucht. Es werden die Unterschiede zwischen der Kerngesundheitswirtschaft und der erweiterten Gesundheitswirtschaft sowie zwischen den einzelnen Gesundheitsbranchen betrachtet. Des Weiteren werden die Empfänger dieser Ausstrahleffekte betrachtet.

Tabelle 37: Indirekte und induzierte Effekte der Gesundheitswirtschaft

Kennzahlen (in Mrd. €)[1]

	2009		2008		2007		2006		2005	
	Gesamt	Faktor	Gesamt	Faktor	Gesamt	Faktor	Gesamt	Faktor	Gesamt	Faktor
Impulse	**372,6**		**367,2**		**353,0**		**338,7**		**326,8**	
Produktionseffekte										
Direkt	**372,6**		**367.2**		**353,0**		**338,7**		**326,8**	
Indirekt	166,4	0,45	166,1	0,453	162,0	0,46	152,2	0,45	147,3	0,45
Induziert	180,6	0,49	170,9	0,465	168,8	0,48	164,0	0,48	167,8	0,51
Gesamt	**719,6**	**0,93**	**704,2**	**0,92**	**683,9**	**0,94**	**654,9**	**0,93**	**641,9**	**0,96**
Wertschöpfungseffekte										
Direkt	**229,1**		**223,4**		**214,3**		**208,4**		**202,9**	
Indirekt	85,7	0,38	89,6	0,401	86,7	0,40	82,2	0,39	80,4	0,40
Induziert	92,1	0,40	91,2	0,408	89,9	0,42	87,3	0,42	89,5	0,44
Gesamt	**406,9**	**0,78**	**404,2**	**0,81**	**390,8**	**0,82**	**378,0**	**0,81**	**372,7**	**0,84**
Beschäftigungseffekte (in Mio.)										
Direkt	**5,7**		**5,6**		**5,4**		**5,3**		**5,3**	
Indirekt	1,4	0,25	1,5	0,262	1,4	0,26	1,4	0,26	1,4	0,26
Induziert	1,6	0,29	1,6	0,287	1,6	0,30	1,6	0,29	1,6	0,31
Gesamt	**8,8**	**0,54**	**8,6**	**0,55**	**8,4**	**0,56**	**8,2**	**0,55**	**8,3**	**0,57**
Einkommenseffekt										
Direkt	**149,4**		**144,8**		**139,2**		**135,9**		**134,7**	
Indirekt	43,9	0,29	41,5	0,287	39,7	0,29	37,7	0,28	37,7	0,28
Induziert	43,7	0,29	40,3	0,278	39,5	0,28	38,4	0,28	40,3	0,30
Gesamt	**237,0**	**0,59**	**226,6**	**0,57**	**218,3**	**0,57**	**211,9**	**0,56**	**212,7**	**0,58**

1) Jahre 2009 und 2008 sind Ergebnisse des Fortschreibungsprozesses

2) Einkommen entspricht den Arbeitnehmerentgelten

Quelle: GGR; eigene Darstellung

6.6.2 Produktionswerteffekte

Der Produktionswert der Gesundheitswirtschaft entspricht dem Gesamtwert aller erstellten Waren und Dienstleistungen der 14 Gesundheitsbranchen der GGR. Er ist zugleich der Gesamtimpuls zur Berechnung der indirekten und induzierten Effekte, sodass Impuls und direkter Effekt im Fall der Berechnung der Produktionswerteffekte identisch sind.

Wie bereits im vorherigen Kapitel beschrieben entstand aus der Produktionsleistung der Gesundheitswirtschaft im Jahr 2009 ein Produktionswert innerhalb der Gesamtwirtschaft von insgesamt 719,6 Mrd. €. Dieser Gesamtwert besteht zu 52% aus der direkten Produktion der Gesundheitswirtschaft (372,6 Mrd. €). Hiervon entfallen 39% der gesamten Produktion auf die Kerngesundheitswirtschaft und 13% auf den erweiterten Bereich der Gesundheitswirtschaft. Die restlichen 48% sind auf indirekte und induzierte Produktionseffekte in Höhe von 345 Mrd. € zurückzuführen. Diese bestehen zu 16% aus indirekten Effekten der Kerngesundheitswirtschaft und 7% aus indirekten Effekten der erweiterten Gesundheitswirtschaft sowie zu 19% aus induzierten Effekten der Kerngesundheitswirtschaft und zu 6% aus induzierten Effekten der erweiterten Gesundheitswirtschaft, vgl. Abbildung 46.

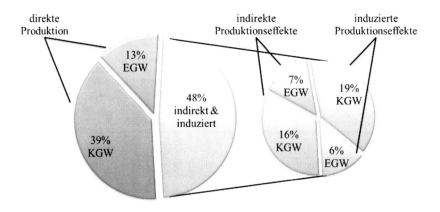

Quelle: GGR; eigene Darstellung

Abbildung 46: Produktionseffekte von KGW und EGW (2009)

Bei der Gegenüberstellung der einzelnen Effekte ist vor allem die Anteilsverschiebung zwischen Kerngesundheitswirtschaft und erweitertem Bereich auffällig. Während bei den direkten Effekten das Verhältnis zwischen KGW und EGW bei drei zu eins liegt (39% ggü. 13%) ist das Verhältnis der indirekten Produktionswerte nur bei etwa zwei zu eins (16% ggü. 7%). Die induzierten Effekte ergeben sich wiederum zu drei Teilen KGW und einem Teil EGW (19% ggü. 6%). Dies ist ein Zeichen dafür, dass die Multiplikatoren der indirekten Produktionseffekte im erweiterten Bereich höher sind als in der Kerngesundheitswirtschaft. In Tabelle 38 werden die Unterschiede deutlich. Der Multiplikator der indirekten Effekte liegt in den Jahren 2005 bis 2009 im Kernbereich zwischen 0,418 und 0,431 und im erweiterten Bereich zwischen 0,526 und 0,543 und ist somit rund 25% höher.

Die Ursache hierfür liegt vor allem in den unterschiedlichen Vorleistungsquoten und dem damit unterschiedlich starken Nachfrageimpuls an andere Branchen, vgl. Kapitel 6.2. Der Produktionswert in der Kerngesundheitswirtschaft setzt sich zu 63% aus eigener Bruttowertschöpfung und zu 37% aus bezogenen Vorleistungen zusammen. Im erweiterten Bereich hingegen besteht der Produktionswert zu lediglich 57% aus Wertschöpfung und zu 43% aus Vorleistungen. Bezogen auf die inländische Produktion (vgl. Tabelle 36) werden sogar nur 28% des Produktionswerts der Kerngesundheitswirtschaft in Vorleistungsbranchen nachfragewirksam. Im erweiterten Bereich der Gesundheitswirtschaft liegt dieser Wert bei 33%. Diese höhere Vorleistungsquote führt dazu, dass nicht nur die direkte Nachfrage sondern auch die indirekte Nachfrage nach Vorleistungen höher ausfällt und sich dementsprechend ein höherer Multiplikator der indirekten Produktionseffekte ergibt.

Insgesamt stiegen die direkten Produktionseffekte im Kerngesundheitswesen von 248,3 Mrd. € im Jahr 2005 um 13% auf 279,8 Mrd. € im Jahr 2009. Die indirekten Produktionseffekte stiegen im selben Zeitraum von 106 Mrd. € auf 117 Mrd. € und die induzierten Effekte wuchsen von 125,9 Mrd. € auf 134,3 Mrd. €. Somit stiegen die indirekten und induzierten Effekte mit einem Wachstum von insgesamt 10% bzw. 7% langsamer als die direkte Produktionsleistung der Gesundheitswirtschaft. Neben Veränderungen der Vorleistungsquote liegt dies vor allem am Anstieg der Importe und Änderungen des Sparverhaltens der privaten Haushalte.[293]

---

293 Vgl. Kapitel 6.4.2

Tabelle 38: Indirekte und induzierte Produktionseffekte

Kennzahlen (in Mio. €)[1]

	2009		2008		2007		2006		2005	
	Gesamt	Faktor	Gesamt	Faktor	Gesamt	Faktor	Gesamt	Faktor	Gesamt	Faktor
Gesundheitswirtschaft										
Impulse	**372.582**		**367.174**		**352.967**		**338.711**		**326.798**	
Produktionseffekte										
Direkt	**372.582**		**367.174**		**352.967**		**338.711**		**326.798**	
Indirekt	166.361	0,447	166.147	0,453	162.074	0,459	152.178	0,449	147.269	0,451
Induziert	180.618	0,485	170.863	0,465	168.846	0,478	164.022	0,484	167.784	0,513
Gesamt	**719.561**	**0,931**	**704.184**	**0,918**	**683.887**	**0,938**	**654.911**	**0,934**	**641.851**	**0,964**
Kerngesundheitswirtschaft										
Impulse	**279.839**		**275.852**		**265.449**		**257.770**		**248.247**	
Produktionseffekte										
Direkt	**279.839**		**275.852**		**265.449**		**257.770**		**248.247**	
Indirekt	117.007	0,418	117.622	0,426	114.530	0,431	108.568	0,421	105.969	0,427
Induziert	134.262	0,480	127.093	0,461	126.210	0,475	123.298	0,478	125.856	0,507
Gesamt	**531.107**	**0,898**	**520.567**	**0,887**	**506.189**	**0,907**	**489.636**	**0,900**	**480.072**	**0,934**
erweiterte Gesundheitswirtschaft										
Impulse	**92.743**		**91.322**		**87.518**		**80.941**		**78.551**	
Produktionseffekte										
Direkt	**92.743**		**91.322**		**87.518**		**80.941**		**78.551**	
Indirekt	49.354	0,532	48.525	0,531	47.544	0,543	43.610	0,539	41.300	0,526
Induziert	46.356	0,500	43.770	0,479	42.636	0,487	40.725	0,503	41.929	0,534
Gesamt	**188.453**	**1,032**	**183.617**	**1,011**	**177.698**	**1,030**	**165.275**	**1,042**	**161.779**	**1,060**

1) Jahre 2009 und 2008 sind Ergebnisse des Fortschreibungsprozesses

Quelle: GGR; eigene Darstellung

Im Bereich der erweiterten Gesundheitswirtschaft stieg die direkte Produktionsleistung im Berichtszeitraum um 18% von 78,5 Mrd. € auf 92,7 Mrd. €. Die indirekten Produktionseffekte erhöhten sich von 41,3 Mrd. € auf 49,4 Mrd. € und somit, mit einem Wachstum von 20%, stärker als die direkten Effekte. Die induzierten Produktionseffekte erhöhten sich in den Jahren 2005 bis 2009 dagegen lediglich um insgesamt 11% von 41,9 Mrd. € auf 46,4 Mrd. €. Die Multiplikatoren der indirekten Effekte der 14 Gesundheitsbranchen weisen deutliche Unterschiede auf, vgl. Tabelle 39.

In der Kerngesundheitswirtschaft besitzen die privaten Versicherungen mit einem durchschnittlichen Multiplikator von 1,15 den höchsten Effekt auf die vorgelagerten Branchen. Den niedrigsten Multiplikator des indirekten Produktionseffekts haben die nicht-stationären Einrichtungen mit durchschnittlich 0,31.

Tabelle 39: Indirekte Produktionswertmultiplikatoren der Gesundheitsbranchen

Kennzahlen (in 1.000)	2009 [1]	2008 [1]	2007	2006	2005	ø
Kerngesundheitswirtschaft ø	**0,568**	**0,584**	**0,584**	**0,581**	**0,589**	**0,581**
Pharmazeutische Erzeugnisse	0,502	0,519	0,521	0,496	0,485	0,505
Medizintechnische Geräte	0,536	0,557	0,571	0,540	0,564	0,554
Sonstige Waren des Kernbereichs	0,728	0,750	0,755	0,719	0,741	0,739
Einzelhandelsleistungen KGW	0,578	0,576	0,596	0,577	0,593	0,584
Private Versicherungen	1,096	1,179	1,114	1,177	1,192	1,152
Sozialversicherungen u. Verwaltung	0,384	0,386	0,381	0,382	0,405	0,388
Stationärer Einrichtungen	0,406	0,403	0,403	0,381	0,374	0,393
Nicht-stationärer Einrichtungen	0,306	0,303	0,305	0,308	0,329	0,310
Sonstige Dienstleistungen KGW	0,580	0,581	0,611	0,647	0,621	0,608
Erweiterte Gesundheitswirtschaft ø	**0,651**	**0,644**	**0,644**	**0,648**	**0,644**	**0,646**
Privaten Haushalte	x	x	x	x	x	x
Bio und funktionelle Lebensmittel	1,011	0,988	0,964	0,972	0,963	0,979
Sonstige Gesundheitswaren EGW	0,633	0,643	0,650	0,649	0,650	0,645
Sport, Fitness und Wellness	0,569	0,552	0,546	0,544	0,549	0,552
Sonstige Dienstleistungen EGW	0,392	0,391	0,417	0,426	0,414	0,408

[1] Fortschreibung

Quelle: GGR; eigene Darstellung

180

Die Branchen der erweiterten Gesundheitswirtschaft besitzen ebenfalls sehr unterschiedliche Multiplikatoren. Der Durchschnittswert liegt bei biologischen und funktionellen Lebensmitteln bei 0,98 und im Bereich der sonstigen Gesundheitsdienstleistungen bei lediglich 0,41. Keiner der Multiplikatoren unterliegt im Jahresvergleich nennenswerten Schwankungen oder Veränderungen. Die Multiplikatoren der induzierten Produktionseffekte zeigen im Branchenvergleich viel geringere Streuungen auf, vgl. Tabelle 40.

Tabelle 40: Induzierte Produktionswertmultiplikatoren der Gesundheitsbranchen

Kennzahlen (in 1.000)	2009 [1]	2008 [1]	2007	2006	2005	ø
Kerngesundheitswirtschaft ø	**0,474**	**0,454**	**0,464**	**0,470**	**0,499**	**0,472**
Pharmazeutische Erzeugnisse	0,396	0,365	0,371	0,382	0,411	0,385
Medizintechnische Geräte	0,475	0,413	0,415	0,430	0,468	0,440
Sonstige Waren des Kernbereichs	0,332	0,312	0,317	0,323	0,352	0,327
Einzelhandelsleistungen KGW	0,532	0,516	0,530	0,521	0,555	0,531
Private Versicherungen	0,448	0,451	0,431	0,454	0,481	0,453
Sozialversicherungen u. Verwaltung	0,688	0,674	0,699	0,702	0,721	0,697
Stationärer Einrichtungen	0,621	0,606	0,630	0,624	0,657	0,628
Nicht-stationärer Einrichtungen	0,328	0,318	0,326	0,328	0,346	0,329
Sonstige Dienstleistungen KGW	0,450	0,429	0,453	0,466	0,501	0,460
Erweiterte Gesundheitswirtschaft ø	**0,436**	**0,416**	**0,422**	**0,433**	**0,459**	**0,433**
Privaten Haushalte	x	x	x	x	x	x
Bio und funktionelle Lebensmittel	0,372	0,355	0,360	0,370	0,397	0,371
Sonstige Gesundheitswaren EGW	0,392	0,370	0,375	0,392	0,421	0,390
Sport, Fitness und Wellness	0,410	0,388	0,393	0,393	0,413	0,400
Sonstige Dienstleistungen EGW	0,568	0,551	0,562	0,576	0,607	0,573

[1] Fortschreibung

Quelle: GGR; eigene Darstellung

Dies war insofern zu erwarten, da die Konsumstruktur unabhängig von der Branche ist, in der das Einkommen erwirtschaftet wurde. D.h. das Einkommen eines Erwerbstätigen bspw. der pharmazeutischen Industrie führt zur identischen

Konsumnachfrage wie das Einkommen eines Erwerbstätigen der stationären Einrichtungen und somit auch zu identischen induzierten Effekten. Die Höhe des Multiplikators ist vorrangig vom Verhältnis der Arbeitnehmerentgelte zum Produktionswert der jeweiligen Branche sowie den indirekt beteiligten Branchen abhängig. Der höchste induzierte Effekt geht von der Branche der gesetzlichen Sozialversicherungen und Verwaltung aus, mit einem Multiplikator von durchschnittlich 0,7. Den niedrigsten Effekt hingegen besitzt die Branche der sonstigen Waren des Kernbereichs, mit einem Durchschnittwert von 0,33.

Mit Hilfe der Input-Output-Analyse lässt sich nicht nur der Effekt auf die Gesamtwirtschaft quantifizieren. Das Modell bestimmt auch in welcher Höhe jede einzelne Branche von den Effekten profitiert. In Tabelle 41 sind die zehn Branchen abgebildet, die am stärksten von den indirekten Ausstrahleffekten der Gesundheitswirtschaft gewinnen.

Tabelle 41: Indirekte Produktionseffekte nach Branchen

Kennzahlen (in Mio. €)	2009 [1]	
Gütergruppe	**Absolut**	**in %**
Unternehmensbezogene Dienstleistungen	25.810	15,5%
Dienstleistungen des Grundstücks- und Wohnungswesens	11.761	7,1%
Dienstleistungen der Kreditinstitute	6.685	4,0%
Handelsvermittlungs- und Großhandelsleistungen	6.564	3,9%
Pharmazeutische Erzeugnisse	**6.114**	**3,7%**
Sonstige Gesundheitsdienstleistungen EGW	**5.534**	**3,3%**
Chemische Erzeugnisse (ohne pharmazeutische Erzeugnisse)	5.498	3,3%
Dienstleistungen nicht-stationärer Einrichtungen	**4.985**	**3,0%**
Elektrizitäts- u. Fernwärmeversorgung	4.841	2,9%
Dienstleistungen Hilfs- und Nebentätigkeiten für den Verkehr	4.758	2,9%
restliche Branchen der Gesundheitswirtschaft	**10.296**	**6,2%**
sonstige Branchen nicht Gesundheit	73.515	44,2%
Gesamt	**166.361**	**100%**

[1] Fortschreibung

Quelle: GGR; eigene Darstellung

Der höchste Anteil mit 15,5% des indirekten Produktionseffekts richtet sich an die Branche unternehmensbezogene Dienstleistungen in Höhe von 25,8 Mrd. €. An zweiter Stelle folgen Dienstleistungen des Grundstücks- und Wohnungswesens, die in Höhe von 7,1% bzw. 11,7 Mrd. € von der Produktionsleistung der Gesundheitswirtschaft profitieren. Auf Position fünf, sechs und acht befinden sich die Gesundheitsbranchen pharmazeutische Erzeugnisse (3,7%), Gesundheitsdienstleistungen des erweiterten Bereichs (3,3%) und stationäre Einrichtungen (3,0%), deren Produktion über die Nachfrage anderer Gesundheitsbranchen ebenfalls von den Effekten profitiert.

Im Vergleich zu den direkten Vorleistungsbezügen, die in Kapitel 6.2.3 aufgezeigt wurden, sinkt jedoch der Anteil der indirekten Effekte, die innerhalb der Gesundheitswirtschaft verbleiben, deutlich. Während 23% der direkten Vorleistungsbezüge, die in den vorgelagerten Branchen in gleicher Höhe dem Produktionswert entsprechen, aus der Gesundheitswirtschaft selbst bezogen wurden, sinkt der Wert unter Berücksichtigung sämtlicher Vorleistungswirkungen auf 16,2%. Dies ist ein Zeichen dafür, dass die einzelnen Gesundheitsbranchen nur an den hinteren Stufen der Wertschöpfungskette beteiligt sind.

6.6.3 Wertschöpfungseffekte

Die Quantifizierung der Wertschöpfungseffekte gibt Aufschluss über den effektiven Leistungsbeitrag sämtlicher Branchen zur volkswirtschaftlichen Gesamtleistung, der aufgrund der Wirtschaftstätigkeit der Gesundheitswirtschaft entsteht. Im Gegensatz zum Produktionswert enthält die Bruttowertschöpfung lediglich den zusätzlich geleisteten Beitrag der Gesundheitswirtschaft, da diese um Vorleistungsbezüge bereinigt wird. Hierdurch werden Doppelzählungen vermieden. Gerade bei der Betrachtung ganzer Wertschöpfungsketten erhöht sich daher die Aussagekraft bei Verwendung der Bruttowertschöpfung als Messgröße.

Der Ausgangsimpulse für die Berechnungen der Wertschöpfungseffekte bleibt wie bei den anderen Effekten weiterhin der Produktionswert der Gesundheitswirtschaft von dem die ökonomische Wirkung auf die restlichen Wirtschaftszweige ausgeht. Lediglich die dargestellten Multiplikatoren beziehen sich auf die direkte Bruttowertschöpfung der Gesundheitswirtschaft, um die Relation zwischen der direkten Leistung der Gesundheitsbranchen und der zusätzlich in anderen Branchen generierten Leistung zu verdeutlichen.

Im Jahr 2009 lagen die Wertschöpfungsmultiplikatoren der Gesundheitswirtschaft der indirekten und induzierten Effekte bei 0,37 bzw. 0,4. Dies bedeutet, dass ein Euro Bruttowertschöpfung der innerhalb der Gesundheitswirtschaft geschaffen wurde, über die Ausstrahleffekte der Vorleistungen zusätzlich 37 Cent Wertschöpfung in vorgelagerten Industrien sowie über die Wiederverausgabung der Einkommen weitere 40 Cent Wertschöpfung mit sich bringt. Insgesamt erhöhen diese Effekte die gesamte Wertschöpfung von 229,1 Mrd. € auf 406,9 Mrd. €, vgl. Tabelle 42.

Tabelle 42: Indirekte und induzierte Wertschöpfungseffekte

Kennzahlen (in Mio. €)[1]

	2009		2008		2007		2006		2005	
	Gesamt	Faktor	Gesamt	Faktor	Gesamt	Faktor	Gesamt	Faktor	Gesamt	Faktor
Gesundheitswirtschaft										
Impulse	372.582		367.174		352.967		338.711		326.798	
Wertschöpfungseffekte										
Direkt	229.059		223.377		214.284		208.442		202.878	
Indirekt	85.690	0,374	89.556	0,401	86.656	0,404	82.227	0,394	80.380	0,396
Induziert	92.104	0,402	91.229	0,408	89.889	0,419	87.281	0,419	89.478	0,441
Gesamt	406.854	0,776	404.162	0,809	390.829	0,824	377.950	0,813	372.736	0,837
Kerngesundheitswirtschaft										
Impulse	279.839		275.852		265.449		257.770		248.247	
Wertschöpfungseffekte										
Direkt	175.907		171.469		164.777		162.768		157.317	
Indirekt	61.771	0,351	64.543	0,376	62.157	0,377	59.565	0,366	58.723	0,373
Induziert	68.466	0,389	67.859	0,396	67.191	0,408	65.610	0,403	67.118	0,427
Gesamt	306.144	0,740	303.870	0,772	294.125	0,785	287.943	0,769	283.158	0,800
Erweiterte Gesundheitswirtschaft										
Impulse	92.743		91.322		87.518		80.941		78.551	
Wertschöpfungseffekte										
Direkt	53.152		51.908		49.507		45.674		45.561	
Indirekt	23.919	0,450	25.014	0,482	24.499	0,495	22.662	0,496	21.656	0,475
Induziert	23.639	0,445	23.370	0,450	22.698	0,458	21.671	0,474	22.360	0,491
Gesamt	100.710	0,895	100.292	0,932	96.704	0,953	90.007	0,971	89.578	0,966

1) Jahre 2009 und 2008 sind Ergebnisse des Fortschreibungsprozesses

184

Der durchschnittliche indirekte Wertschöpfungsmultiplikator des Kernbereichs der Gesundheitswirtschaft liegt bei 0,37 und der des erweiterten Bereichs bei 0,48. Beide Multiplikatoren liegen unter den indirekten Multiplikatoren des Produktionswerts. Die Ursache hierfür liegt vor allem in der überdurchschnittlich hohen Wertschöpfungsquote der Gesundheitswirtschaft, die in der Rechnung den Quotienten aus induzierten Effekten zu direkten Effekten verringert. Der Multiplikator der über die Wiederverausgabung der Einkommen zu Wertschöpfung führt, liegt im Kernbereich bei durchschnittlich 0,4 und in der erweiterten Gesundheitswirtschaft bei 0,46.

Für das Jahr 2009 besteht der gesamte Wertschöpfungseffekt in Höhe von 406,9 Mrd. € zu 56% aus direkte Effekten und zu 44% aus indirekte und induzierte Effekte. Auf den Kernbereich fallen 75% des Gesamteffekts, davon 43% auf direkte-, 15% auf indirekte- und 17% auf induzierte Effekte. Die 25% des erweiterten Bereichs verteilen sich zu 13% auf direkte Effekte und zu jeweils 6% auf indirekte und induzierte Effekte, vgl. Abbildung 47.

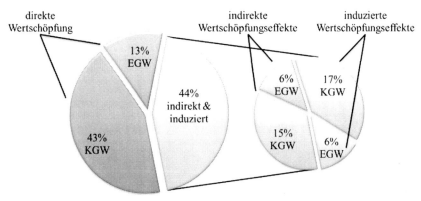

Quelle: GGR; eigene Darstellung

Abbildung 47: Wertschöpfungseffekte von KGW und EGW (2009)

Tabelle 43 enthält die Wertschöpfungsmultiplikatoren der 14 Gesundheitsbranchen. An ihnen ist deutlich die zweifache Wirkung der Wertschöpfungsquote auf die Höhe des Multiplikators zu erkennen. Bei einer hohen Wertschöpfungsquote ist zum einen der Ausstrahleffekt auf die Vorleistungsbranchen geringer und zum anderen wird der Effekt ins Verhältnis zu einer relativ hohen direkten Wertschöpfung gesetzt. Im Vergleich mit den direkten Produktionswerten aus Tabelle 39 ist zu erkennen, dass in den Branchen mit einem indirekten Produktionswertmultiplikator von größer 0,5 der vergleichbare indirekte Wertschöpfungsmultiplikator höher liegt und bei Multiplikatoren kleiner 0,5 der Wertschöpfungsmultiplikator sinkt.

Der höchste indirekte Wertschöpfungsmultiplikator im Berichtszeitraum lag bei 4,13 im Jahr 2005 in der Branche private Versicherungen. Der entsprechende Multiplikator auf den Produktionswert lag bei 1,19. Die niedrigsten Ausstrahleffekte gehen von den nicht stationären Einrichtungen aus. Der indirekte Wertschöpfungsmultiplikator lag dort im Jahr 2009 bei 0,24 und somit sieben Prozentpunkten unter dem Multiplikator des Produktionswertes von 0,31.

Tabelle 43: Indirekte Wertschöpfungsmultiplikatoren der Gesundheitsbranchen

Kennzahlen (in 1.000)	2009 [1]	2008 [1]	2007	2006	2005	ø
Kerngesundheitswirtschaft ø	**0,746**	**0,919**	**0,837**	**0,895**	**0,945**	**0,868**
Pharmazeutische Erzeugnisse	0,612	0,660	0,652	0,581	0,555	0,612
Medizintechnische Geräte	0,477	0,556	0,569	0,539	0,562	0,541
Sonstige Waren des Kernbereichs	1,064	1,272	1,249	1,193	1,161	1,188
Einzelhandelsleistungen KGW	0,571	0,588	0,609	0,586	0,609	0,593
Private Versicherungen	2,600	3,771	3,001	3,666	4,125	3,433
Sozialversicherungen u. Verwaltung	0,319	0,327	0,318	0,320	0,347	0,326
Stationärer Einrichtungen	0,331	0,344	0,337	0,312	0,305	0,325
Nicht-stationärer Einrichtungen	0,235	0,244	0,241	0,246	0,270	0,247
Sonstige Dienstleistungen KGW	0,503	0,514	0,554	0,615	0,573	0,552
Erweiterte Gesundheitswirtschaft ø	**0,856**	**0,911**	**0,852**	**0,870**	**0,840**	**0,866**
Privaten Haushalte	x	x	x	x	x	x
Bio. und funktionelle Lebensmittel	1,898	2,009	1,772	1,798	1,707	1,837
Sonstige Gesundheitswaren EGW	0,692	0,783	0,771	0,788	0,775	0,762
Sport, Fitness und Wellness	0,545	0,549	0,537	0,549	0,549	0,546
Sonstige Gesundheitsdienstleistungen EGW	0,290	0,303	0,328	0,345	0,331	0,319

[1] Fortschreibung

Quelle: GGR; eigene Darstellung

Die Wertschöpfungswirkung, die durch den Einkommens-Konsum-Kreislauf von den einzelnen Gesundheitsbranchen induziert wird, ist in Tabelle 44 dargestellt. Auch hier erreichen die privaten Versicherungen aufgrund ihrer geringen Wertschöpfungsquote die höchsten Multiplikatoren. Im Jahr 2005 lag der induzierte Wertschöpfungsmultiplikator bei 1,61. Zusammen mit dem indirekten Effekt führte jeder generierte Euro an Wertschöpfung zusätzlich zu weiteren 5,70 € Wertschöpfung in der Gesamtwirtschaft.

Der durchschnittliche induzierte Wertschöpfungsmultiplikator hingegen liegt im Kernbereich bei 0,57 und im erweiterten Gesundheitsbereich bei 0,53.

Tabelle 44: Induzierte Wertschöpfungsmultiplikatoren der Gesundheitsbranchen

Kennzahlen (in 1.000)	2009 [1]	2008 [1]	2007	2006	2005	ø
Kerngesundheitswirtschaft ø	**0,525**	**0,571**	**0,547**	**0,572**	**0,619**	**0,567**
Pharmazeutische Erzeugnisse	0,490	0,480	0,481	0,466	0,485	0,480
Medizintechnische Geräte	0,483	0,451	0,455	0,462	0,491	0,469
Sonstige Waren des Kernbereichs	0,643	0,649	0,646	0,647	0,656	0,648
Einzelhandelsleistungen KGW	0,474	0,481	0,500	0,482	0,522	0,492
Private Versicherungen	1,010	1,425	1,123	1,366	1,608	1,307
Sozialversicherungen u. Verwaltung	0,519	0,531	0,544	0,544	0,570	0,541
Stationärer Einrichtungen	0,491	0,500	0,515	0,495	0,514	0,503
Nicht-stationärer Einrichtungen	0,231	0,235	0,240	0,241	0,260	0,241
Sonstige Dienstleistungen KGW	0,387	0,386	0,419	0,449	0,468	0,422
Erweiterte Gesundheitswirtschaft ø	**0,524**	**0,522**	**0,507**	**0,528**	**0,545**	**0,525**
Privaten Haushalte	x	x	x	x	x	x
Bio. und funktionelle Lebensmittel	0,789	0,788	0,716	0,742	0,761	0,759
Sonstige Gesundheitswaren EGW	0,505	0,498	0,495	0,525	0,545	0,514
Sport, Fitness und Wellness	0,384	0,375	0,373	0,382	0,396	0,382
Sonstige Gesundheitsdienstleistungen EGW	0,419	0,428	0,444	0,462	0,478	0,446

[1] Fortschreibung

Quelle: GGR; eigene Darstellung

Empfänger der indirekten Wertschöpfungseffekte sind vor allem die Branchen der unternehmensbezogenen Dienstleistungen und Dienstleistungen des Grundstücks- und Wohnungswesens. Mit Ausstrahleffekten in Höhe von 16,4 Mrd. € sowie 9,3 Mrd. € im Jahr 2009 richtete sich 30% des Gesamteffekts an diese zwei Branchen, vgl. Tabelle 45.

Insgesamt 14,3 Mrd. € bzw. 16,7% der indirekten Wertschöpfungseffekte blieben innerhalb der Gesundheitswirtschaft. Den höchsten Nutzen davon haben die Dienstleistungsbranchen des erweiterten Bereichs mit 3,8 Mrd. € sowie die nicht-stationären Einrichtungen mit 3,6 Mrd. €. An die Unternehmen der pharmazeutischen Erzeugnisse gingen 2,5 Mrd. € der indirekten Ausstrahleffekte.

Tabelle 45: Indirekte Wertschöpfungseffekte nach Branchen

Kennzahlen (in Mio. €)	2009 [1]	
Gütergruppe	**Absolut**	**in %**
Unternehmensbezogene Dienstleistungen	16.384	19,1%
Dienstleistungen des Grundstücks- und Wohnungswesens	9.325	10,9%
Sonstige Gesundheitsdienstleistungen EGW	**3.820**	**4,5%**
Dienstleistungen der Kreditinstitute	3.802	4,4%
Handelsvermittlungs- und Großhandelsleistungen	3.749	4,4%
Dienstleistungen nicht-stationärer Einrichtungen	**3.601**	**4,2%**
Vermietung beweglicher Sachen (ohne Personal)	3.171	3,7%
Pharmazeutische Erzeugnisse	**2.523**	**2,9%**
Erdöl, Erdgas, DL für Erdöl-, Erdgasgewinnung	2.393	2,8%
Dienstleistungen der Datenverarbeitung und von Datenbanken	2.066	2,4%
restliche Branchen der Gesundheitswirtschaft	**4.360**	**5,1%**
sonstige Branchen (nicht Gesundheit)	30.497	35,6%
Gesamt	**85.690**	**100,0%**

[1] Fortschreibung

Quelle: GGR; eigene Darstellung

6.6.4 Beschäftigungseffekte

Die Berechnung der Beschäftigungseffekte verläuft analog zu der Berechnung der Wertschöpfungseffekte. Aus der Produktionsleistung der Gesundheitswirtschaft werden neben den direkt Beschäftigten innerhalb der Branchen der Gesundheitswirtschaft zusätzlich die Beschäftigten aus den Ausstrahleffekten durch die Vorleistungsnachfrage sowie die Effekte, die durch die Wiederverausgabung der enthaltenen Einkommen entstanden sind, ermittelt. Der Beschäftigungsmultiplikator ergibt sich aus dem Quotienten der indirekt bzw. induziert Beschäftigten zu den direkt Beschäftigten.

Tabelle 46: Indirekte und induzierte Beschäftigungseffekte

Kennzahlen (Mio. Personen und als Multiplikator)[1]

	2009		2008		2007		2006		2005	
Gesundheitswirtschaft										
Impulse	372,6		367,2		353,0		338,7		326,8	
Beschäftigungseffekte										
Direkt	5,69		5,56		5,40		5,31		528	
Indirekt	1,45	0,25	1,46	0,26	1,41	0,26	1,37	0,26	1,37	0,26
Induziert	1,65	0,29	1,59	0,29	1,59	0,30	1,56	0,29	1,64	0,31
Gesamt	8,78	0,54	8,61	0,55	8,41	0,56	8,24	0,55	8,29	0,57
Kerngesundheitswirtschaft										
Impulse	279,84		275,85		265,45		257,77		248,25	
Beschäftigungseffekte										
Direkt	4,48		4,37		4,21		4,14		4,12	
Indirekt	1,02	0,23	1,03	0,24	1,00	0,24	0,98	0,24	0,98	0,24
Induziert	1,23	0,27	1,19	0,27	1,19	0,28	1,18	0,29	1,23	0,30
Gesamt	6,72	0,50	6,59	0,51	6,40	0,52	6,29	0,52	6,33	0,54
Erweiterte Gesundheitswirtschaft										
Impulse	92,74		91,32		87,52		80,94		78,55	
Beschäftigungseffekte										
Direkt	1,22		1,19		1,19		1,16		1,16	
Indirekt	0,43	0,35	0,42	0,36	0,41	0,35	0,39	0,34	0,39	0,33
Induziert	0,42	0,35	0,40	0,34	0,40	0,34	0,39	0,33	0,41	0,35
Gesamt	2,06	0,70	2,02	0,70	2,01	0,69	1,95	0,67	1,96	0,69

1) Jahre 2009 und 2008 sind Ergebnisse des Fortschreibungsprozesses

Quelle: GGR; eigene Darstellung

Der durchschnittliche Beschäftigungsmultiplikator der Gesundheitswirtschaft lag in den Jahren 2005 bis 2009 bei 0,55. Davon beträgt die indirekte Wirkung 0,26 und der induzierte Effekt 0,3. Somit kommen auf vier Beschäftig-

te in der Gesundheitswirtschaft je ein indirekter und ein induzierter Beschäftigter, vgl. Tabelle 46.

Unter Berücksichtigung der indirekten und induzierten Effekte erhöht sich
die Zahl der Erwerbstätigen mit Bezug zur Gesundheitswirtschaft für das Jahr
2009 von 5,7 Mio. auf 8,8 Mio. Hiervon waren 51% direkt in der Kerngesundheitswirtschaft und 14% direkt im erweiterten Bereich der Gesundheitswirtschaft tätig. Weitere 11% der Erwerbstätigen sind durch indirekte Effekte des
Kernbereichs sowie 5% des erweiterten Bereichs beschäftigt. Die restlichen
19%, die durch induzierte Effekte entstanden sind, sind zu 14% auf den Kernbereich und zu 5% auf den erweiterten Bereich zurückzuführen, vgl. Abbildung
48.

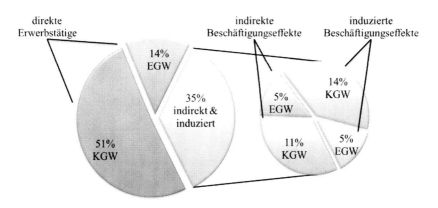

Quelle: GGR; eigene Darstellung

Abbildung 48: Beschäftigungseffekte der KGW und EGW (2009)

Im Branchenvergleich ist festzustellen, dass Branchen mit verhältnismäßig
geringer Beschäftigungszahl und hoher Vorleistungsquote den höchsten indirekten Multiplikator besitzen, vgl. Tabelle 47.

Auffällig ist auch hier wieder der Multiplikator der privaten Versicherungen
von ca. 4. Aber auch die Branchen pharmazeutische Erzeugnisse und sonstige
Waren des Kernbereichs erreichen Multiplikatoren, die deutlich über eins liegen
und somit zu mehr Beschäftigung in vorgelagerten Branchen führen als diese
selbst beschäftigen.

Geringe Beschäftigungswirkung strahlen vor allem die selbst personalintensiven Dienstleistungsbranchen aus. Bei den stationären Einrichtungen kommt etwa auf fünf direkt Beschäftigte ein Erwerbstätiger in vorgelagerten Branchen und in den nicht-stationären Einrichtungen ein indirekt Beschäftigter auf sieben direkt Beschäftigte.

Tabelle 47: Indirekte Beschäftigungsmultiplikatoren der Gesundheitsbranchen

Kennzahlen (in 1.000)	2009 [1]	2008 [1]	2007	2006	2005	ø
Kerngesundheitswirtschaft ø	**0,989**	**1,059**	**1,008**	**0,993**	**0,965**	**1,003**
Pharmazeutische Erzeugnisse	1,328	1,376	1,409	1,215	1,116	1,289
Medizintechnische Geräte	0,502	0,625	0,642	0,611	0,638	0,604
Sonstige Waren des Kernbereichs	1,485	2,030	1,932	1,921	1,737	1,821
Einzelhandelsleistungen KGW	0,184	0,196	0,201	0,198	0,201	0,196
Private Versicherungen	4,285	4,199	3,777	3,859	3,861	3,996
Sozialversicherungen u. Verwaltung	0,237	0,234	0,228	0,226	0,249	0,235
Stationärer Einrichtungen	0,199	0,197	0,194	0,192	0,189	0,194
Nicht-stationärer Einrichtungen	0,143	0,147	0,142	0,147	0,158	0,147
Sonstige Dienstleistungen KGW	0,538	0,530	0,547	0,569	0,534	0,544
Erweiterte Gesundheitswirtschaft ø	**0,608**	**0,641**	**0,659**	**0,612**	**0,593**	**0,622**
Privaten Haushalte	x	x	x	x	x	x
Bio. und funktionelle Lebensmittel	0,947	0,924	1,052	0,875	0,813	0,922
Sonstige Gesundheitswaren EGW	0,875	1,042	0,995	0,999	0,999	0,982
Sport, Fitness und Wellness	0,381	0,373	0,364	0,347	0,329	0,359
Sonstige Gesundheitsdienstleistungen EGW	0,229	0,224	0,224	0,228	0,229	0,227

[1] Fortschreibung

Quelle: GGR; eigene Darstellung

Die Multiplikatoren der induzierten Beschäftigungseffekte zeigen deutliche Parallelen zu den indirekten Multiplikatoren der einzelnen Gesundheitsbranchen, vgl. Tabelle 48. Insgesamt ist der Ausstrahleffekt über den Konsum-Einkommens-Kreislauf geringer als die der Vorleistungsbezüge. Im Kernbereich erreichen die Branchen einen induzierten Multiplikator von im Durchschnitt

0,66 gegenüber einem indirekten Multiplikator von 1,0. Der induzierte Multiplikator der Branchen des erweiterten Bereichs liegt bei 0,43 gegenüber der indirekten Wirkung von durchschnittlich 0,62. Wie auch bei den indirekten Beschäftigungseffekten sind die induzierten Effekte der produzierenden Branchen wie bspw. der pharmazeutischen Industrie oder sonstige Waren sowohl des Kern- als auch erweiterten Bereichs deutlich höher als die der gesundheitsbezogenen Dienstleistungssektoren.

Tabelle 48: Induzierte Beschäftigungsmultiplikatoren der Gesundheitsbranchen

Kennzahlen (in 1.000)	2009 [1]	2008 [1]	2007	2006	2005	ø
Kerngesundheitswirtschaft ø	**0,658**	**0,666**	**0,656**	**0,658**	**0,676**	**0,663**
Pharmazeutische Erzeugnisse	1,145	1,106	1,135	1,093	1,102	1,116
Medizintechnische Geräte	0,527	0,553	0,569	0,571	0,604	0,565
Sonstige Waren des Kernbereichs	1,123	1,213	1,175	1,208	1,149	1,173
Einzelhandelsleistungen KGW	0,200	0,213	0,216	0,216	0,228	0,214
Private Versicherungen	1,574	1,553	1,420	1,444	1,528	1,504
Sozialversicherungen u. Verwaltung	0,437	0,433	0,440	0,438	0,469	0,443
Stationärer Einrichtungen	0,324	0,316	0,329	0,330	0,350	0,330
Nicht-stationärer Einrichtungen	0,150	0,146	0,150	0,152	0,161	0,152
Sonstige Dienstleistungen KGW	0,444	0,460	0,470	0,470	0,490	0,467
Erweiterte Gesundheitswirtschaft ø	**0,420**	**0,421**	**0,429**	**0,414**	**0,429**	**0,423**
Privaten Haushalte	x	x	x	x	x	x
Bio. und funktionelle Lebensmittel	0,365	0,356	0,426	0,347	0,345	0,368
Sonstige Gesundheitswaren EGW	0,713	0,737	0,714	0,738	0,780	0,736
Sport, Fitness und Wellness	0,263	0,258	0,261	0,249	0,248	0,256
Sonstige Gesundheitsdienstleistungen EGW	0,339	0,332	0,317	0,321	0,343	0,330

[1] Fortschreibung

Quelle: GGR; eigene Darstellung

Über ein Viertel der indirekten Ausstrahleffekte richtet sich an den Wirtschaftszweig unternehmensbezogene Dienstleistungen. Im Jahr 2009 waren dort 386.000 Personen indirekt durch die Gesundheitswirtschaft beschäftigt, vgl. Tabelle 49. Etwas über 20% des indirekten Beschäftigungseffekts wirkt auf die

Branchen der Gesundheitswirtschaft selbst. Dies entspricht 290.000 Personen. Hiervon sind rund 99.000 Erwerbstätige bzw. 6,9% nicht-stationären Einrichtungen zuzuordnen und 84.000 Personen bzw. 5,8% der Branche sonstige Gesundheitsdienstleistungen des erweiterten Bereichs.

Tabelle 49: Indirekte Beschäftigungseffekte nach Branchen

Kennzahlen (in 1.000 Personen)	2009 [1]	
Gütergruppe	**Absolut**	**in %**
Unternehmensbezogene Dienstleistungen	386	26,7%
Dienstleistungen nicht-stationärer Einrichtungen	**99**	**6,9%**
Sonstige Gesundheitsdienstleistungen EGW	**84**	**5,8%**
Handelsvermittlungs- und Großhandelsleistungen	63	4,4%
Landv.leistungen, Transportleistungen in Rohrfernleitungen	51	3,5%
Einzelhandelsleistungen; Reparatur an Gebrauchsgütern	38	2,6%
Dienstleistungen der Kreditinstitute	37	2,6%
Erzeugnisse der Landwirtschaft und Jagd	35	2,4%
Kultur-, Sport- und Unterhaltungs-Dienstleistungen	33	2,3%
Sonstige Dienstleistungen	32	2,2%
restliche Branchen der Gesundheitswirtschaft	**107**	**7,4%**
sonstige Branchen (nicht Gesundheit)	480	33,2%
Gesamt	**1.445**	**100%**

[1] Fortschreibung

Quelle: GGR; eigene Darstellung

Mit der Analyse der Ausstrahleffekte ist die Abbildung der ökonomischen Wirkung der Gesundheitswirtschaft abgeschlossen. In Verbindung mit der zuvor dargestellten eigenen Wirtschaftsleistung der Gesundheitswirtschaft wurde der Gesamteffekt der Gesundheitswirtschaft als auch der einzelnen Branchen der Kerngesundheitswirtschaft und der erweiterten Gesundheitswirtschaft auf die deutsche Volkswirtschaft abgebildet. Im nächsten Kapitel erfolgt eine Zusammenfassung der Erkenntnisse, indem die Ergebnisse aus diesem Kapitel auf die vier Stabilitätsziele übertragen werden.

7 Übertragung der Analyseergebnisse auf die Stabilitätsziele

Zum Abschluss der Stabilitätsanalyse werden in diesem Abschnitt die gewonnenen Erkenntnisse aus den Daten der GGR mit den Ausstrahleffekten der Modellanalyse verknüpft und auf die zuvor identifizierten Stabilitätskriterien übertragen, vgl. Kapitel 2.1.

Im Fokus der Betrachtung steht die Gesamtleistung der Gesundheitswirtschaft und deren Einfluss auf die vier Stabilitätsziele: angemessenes Wirtschaftswachstum, hoher Beschäftigungsstand, stabiles Preisniveau und ein außenwirtschaftliches Gleichgewicht. Im darauffolgenden Kapitel wird der Teil der Gesundheitswirtschaft analysiert, dessen Finanzierung durch die gesetzlichen Krankenkassen gesichert ist und geprüft, ob dieses System der Funktion eines automatischen Stabilisators entspricht.

7.1 Stetiges und angemessenes Wirtschaftswachstum

Wirtschaftswachstum ist ein bedeutender Faktor für die Stabilität einer Volkswirtschaft. Er stellt ein notwendiges Kriterium zur Beschäftigungssicherung dar und hat Einfluss auf die Lebensqualität und den Wohlstand einer Bevölkerung, vgl. Kapitel 2.1.4. Die Zielvorgabe eines stetigen und angemessenen Wirtschaftswachstums bedeutet, dass ein langfristiger Wachstumspfad erreicht werden soll, dessen kurzfristige Konjunkturschwankungen möglichst gering bleiben.

Ein geeigneter Indikator zur Messung des Wirtschaftswachstums ist die Bruttowertschöpfung und deren Veränderungsraten. Die Bruttowertschöpfung eines Sektors entspricht der erbrachten Leistung und somit dem Beitrag am BIP. Im Gegensatz zum Produktionswert ist die Bruttowertschöpfung um Vorleistungen bereinigt. Diese Nettostellung der erbrachten Leistung führt zur Vermeidung von Doppelzählungen, die aufgrund von mehrstufigen Produktionsprozessen über mehrere Wirtschaftsbranchen andernfalls das Ergebnis beeinflussen würden.

In Tabelle 50 sind die Kernergebnisse der Wertschöpfungsrechnung zusammengefasst. Die Wertschöpfungsleistung der Gesundheitswirtschaft stieg im Betrachtungszeitraum der Jahre 2005 bis 2009 kontinuierlich von 203 Mrd. € auf 229 Mrd. €. Dies entspricht einem durchschnittlichen Anteil von etwa 10% an der gesamtwirtschaftlichen Bruttowertschöpfung. Aufgrund des stabilen

Wachstums im Rezessionsjahr 2009 stieg der Anteil auf fast 11%. Zusätzlich führte die Wirtschaftsleistung der Gesundheitswirtschaft zu indirekten und induzierten Wertschöpfungseffekten in den Nicht-Gesundheitsbranchen der Volkswirtschaft. Unter Berücksichtigung dieser Ausstrahleffekte erhöht sich der Gesamtanteil, der auf die Gesundheitswirtschaft zurückzuführen ist, auf 18% des BIP.[294]

Tabelle 50: Beitrag der Gesundheitswirtschaft zum Wirtschaftswachstum

Kennzahlen (in Mio. €)	2009 [1]	2008 [1]	2007	2006	2005
Gesamtwirtschaft Bruttowertschöpfung	**2.140.610**	**2.224.800**	**2.176.570**	**2.097.170**	**2.023.890**
Veränderung ggü. Vorjahr	*-3,8%*	*2,2%*	*3,8%*	*3,6%*	*-*
Gesundheitswirtschaft Bruttowertschöpfung	**229.440**	**223.739**	**214.638**	**208.789**	**203.216**
Veränderung ggü. Vorjahr	*2,6%*	*4,2%*	*2,8%*	*2,7%*	*-*
Anteil an Gesamtwirtschaft	*10,7%*	*10,1%*	*9,9%*	*10,0%*	*10,0%*
indirekte Effekte auf die restliche Wirtschaft	**73.387**	**78.369**	**77.079**	**72.898**	**71.389**
induzierte Effekte auf die restliche Wirtschaft	**85.309**	**84.662**	**83.595**	**81.263**	**83.434**
Gesamteffekt	**388.135**	**386.770**	**375.312**	**362.951**	**358.040**
Anteil an Gesamtwirtschaft	*18,1%*	*17,4%*	*17,2%*	*17,3%*	*17,7%*

[1] Fortschreibung

Datenquelle: GGR; eigene Berechnung

In Abbildung 49 ist die Entwicklung der Wertschöpfung der Gesamtwirtschaft sowie der einzelnen Einflussfaktoren der Gesundheitswirtschaft für die Jahre 2005 bis 2009 dargestellt. Nach einer Phase starken Wachstums in den Jahren 2005 und 2006 von jeweils mehr als 3,6%, verlangsamte sich das Wirtschaftswachstum der Gesamtwirtschaft zunächst im Jahr 2008 auf 2,2% und war im Jahr 2009 aufgrund der Finanz- und Wirtschaftskrise mit -3,8% negativ.

Die Gesundheitswirtschaft folgte in den Jahren 2005 bis 2008 einen relativ konstanten Wachstumspfad von etwa 3%. Lediglich das Jahr 2008 mit einem Zuwachs von 4,2% ist auffällig. Dieser starke Zuwachs ist auf die zwei größten Branchen der Gesundheitswirtschaft, den stationären und nicht-stationären Ein-

---

294 Für die Bestimmung des gesamtwirtschaftlichen Beitrags der Gesundheitswirtschaft wurden die indirekten und induzierten Effekte um die Ausstrahleffekte der Gesundheitswirtschaft mit sich selbst bereinigt, um Doppelzählungen zu vermeiden.

richtungen zurückzuführen, die im Jahr 2008 mit über 6% überdurchschnittlich hohe Wachstumsraten erzielten.

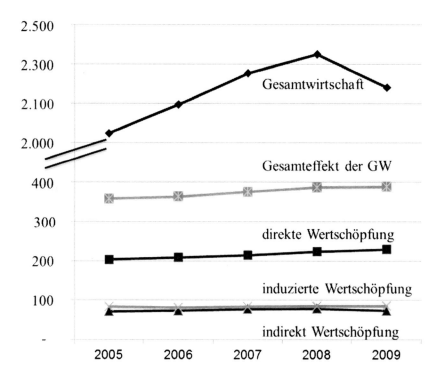

Datenquelle: GGR; eigene Berechnung

Abbildung 49: Entwicklung der Bruttowertschöpfung in Mrd. Euro

Trotz des starken Wachstums der Gesamtwirtschaft am Anfang des Betrachtungszeitraums, wuchs die Gesundheitswirtschaft über den Gesamtzeitraum 2005 bis 2009 mit 12,9% mehr als doppelt so schnell wie die Gesamtwirtschaft mit 5,8%.

In Abbildung 50 wurde die Entwicklung der Gesamtwirtschaft um den gesundheitswirtschaftlichen Einfluss bereinigt. Ohne die Wirtschaftsleistung der Gesundheitswirtschaft und der damit Verbundenen Ausstrahleffekte steigt das Wirtschaftswachstum im Jahr 2006 von 3,6% auf 4,1% und im Jahr 2007 von 3,8% auf 3,9%. In den Jahren 2008 und 2009 fällt das gesamtwirtschaftliche

196

Wachstum ohne den Beitrag der Gesundheitswirtschaft geringer aus. Im Jahr 2008 sinkt das Wirtschaftswachstum von 2.2% auf 2,0% und im Jahr 2009 erhöht sich der Rückgang von 3,8 auf 4,7%.

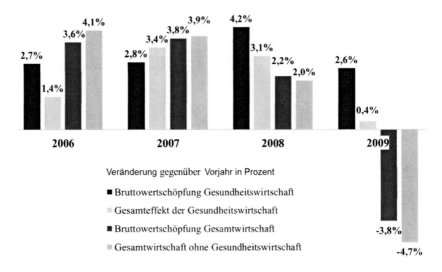

Datenquelle: GGR; eigene Berechnung

Abbildung 50: Entwicklung der Wertschöpfung in Prozent

    Die konstante Entwicklung der Gesundheitswirtschaft stabilisiert das gesamtwirtschaftliche Wirtschaftswachstum. In den Jahren 2006 und 2007, die von hohen Wachstumsraten der Gesamtwirtschaft geprägt waren, verlangsamte die Gesundheitswirtschaft die Gesamtentwicklung und in den Jahren 2008 und 2009 wirkte die Gesundheitswirtschaft wachstumstreibend. Die Rezession im Jahr 2009 wäre ohne den gesundheitswirtschaftlichen Einfluss um 0,9% höher ausgefallen.

    Bereinigt um die Gesundheitswirtschaft schwankt das Wirtschaftswachstum der Bundesrepublik in den Jahren 2005 bis 2009 zwischen +4,1% und -4,7%. Mit dem Beitrag der Gesundheitswirtschaft bleiben die gesamtwirtschaftlichen Wachstumsraten zwischen +3,8% und -3,8%. Die Gesundheitswirtschaft wirkte glättend auf den Konjunkturverlauf und stabilisierte die Wirtschaftsentwicklung.

    Die Stabilitätsanalyse der Gesundheitswirtschaft in Bezug auf das das Erreichen eines stetigen und angemessenen Wirtschaftswachstums der Volkswirtschaft hat ergeben:

- Mit einem Wertschöpfungsbeitrag der Gesundheitswirtschaft in Höhe von 229 Mrd. €, betrug ihr Anteil am deutschen BIP 10,7% im Jahr 2009.
- Diese Wirtschaftsleistung führt zu Ausstrahleffekten auf Branchen anderer Wirtschaftszweige, die durchschnittlich 158 Mrd. € weiterer Bruttowertschöpfung pro Jahr generiert.
- Aus diesen indirekten und induzierten Effekten erhöht sich der Gesamteinfluss der Gesundheitswirtschaft auf 18% des BIP.
- Die Wertschöpfungsleistung der Gesundheitswirtschaft stieg im Betrachtungszeitraum der Jahre 2005 bis 2009 kontinuierlich mit einer durchschnittlichen Wachstumsrate von 3%.
- Aufgrund dieser konstanten Entwicklung und dem der Höhe nach relevantem Anteil an der Gesamtwirtschaft wirkte die Gesundheitswirtschaft stabilisierend auf das Wirtschaftswachstum Deutschlands.
- In der starken Wachstumsphase vor Krisenbeginn dämpfte die Gesundheitswirtschaft die gesamtwirtschaftliche Entwicklung um 0,5% im Jahr 2006 und um 0,1% im Jahr 2007.
- Ab dem Beginn der Finanz- und Wirtschaftskrise wirkte die Gesundheitswirtschaft wachstumsfördernd auf die Gesamtwirtschaft. Im Jahr 2008 stieg das Wirtschaftswachstum der Gesamtwirtschaft um 0,2% und im Rezessionsjahr 2009 führt die Wirtschaftsleistung der Gesundheitswirtschaft zu einem 0,9 Prozentpunkte geringeren Wirtschaftsrückgang.
- Die Konjunkturentwicklung wurde aufgrund der Gesundheitswirtschaft in Aufschwungsphase von 4,1% auf 3,6% Wachstum gebremst und in der Abschwungsphase verringerte die Gesundheitswirtschaft den Wirtschaftsrückgang von -4,7% auf -3,8%.

7.2 Erreichen eines hohen Beschäftigungsniveaus

Das zweite Stabilitätskriterium besteht im Erreichen eines hohen Beschäftigungsniveaus, der s.g. Vollbeschäftigung. Neben ökonomischen Folgen, wie der nicht Nutzung freier Kapazitäten des Faktors Arbeit und anfallenden Kosten für das Sozialsystem, führt Arbeitslosigkeit aus sozialer Sicht zu finanziellen, psychischen und gesundheitlichen Problemen der betroffenen Individuen und kann bei dauerhaft hoher Arbeitslosigkeit zu Instabilität des politischen Systems führen.

Der Beitrag eines Wirtschaftszweigs am Beschäftigungsverhältnis kann anhand der Erwerbstätigenzahlen gemessen werden. Nach Definition gelten alle Personen als erwerbstätig, die als Arbeitnehmer, Selbständige oder mithelfende

Familienangehörige eine auf wirtschaftlichen Erwerb gerichtete Tätigkeit ausüben bzw. in einem Arbeits- oder Dienstverhältnis stehen, vgl. Kapitel 2.1.1. In Tabelle 51 ist die Entwicklung der Erwerbstätigen in Deutschland sowie der entsprechende Beitrag der Gesundheitswirtschaft abgebildet. In den Jahren 2005 bis 2009 stieg die Zahl der Erwerbstätigen in Deutschland von 38,8 Mio. auf 40,3 Mio. Auch in Folge der Rezession im Jahr 2009, in der die Wirtschaftsleitung um 3,8% zurückging, ist die Erwerbstätigenzahl nahezu konstant geblieben. Die Arbeitslosenquote sank in den Jahren 2005 bis 2009 von 11,7% auf 8,2%.[295]

Tabelle 51: Beitrag der Gesundheitswirtschaft zum Beschäftigungsstand

Kennzahlen (in Tsd.)	2009 [1]	2008 [1]	2007	2006	2005
Gesamtwirtschaft					
Erwerbstätige	40.271	40.276	39.724	39.075	38.835
Veränderung ggü. Vorjahr	*0,0%*	*1,4%*	*1,7%*	*0,6%*	*-*
Gesundheitswirtschaft					
Erwerbstätige	5.730	5.593	5.439	5.342	5.315
Veränderung ggü. Vorjahr	*2, 5%*	*2,8%*	*1,8%*	*0,5%*	*-*
Anteil an Gesamtwirtschaft	*14,2%*	*13,9%*	*13,7%*	*13,7%*	*13,7%*
indirekte Beschäftigungseffekte auf die restliche Wirtschaft	1.154	1.205	1.203	1.152	1.152
induzierte Beschäftigungseffekte auf die restliche Wirtschaft	1.475	1.425	1.429	1.402	1.478
Gesamteffekt der Gesundheitswirtschaft	8.359	8.224	8.070	7.897	7.945
Anteil an Gesamtwirtschaft	*20,8%*	*20,4%*	*20,3%*	*20,2%*	*20,5%*

[1] Fortschreibung

Datenquelle: GGR; eigene Berechnung

Ein Teil dieser positiven Entwicklung ist auf die Gesundheitswirtschaft zurückzuführen. Die Zahl der Erwerbstätigen in der Gesundheitswirtschaft stieg in den Jahren 2005 bis 2009 von 5,3 Mio. auf 5,7 Mio. Der Zuwachs der Beschäftigten in diesem Zeitraum ist mit 7,8% doppelt so hoch wie die Beschäftigungsentwicklung in Deutschland, die um 3,7% stieg. In Folge dessen stieg der Anteil

---

295 Vgl. Kapitel 2.1.1

der in der Gesundheitswirtschaft erwerbstätigen Personen an den Gesamtbe-
schäftigten in Deutschland von 13,7% auf 14,2%. Zusätzlich führt die Ausstrahlwirkung der Gesundheitswirtschaft zu weite-
ren Beschäftigungseffekten von durchschnittlich 2,6 Mio. Erwerbstätigen in
Branchen anderer Wirtschaftszweige. Diese bestehen zu 1,2 Mio. aus indirekten
Beschäftigungseffekten und zu 1,4 Mio. aus induzierten Beschäftigungseffekten.
Der Gesamteinfluss der Gesundheitswirtschaft auf die Erwerbstätigen in
Deutschland steigt auf einen Anteil von über 20%, was bedeutet, dass jeder fünf-
te Beschäftigte in Deutschland einen Bezug zur Gesundheitswirtschaft hat. In
Abbildung 51 ist dieser Zusammenhang für das Jahr 2009 abgebildet.

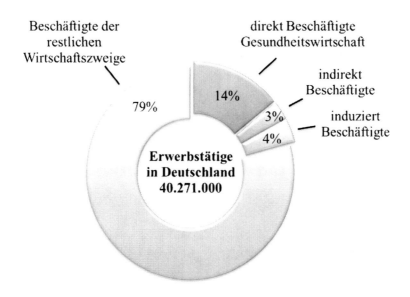

Datenquelle: GGR; eigene Berechnung

Abbildung 51: Anteil Erwerbstätige der Gesundheitswirtschaft an Deutschland (2009)

In Abbildung 52 sind die Erwerbstätigenzahlen für die Jahre 2005 bis 2009
abgebildet. Sowohl in der gesamtwirtschaftlichen als auch in der gesundheitswirtschaftlichen Entwicklung ist ein positiver Wachstumstrend zu erkennen. Der
Beschäftigungszuwachs der Gesundheitswirtschaft um 140.000 Erwerbstätige
stützte die gesamtwirtschaftliche Entwicklung im Jahr 2009 maßgeblich.

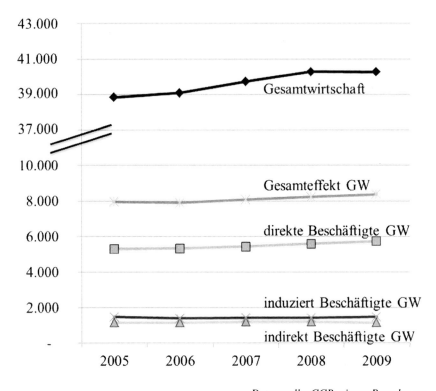

Abbildung 52: Entwicklung der Erwerbstätigen in Tsd.

Die Betrachtung der Wachstumsraten der Beschäftigten verdeutlicht den Einfluss der Gesundheitswirtschaft an der Gesamtentwicklung der in Deutschland beschäftigten Erwerbstätigen, vgl. Abbildung 53. Aufgrund der gesamtwirtschaftlich starken Wachstumsphase im Jahr 2006 nahm die Beschäftigtenzahl in Deutschland stärker zu als die der Gesundheitswirtschaft. Zudem gingen die induzierten Beschäftigungseffekte gegenüber dem Jahr 2005 leicht zurück, sodass die Erwerbstätigenentwicklung im Jahr 2006 ohne den Beitrag der Gesundheitswirtschaft um 0,3 Prozentpunkte stärker gestiegen wäre. In den Folgejahren hat die Gesundheitswirtschaft einen positiven Einfluss auf die Wachstumsraten der Erwerbstätigenzahlen. Im Jahr 2007 sind 0,2 Prozentpunkte und im Jahr 2008 0,1% des gesamtwirtschaftlichen Wachstums auf die Gesundheitswirtschaft zurückzuführen. Die um den Einfluss der Gesundheitswirtschaft bereinigte Entwicklung im Jahr 2009 zeigt einen Rückgang der Erwerbstätigen um 0,4%. Dieser Entwicklung wirkte die Gesundheitswirtschaft entgegen und verhinderte nahezu einen absoluten Rückgang der Beschäftigten in Deutschland.

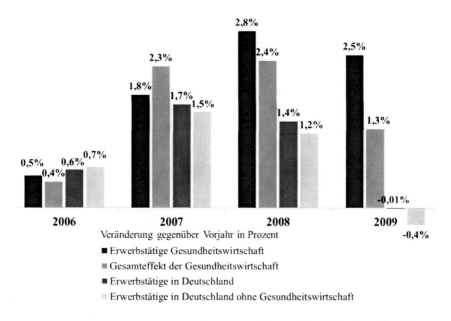

Datenquelle: GGR; eigene Berechnung

Abbildung 53: Entwicklung der Erwerbstätigen in Prozent

Die Stabilitätsanalyse der Gesundheitswirtschaft in Bezug auf das Beschäftigungsniveau in Deutschland hat ergeben:

• Die Gesundheitswirtschaft beschäftigt 5,7 Mio. Personen in Deutschland, dies entspricht einem Anteil von 14,2% aller Erwerbstätigen.
• Zusätzlich führen indirekte und induzierte Beschäftigungseffekte der Gesundheitswirtschaft zu durchschnittlich 2,6. Mio. Beschäftigungsverhältnissen außerhalb der Gesundheitswirtschaft.
• Der hieraus resultierende Gesamteffekt entspricht 20% aller Beschäftigten. Jeder fünfte Erwerbstätige in Deutschland hat somit einen Bezug zur Gesundheitswirtschaft.

- In den Jahren 2005 bis 2009 stieg die Zahl der Erwerbstätigen in der Gesundheitswirtschaft um 416.000. Dies entspricht mit 7,8% einem mehr als doppelt so hohen Wachstum als das der Gesamtbeschäftigten in Deutschland, das im selben Zeitraum um 3,7% stieg.
- Aufgrund des stetigen Zuwachses der Beschäftigten auch in den Jahren der Finanz- und Wirtschaftskrise leistete die Gesundheitswirtschaft einen deutlichen Beitrag am Rückgang der Arbeitslosenquote in Deutschland.
- Im Jahr 2007 sind 0,2% und im Jahr 2008 weitere 0,1% des Anstiegs der Gesamtbeschäftigten in Deutschland auf die Gesundheitswirtschaft zurückzuführen. Im Jahr 2009 wirkten die Beschäftigungszuwächse der Gesundheitswirtschaft gegen den rückläufigen Trend der Gesamtbeschäftigten und neutralisierten einen Beschäftigungsrückgang von 0,4%.

7.3 Außenwirtschaftliches Gleichgewicht

Mit der Zielvorgabe ein außenwirtschaftliches Gleichgewicht zu erreichen, soll das dritte Stabilitätskriterium vorrangig sicherstellen, dass die Binnenwirtschaft keine negative Beeinflussung durch die Außenwirtschaft erfährt und somit auch die anderen Stabilitätsziele nicht gefährdet werden. Eine dauerhaft negative Außenbilanz führt zu steigender Verschuldung, höherer Arbeitslosigkeit und rückläufigem Wirtschaftswachstum. Bei einer anhaltend positiven Außenhandelsbilanz steigt das Inflationsrisiko.

Die Außenbilanz stellt die exportierten und importierten Güter einer Nation gegenüber und informiert über den Beitrag am Außenhandel. Für Deutschland als exportstarke Nation ist der Handel mit der Außenwirtschaft von besonderer Bedeutung. Traditionell erzielt Deutschland seit Jahren kontinuierlich Exportüberschüsse, die die heimische Konjunktur stützen. In Tabelle 52 sind die Exporte, Importe sowie der daraus resultierende Außenhandelsüberschuss für Deutschland und die Gesundheitswirtschaft abgebildet.

Der Außenhandelsüberschuss Deutschlands stieg in der Zeit vor Krisenbeginn von 151,2 Mrd. € im Jahr 2005 auf 204,2 Mrd. € im Jahr 2007. Mit Beginn der Finanz- und Wirtschaftskrise ging der Außenhandelsüberschuss zurück und lag im Jahr 2009 mit 149,5 Mrd. € unter dem Wert aus dem Jahr 2005. Diese Abnahme ist die Folge des früher und stärker wirkenden Nachfragerückgangs aus dem Ausland gegenüber der heimischen Nachfrage nach importierten Gütern, vgl. Kapitel 2.1.3.

Tabelle 52: Beitrag der Gesundheitswirtschaft am Außenhandel

Kennzahlen (in Mio. €)	2009 [1]	2008 [1]	2007	2006	2005
Gesamtwirtschaft					
Exporte	958.235	1.157.180	1.116.300	1.031.170	900.050
Importe	808.691	966.780	912.070	868.320	748.890
Außenhandelsbilanz	**149.544**	**190.400**	**204.230**	**162.850**	**151.160**
Gesundheitswirtschaft					
Exporte	69.511	72.841	71.511	63.784	54.775
Anteil an gesamt	7,25%	6,29%	6,41%	6,19%	6,09%
Importe	61.312	60.803	59.291	53.549	46.844
Anteil an gesamt	7,58%	6,29%	6,50%	6,17%	6,26%
Außenhandelsbilanz	**8.199**	**12.038**	**12.220**	**10.234**	**7.931**
Anteil an gesamt	5,48%	6,32%	5,98%	6,28%	5,25%

[1] Fortschreibung

Datenquelle: GGR; eigene Berechnung

Die Gesundheitswirtschaft erzielte in den Jahren 2005 bis 2009 ebenfalls kontinuierlich Exportüberschüsse und leistete somit einen positiven Beitrag zur deutschen Außenhandelsbilanz. In den Jahren 2005 bis 2007 stiegen die Exporte stärker als die Importe. Mit der Folge, dass die Außenhandelsbilanz der Gesundheitswirtschaft von 7,9 Mrd. € auf 12,2 Mrd. € anstieg. Während die gesundheitsbezogenen Importe auch in den Jahren 2008 und 2009 zunahmen, verlangsamte sich das Wachstum der Exporte im Jahr 2008 zunächst und ging im Jahr 2009 aufgrund der globalen Rezession bis unter das Niveau aus dem Jahr 2007 zurück. Die unterschiedliche Entwicklung der Exporte gegenüber den Importen ließ den Beitrag zum deutschen Außenhandelsüberschuss von 7,9 Mrd. € im Jahr 2005 zunächst auf 12,2 Mrd. € im Jahr 2007 ansteigen und anschließenden wieder auf 8,2 Mrd. € im Jahr 2009 sinken.

In Abbildung 54 ist der Anteil der Gesundheitswirtschaft am deutschen Außenhandel für das Jahr 2009 abgebildet. Die Exporte haben mit 69,5 Mrd. € einen Anteil von 7,3% an den gesamten Exporten Deutschlands in Höhe von 958,2 Mrd. €. Die Importe von Gesundheitsgütern mit 61,3 Mrd. € entsprechen einem Anteil von 7,6 % der gesamten Importe in Höhe von 808,7 Mrd. €.

Aus den Exportüberschüssen der Gesundheitswirtschaft entstand ein Beitrag zum Außenhandelsüberschuss in Höhe von 8,2 Mrd. €. Dies enspricht einem Anteil von 5,5% am Außenhandelsüberschuss Deutschlands im Jahr 2009. In den vorrangegangen Jahren stieg dieser Anteil von 5,3% im Jahr 2005 auf 6,3% im Jahr 2008, vgl. Tabelle 52.

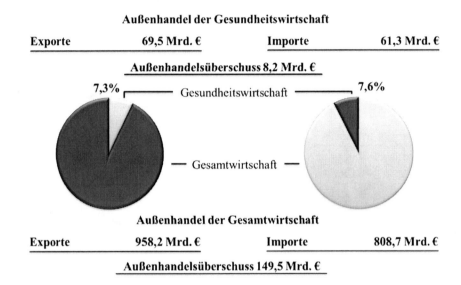

Außenhandel der Gesundheitswirtschaft

Exporte	**69,5 Mrd. €**	**Importe**	**61,3 Mrd. €**

Außenhandelsüberschuss 8,2 Mrd. €

7,3% — Gesundheitswirtschaft — 7,6%

— Gesamtwirtschaft —

Außenhandel der Gesamtwirtschaft

Exporte	**958,2 Mrd. €**	**Importe**	**808,7 Mrd. €**

Außenhandelsüberschuss 149,5 Mrd. €

Datenquelle: GGR; eigene Berechnung

Abbildung 54: Anteil der Gesundheitswirtschaft am Außenhandel (2009)

Zusammenfassend lassen sich folgende Ergebnisse der Stabilitätsanalyse der Gesundheitswirtschaft in Bezug auf den Beitrag zu einem außenwirtschaftlichen Gleichgewicht nennen:

- Durchschnittlich exportiert die Gesundheitswirtschaft Güter im Wert von 66,5 Mrd. € jährlich.
- Gesundheitsgüter waren vom globalen Nachfragerückgang in den Jahren der Finanz- und Wirtschaftskrise weniger betroffen, mit der Folge, dass ihr Anteil an den gesamten Exporten von 6,1% auf 7,3% stieg.
- In den Jahren 2005 bis 2009 wurden jährlich Gesundheitsgüter im Wert von durchschnittlich 56,4 Mrd. € importiert. Der Anteil importierter Gesundheits-

güter an den gesamten Importen Deutschlands stieg von 6,3% im Jahr 2005 auf 7,6% im Jahr 2009.

- Die Gesundheitswirtschaft erreichte über den gesamten Berichtszeitraum positive Exportüberschüsse von durchschnittlich 10,1 Mrd. € jährlich.
- Der Beitrag der Gesundheitswirtschaft am deutschen Außenhandelsbilanzüberschuss liegt bei durchschnittlich 5,9%.

7.4 Preisniveaustabilität

Das vierte Ziel aus dem magischen Viereck der Stabilitätspolitik ist das Erreichen eines stabilen Preisniveaus. Das selbstgesteckte Ziel der EZB ist eine jährliche Inflationsrate von ca. 2% zu erreichen. Da zum Zeitpunkt dieser Arbeit die Gesamtwirtschaftlichen Gesamtrechnungen lediglich in Preisen der jeweiligen Jahre vorliegen, muss zur Beurteilung des Einflusses der Gesundheitswirtschaft auf die Preisniveaustabilität auf alternative Datenquellen zurückgegriffen werden.

Wie in Kapitel 2.1.2 bereits gezeigt wurde, enthält der Verbraucherpreis des statistischen Bundesamtes in der Gliederung nach dem Verwendungszweck auch gesundheitsrelevante Güter, die zu insgesamt 4% in die Wertung des VPI fallen. In Tabelle 6 ist der Gesamtindex sowie sämtliche Werte für Gesundheitsgüter noch einmal abgebildet.

Über den gesamten Zeitraum liegt der Indikator im Gesamtbereich der Gesundheitspflege deutlich unter der 2-Prozent-Marke des jährlichen Preisanstiegs und bis auf das Jahr 2009 auch unter dem des Gesamtindex. Lediglich die Unterkategorien pharmazeutische Erzeugnisse in den Jahren 2007 bis 2009 und Dienstleistungen nichtärztlicher Gesundheitsberufe im Jahr 2007 liegen über 3% und somit über dem gesteckten Ziel.

Auf Basis der VPI ist die Preisentwicklung der Güter der Gesundheitswirtschaft als stabil zu bewerten, da sie einen ausgleichenden Effekt auf den Gesamtindex ausübt und somit der Deflationsgefahr vorbeugt. In den Jahren 2007, 2008 und 2009 wirken die unterdurchschnittlichen Preisentwicklungen in der Gesundheitswirtschaft gegen den leicht erhöhten Wert des Gesamtindex. Im Jahr 2009 hingegen liegt der umgekehrte Fall vor, indem der niedrige Gesamtindex von 0,4% durch eine Inflationsrate innerhalb der Gesundheitswirtschaft in Höhe von 1% tendenziell angehoben wird. Es bleibt festzuhalten, dass nach den Informationen des VPI auch auf das vierte Stabilitätsziel ein positiver Einfluss von der Gesundheitswirtschaft ausging.

206

Tabelle 53: Gesundheitsrelevante Inflationsraten im VPI

	Gewichtung am VPI in ‰	2006	2007	2008	2009	2010	2011
		Veränderung gegenüber Vorjahr in %					
Gesamtindex VPI	**1000**	**1,60**	**2,26**	**2,60**	**0,38**	**1,12**	**2,31**
Gesundheitspflege	**40,27**	**0,50**	**0,80**	**1,68**	**0,97**	**0,67**	**0,76**
Medizinische Erzeugnisse, Geräte und Ausrüstungen	**17,55**	**0,80**	**2,38**	**2,13**	**1,90**	**1,21**	**1,38**
Pharmazeutische Erzeugnisse	9,83	0,50	3,38	3,08	2,99	1,63	1,34
Medizinische Erzeugnisse	1,21	0,20	1,50	1,18	0,87	0,96	0,95
Therapeutische Geräte und Ausrüstungen	6,51	1,20	0,99	1,08	0,48	0,58	1,34
Ambulante Dienstleistungen	**16,1**	**0,50**	**0,70**	**0,49**	**0,29**	**0,49**	**0,29**
Ärztliche Dienstleistungen	8,32	0,00	0,00	0,00	0,00	0,00	0,00
Zahnärztliche Dienstleistungen	5,59	1,20	0,79	1,37	0,39	1,16	0,95
Dienstleistungen nichtärztlicher Gesundheitsdienstberufe	2,19	0,20	3,19	0,68	0,38	0,77	0,19
Stationäre Dienstleistungen	**6,62**	**-0,30**	**-2,81**	**3,20**	**0,10**	**-0,60**	**0,20**

Datenquelle: Destatis; eigene Darstellung

Mit der Übertragung der Daten der GGR in Verbindung mit den Ergebnissen aus der Berechnung der Ausstrahleffekte auf die einzelnen Stabilitätsziele und deren anschließenden Auswertung, ist die Stabilitätsanalyse der Gesundheitswirtschaft abgeschlossen. Wie gezeigt wurde, hatte die Gesundheitswirtschaft auf alle Stabilitätsziele des magischen Vierecks einen positiven Einfluss und hat somit maßgeblich die deutsche Volkswirtschaft in den Jahren der Finanz- und Wirtschaftskrise stabilisiert.

Im folgenden Kapitel wird untersucht, ob diese stabilisierende Wirkung der Gesundheitswirtschaft in Verbindung mit dem Finanzierungssystem der gesetzlichen Krankenkassen als automatischer Stabilisator für die deutsche Volkswirtschaft fungiert.

8 Modelanalyse des Gesundheitssystem als automatischer Stabilisator

Wie das vorangegangene Kapitel gezeigt hat, wirkt die Gesundheitswirtschaft aufgrund ihrer konstanten Entwicklung entlang eines positiven Wachstumspfads und der damit verbundenen Ausstrahleffekte stabilisierend für die deutsche Volkswirtschaft. In diesem Kapitel soll nun untersucht werden, ob diese stabilisierende Wirkung aufgrund der festen Regulierungen des deutschen Gesundheitssystems dauerhaft und frei von politischen Interventionen erreicht wird. Das Gesundheitssystem würde somit der Definition eines automatischen Stabilisators entsprechen.

Die Berechnung erfolgt in Analogie zu dem in Kapitel 2.2 und 3.2 vorgestellten Haavelmo-Theorem, wonach die Transformation von Einkommen der privaten Haushalte mittels Steuern in staatliche Nachfrage zu einer Erhöhung des Gesamtaufkommens führt.

Bezogen auf die vorliegende Untersuchung der Gesundheitswirtschaft erfolgt diese Transformation anhand der Einnahmen und Ausgaben der gesetzlichen Krankenkassen. Die Beitragszahlungen der Versicherten reduzieren das verfügbare Einkommen der privaten Haushalte und finanzieren im Gegenzug gesundheitsbezogene Ausgaben. Anhand der Differenz der entstehenden Effekte aus den Einnahmen der gesetzlichen Krankenversicherungen und denen, die durch den Kaufkraftentzug durch Beitragszahlungen der privaten Haushalte resultieren, sollen Rückschlüsse auf die volkswirtschaftliche Wirkung des deutschen Gesundheitssystems gezogen werden.

8.1 Aufbereitung der Sekundärdaten

Informationen über die einzelnen Leistungsträger, wie die der gesetzlichen Krankenkassen, werden in der GGR nicht explizit ausgewiesen. Die GGR folgt der Systematik der VGR und differenziert die Verwendung in die Komponenten intermediäre Verwendung, Konsum privater Haushalte, Konsum des Staates, Exporte usw. Daher werden für die vorliegende Analyse Daten der GAR hinzugezogen, die eine Gliederung der gesundheitsrelevanten Nachfrage nach Leistungsträgern ermöglicht.

In Abbildung 55 ist die Verwendungsseite der GGR den Leistungsträgern der GAR gegenübergestellt. Diese Gegenüberstellung gleicht der in Tabelle 12 aus Kapitel 5.3 gezeigten Aufteilung in die Ebenen primäre und sekundäre Finanzierung. Die Färbung markiert dabei zusammengehörige Positionen. Gesundheitsbezogene Ausgaben, die von den gesetzlichen Krankenkassen, sozialen

Pflegeversicherungen, sowie den gesetzlichen Renten- und Unfallversicherungen finanziert werden, sind innerhalb der GGR den Konsumausgaben des Staates zugeordnet.

Systematik HIOT

Konsumausgaben des Staates

Konsumausgaben privater Haushalte

Konsumausgaben privater Org. ohne Erwerbszweck

Anlageinvestitionen

Exporte

intermediäre Verwendung

Leistungsträger GAR

gesetz. Krankenversicherung

soziale Pflegeversicherung

gesetzliche Rentenversicherung

gesetzliche Unfallversicherung

öffentliche Haushalte

private Krankenversicherung

Arbeitgeber

private Haushalte

private Organisationen

Quelle: Eigene Darstellung

Abbildung 55: Gegenüberstellung Verwendung nach GGR und Leistungsträger der GAR

Da die GAR ein integraler Bestandteil der GGR ist, lassen sich mit Hilfe eines Überleitungsschemas die Daten der GAR in die Systematik der GGR übertragen, vgl. Kapitel 5.4.1. In Tabelle 54 ist der Übergang der Gesundheitsausgaben der GAR in die Konsumausgaben der GGR für die Jahre 2005 bis 2009 abgebildet. Den Ausgangspunkt bilden dabei die Gesundheitsausgaben abzüglich Investitionen. Diese laufenden Gesundheitsausgaben werden zusätzlich um wertschöpfungsfreie Barleistungen, wie das gezahlte Pflegegeld, um Vorleistungen, bestehend aus Präventions- und betriebsärztlichen Leistungen sowie im Ausland getätigte Zahlungen bereinigt. Anschließend erfolgt die Überleitung der laufenden Gesundheitsausgaben von Aufkommenspreisen in Herstellungspreise, indem die Gütersteuern abgezogen werden.

Tabelle 54: Übergang der Ausgaben aus GAR und den Konsumausgaben im GGR

Ausgabenart (in Mio. €)	2009	2008	2007	2006	2005
GAR					
Gesundheitsausgaben	**278.345**	**264.506**	**254.291**	**246.077**	**240.475**
- Investitionen	9.650	9.308	8.704	8.740	9.155
= laufende Gesundheitsausgaben	**268.695**	**255.198**	**245.587**	**237.337**	**231.320**
- Pflegegeld	5.910	5.661	5.455	5.489	5.560
- Prävention/betriebsärztlicher Dienst	1047	1023	953	942	942
- Ausland	1261	1147	1112	1011	918
= laufende GA für Konsumausgaben im GGR (einschl. Gütersteuern)	**260.477**	**247.367**	**238.067**	**229.895**	**223.900**
- Gütersteuern	16.026	12.113	10.711	7.878	7.289
= laufende GA für Konsumausgaben im GGR zu Herstellungspreisen	**244.451**	**235.254**	**227.356**	**222.017**	**216.611**
KGW					
Exporte	51.979	55.210	54.923	49.359	41.685
+ Investitionen und Vorratsveränderungen	-1.244	959	1.334	878	2.251
+ IMV	24.804	24.304	21.667	21.886	19.155
+ weitere Verwendung des Kernbereichs	**75.538**	**80.473**	**77.924**	**72.123**	**63.090**
= Kerngesundheitswirtschaft	**319.990**	**315.727**	**305.280**	**294.140**	**279.701**
= EGW					
Konsumausgaben	66.311	64.074	62.007	59.290	56.859
+ Exporte	17.532	17.631	16.588	14.424	13.090
+ Investitionen u.Vorratsveränderungen	3.631	2.021	1.722	970	1.898
+ IMV	26.812	28.887	27.014	23.783	22.432
+ Erweiterte Gesundheitswirtschaft	**114.285**	**112.613**	**107.331**	**98.467**	**94.279**
= Gesundheitswirtschaft gesamt	**434.275**	**428.339**	**412.612**	**392.607**	**373.980**

Datenquelle: GAR; eigene Berechnung

Die nicht in der GAR enthaltenen Exporte, Investitionen und Vorratsveränderungen sowie die intermediäre Verwendung komplettieren den Kernbereich der Gesundheitswirtschaft nach Abgrenzung der GGR. Des Weiteren beinhaltet die GGR die Güter der erweiterten Gesundheitswirtschaft, die nochmals aus den gleichen Einzelpositionen bestehen.

Die Überleitung der Konsumausgaben der gesetzlichen Krankenkassen folgt diesem Schema bis auf die Ausnahme, dass diese als Ausgangspunkt bei den Einnahmen ansetzt.[296] Von diesen werden zunächst die Netto-Verwaltungskosten, Überschuss-Einnahmen sowie Investitionen abgezogen, um die laufenden Gesundheitsausgaben der gesetzlichen Krankenversicherungen zu erhalten, vgl. Tabelle 55. Da nach der Systematik der GAR, die Pflegegelder den sonstigen Einrichtungen und Präventionsleistungen den gesetzlichen Unfallversicherungen zugeordnet sind, folgt im anschließenden Schritt lediglich die Bereinigung um Ausgaben der GKV, die im Ausland getätigt wurden. Nach Abzug der Gütersteuern befinden sich die Ausgaben der GKV in der Systematik der GGR.

Anschließend wird für jedes Jahr ein Nachfragevektor erstellt, der die Struktur des Konsums des Staates nach Gütern der Gesundheitsbranchen des Kerngesundheitswirtschaft besitzt und der Höhe nach den laufenden Gesundheitsausgaben der GKV entspricht. Anhand dieser Vektoren werden die jeweiligen importierten Güter bestimmt. Abzüglich der Importe ergibt sich der Betrag, der im Inland nachfragewirksam wird. Dieser liegt im Durchschnitt etwa 15% unter den Einnahmen der GKV. So entstand beispielsweise im Jahr 2009 aus den gesamten Einnahmen in Höhe von 172,2 Mrd. € eine Nachfrage nach inländischen Gütern von insgesamt 144,4 Mrd. €.

---

296 Datenquelle GBE-Bund.de - Einnahmen und Ausgaben der gesetzlichen Krankenkassen insgesamt in Mrd. € (Stand 21.09.2011)

Tabelle 55: Überleitung GKV-Einnahmen in inländische Nachfrage

Einnahmen- und Ausgabenart (in Mio. €)	2009	2008	2007	2006	2005
Einnahmen insgesamt	**172.200**	**162.520**	**156.060**	**149.930**	**145.740**
davon: Beiträge insgesamt	-	155.880	149.960	142.180	140.250
davon: Sonstige Einnahmen	-	6.630	6.090	7.750	5.490
davon: Bundeszuschuss	7.200	4.000	2.500	4.200	2.500
Netto-Verwaltungskosten	**8.910**	**8.230**	**8.200**	**8.110**	**8.160**
Überschuss Einnahmen	**1.420**	**1.430**	**1.700**	**1.630**	**1.680**
Gesundheitsausgaben	**161.870**	**152.860**	**146.160**	**140.190**	**135.900**
- Investitionen	148	210	202	155	161
= laufende Gesundheitsausgaben	**161.722**	**152.650**	**145.958**	**140.035**	**135.739**
- Pflegegeld	0	0	0	0	0
- Prävention/betriebsärztlicher Dienst	0	0	0	0	0
- Ausland	819	738	743	675	582
= laufende GA für Konsumausgaben im GGR (einschl. Gütersteuern)	**160.903**	**151.912**	**145.215**	**139.360**	**135.157**
- Gütersteuern	9.837	7.371	6.497	4.761	4.399
= laufende GA für Konsumausgaben im GGR (zu Herstellungspreisen)	**151.066**	**144.541**	**138.718**	**134.599**	**130.758**
- Importe	6.632	6.288	6.034	5.734	5.492
inländische Nachfrage	**144.434**	**138.254**	**132.683**	**128.865**	**125.266**

Datenquelle: GGR, GBE-Bund; eigene Berechnung

Nach der Überleitung der GAR-Daten in die Systematik der GGR erfolgt die Erstellung des Nachfragevektors der GKV für die jeweiligen Jahre. Dieser verteilt die inländische Gesamtnachfrage der GKV an die einzelnen Gesundheitsbranchen der Kerngesundheitswirtschaft in Abhängigkeit von der staatlichen Konsumnachfrage nach Gesundheitsleistungen der GGR, vgl. Tabelle 56. Diese Vektoren dienen als Impulse für die Berechnung der direkten, indirekten und induzierten Effekte.

Tabelle 56: Impulsvektoren der inländischen GKV Nachfrage

Kennzahlen (in Mio. €)	2009 [1]	2008 [1]	2007	2006	2005
Kerngesundheitswirtschaft	**144.434**	**138.254**	**132.683**	**128.865**	**125.266**
Pharmazeutische Erzeugnisse	4.331,2	4.689,4	4.507,0	4.329,8	4.302,9
Medizintechnische Geräte	1.595,2	1.607,7	1.528,7	1.487,3	1.556,4
Sonstige Waren des Kernbereichs	86,6	86,9	83,3	76,5	64,7
Einzelhandelsleistungen KGW	7.633,3	8.016,8	7.710,4	7.453,2	7.146,2
Private Versicherungen	-	-	-	-	-
Sozialversicherungen und Verwaltung	11.255,5	11.046,9	10.629,2	10.445,7	10.483,8
Stationärer Einrichtungen	68.604,8	64.653,8	62.026,2	60.394,8	58.428,9
Nicht-stationärer Einrichtungen	48.976,3	46.110,1	44.234,3	42.778,8	41.461,9
Sonstige Dienstleistungen KGW	1.951,3	2.042,4	1.964,2	1.899,3	1.821,1

Datenquelle: GGR; eigene Berechnung

8.1.1 Effekte der GKV

In diesem Kapitel werden die Ergebnisse der Simulationsberechnung der GKV Einnahmen und Ausgaben für die Jahre 2005 bis 2009 vorgestellt. Sie beinhalten die direkten, indirekten und induzierten Produktions-, Wertschöpfungs- und Beschäftigungseffekte.

Diese Ergebnisse entsprechen den Bruttoeffekten, die aufgrund der GKV-finanzierten Güternachfrage in Deutschland entstanden sind. Auf der anderen Seite reduzieren die Einnahmen der GKV, in Form von Beitragszahlungen der Versicherten, das verfügbare Einkommen der privaten Haushalte und somit die Effekte des privaten Konsums. Diese nicht realisierten Ausstrahleffekte des privaten Konsums werden im nachfolgenden Kapitel berechnet, um eine Nettostellung des Gesamteffekts zu erhalten. D.h. die Gegenüberstellung der Effekte der GKV und der daraus nicht realisierten Konsumeffekte gibt Aufschluss über die eigentliche ökonomische Wirkung des Gesundheitssystems.

Produktionseffekte

Die zuvor gezeigte Überleitung der GKV-Einnahmen in die daraus resultierende inländische Nachfrage nach Gesundheitsgütern zeigt, dass rund 85% der Einnahmen in Deutschland nachfragewirksam werden. Diese Nachfrage entspricht in gleicher Höhe dem direkten Produktionswert den die Gesundheitsbranchen geleistet haben, um diese Nachfrage zu befriedigen. Darüber hinaus führte die Produktionsleistung der Gesundheitswirtschaft zu Produktionswertsteigerungen in vorgelagerten Branchen der Gesamtwirtschaft. Dies erfolgte durch die Nachfrage nach Vorleistungsgütern sowie durch die Konsumnachfrage aus den hiermit verbundenen Einkommen der Arbeitnehmer, vgl. Tabelle 57.

Tabelle 57: Produktionseffekte der GKV

Kennwert (in Mio. €)	2009	2008	2007	2006	2005
Einnahmen	**172.200**	**162.520**	**156.060**	**149.930**	**145.740**
inländische Nachfrage	**144.434**	**138.254**	**132.683**	**128.865**	**125.266**
direkter Produktionswert	144.434	138.254	132.683	128.865	125.266
indirekte Produktionseffekte	55.785	53.524	51.625	48.675	48.137
induzierte Produktionseffekte	73.869	68.722	68.254	66.185	67.687
Gesamteffekt	**274.089**	**260.500**	**252.562**	**243.725**	**241.090**
Multiplikatoren bezogen auf Einnahmen					
direkter Effekt	0,84	0,85	0,85	0,86	0,86
indirekte Effekte	0,32	0,33	0,33	0,32	0,33
induzierte Effekte	0,43	0,42	0,44	0,44	0,46
Gesamteffekt	**1,59**	**1,60**	**1,62**	**1,63**	**1,65**

Datenquelle: GGR; eigene Berechnung

Die GKV-Einnahmen im Jahr 2009 in Höhe von 172,2 Mrd. € führten zu einem direkten Produktionswert in Höhe von 144,4 Mrd. €. Zusätzlich entstanden indirekte Produktionswerteffekte von 55,8 Mrd. € sowie induzierte Produktionswerteffekte in Höhe von 73,9 Mrd. €. Der resultierende Gesamteffekt von 274,1 Mrd. € übersteigt die Einnahmen der GKV um 59%. Ein Euro der GKV-Einnahmen führt somit umgerechnet zu einem Produktionswert von 84 Cent in der Gesundheitswirtschaft sowie 32 Cent in den Vorleistungsindustrien und 43 Cent in den Branchen des privaten Konsums.

Im Jahresvergleich ist ein leichter Rückgang der Effekte zu erkennen. Während im Jahr 2005 der Gesamteffekt noch 65% über den Einnahmen der GKV lag, liegt der entsprechende Wert im Jahr 2009 nur noch bei 59%. Die Ursache hierfür liegt vor allem in dem sinkenden Anteil der im Inland nachfragewirksam werdenden Ausgaben der GKV im Verhältnis zu den Einnahmen. Im Jahr 2005

214

lag dieser Wert bei 86% und sank bis zum Jahr 2009 auf 84%. Dieser Rückgang überträgt sich auf die indirekten und induzierten Effekte und verstärkt die Gesamtwirkung.

Wertschöpfungseffekte

Im Jahr 2009 führte die mittels der GKV finanzierte Güternachfrage zu einer Wertschöpfung von insgesamt 163 Mrd. €, vgl. Tabelle 58. Somit entstand aus jedem Euro den die GKV einnahm 95 Cent Wertschöpfung. Der Gesamteffekt verteilt sich zu 95,4 Mrd. € auf direkte, zu 30 Mrd. € auf indirekte und zu 37,7 Mrd. € auf induzierte Wertschöpfungseffekte.

Tabelle 58: Wertschöpfungseffekte der GKV

Kennwert (in Mio. €)	2009	2008	2007	2006	2005
Einnahmen	172.200	162.520	156.060	149.930	145.740
inländische Nachfrage	144.434	138.254	132.683	128.865	125.266
direkte Bruttowertschöpfung	95.398	91.218	87.780	86.689	84.146
indirekte Wertschöpfungseffekte	29.958	30.004	28.569	27.227	27.141
induzierte Wertschöpfungseffekte	37.669	36.693	36.336	35.219	36.097
Gesamteffekt	**163.025**	**157.915**	**152.685**	**149.135**	**147.383**
Multiplikatoren bezogen auf Einnahmen					
direkter Effekt	0,55	0,56	0,56	0,58	0,58
indirekte Effekte	0,17	0,18	0,18	0,18	0,19
induzierte Effekte	0,22	0,23	0,23	0,23	0,25
Gesamteffekt	**0,95**	**0,97**	**0,98**	**0,99**	**1,01**

Datenquelle: GGR; eigene Berechnung g

Auch die Wertschöpfungseffekte zeigen über die Jahre hinweg eine rückläufige Tendenz. Lag der Gesamteffekt der Bruttowertschöpfung im Jahr 2005 noch knapp über den Einnahmen der GKV, so sank der Gesamteffekt bis zum Jahr 2009 unter 95% der Einnahmen. Dies hatte zur Folge, dass die Einnahmen im Gesamtzeitraum um insgesamt 18,2% stiegen, während der Gesamteffekt auf die Bruttowertschöpfung nur um 13,7% stieg.

Beschäftigungseffekte

Die Beschäftigungseffekte fallen erwartungsgemäß hoch aus. Dies liegt vor allem daran, dass sich ein großer Anteil des Nachfrageimpulses an die dienstleistungsintensiven stationären und nicht-stationären Einrichtungen der Gesundheitswirtschaft richtet. So führte der Einnahmen-Ausgaben-Kreislauf der gesetzlichen Krankenkassen im Jahr 2009 zu über 3,7 Mio. direkt Beschäftigten in der Gesundheitswirtschaft. Hinzu kommen 486 Tsd. indirekt und 673 Tsd. induziert Beschäftigte, was zu einem Gesamteffekt von nahezu 4,9 Mio. Erwerbstätigen führt.

Tabelle 59: Beschäftigungseffekte der GKV

Kennwert (in Mio. €; Tsd. ET)	2009	2008	2007	2006	2005
Einnahmen	172.200	162.520	156.060	149.930	145.740
inländische Nachfrage	144.434	138.254	132.683	128.865	125.266
direkte Beschäftigung	3.725	3.603	3.506	3.421	3.437
indirekte Beschäftigungseffekte	486	476	455	444	450
induzierte Beschäftigungseffekte	673	641	644	631	663
Gesamteffekt	**4.884**	**4.720**	**4.605**	**4.496**	**4.550**
Multiplikatoren bezogen auf Einnahmen					
direkter Effekt	0,000022	0,000022	0,000022	0,000023	0,000024
indirekte Effekte	0,000003	0,000003	0,000003	0,000003	0,000003
induzierte Effekte	0,000004	0,000004	0,000004	0,000004	0,000005
Gesamteffekt	**0,000028**	**0,000029**	**0,000030**	**0,000030**	**0,000031**

Datenquelle: GGR; eigene Berechnung

Der Multiplikator des Gesamteffekts liegt im Jahr 2009 bei $2,84*10^{-5}$. Was bedeutet, dass Einnahmen der GKV in Höhe von 35.260 € zu einen Erwerbstätiger in der Gesamtwirtschaft führen. Auf die direkten Beschäftigungseffekte bezogen führen 46.224 € GKV-Einnahmen zum Erhalt bzw. der Entstehung eines Beschäftigungsverhältnisses in der Gesundheitswirtschaft.

Insgesamt ging die Wirkung der Beschäftigungseffekte innerhalb des Berichtszeitraums zurück. Im Jahr 2005 kam bereits auf 32.030 € ein Beschäftigter in der Gesamtwirtschaft (Multiplikator von $3,12*10^{-5}$) bzw. auf 42.400 € ein

Erwerbstätiger in der Gesundheitswirtschaft (Multiplikator von 2,36*10^{-5}). Ursache hierfür ist zum einen eine stetig steigende Importquote sowie eine langsamere Zunahme der Erwerbstätigen im Vergleich zum Güteraufkommen der Gesundheitswirtschaft.[297]

8.1.2 Effekte des privaten Konsums

Den generierten Effekten aus der Güternachfrage der GKV-Einnahmen stehen die geminderten Nachfrageeffekte der privaten Haushalte gegenüber, die aufgrund der zu leistenden GKV-Beitragszahlungen und mit dem damit verringerten verfügbaren Einkommen einhergehen. Diese nicht realisierten Effekte werden im folgenden Kapitel berechnet und anschließend den Effekten der GKV-Nachfrage gegenübergestellt.

Zur Quantifizierung der Ausstrahleffekte der privaten Haushalte erfolgt zunächst die Überleitung des verfügbaren Einkommens in die daraus resultierende inländische Konsumnachfrage. Dies erfolgt analog zu dem Umrechnungsschema der GKV-Einnahmen aus Tabelle 55.

Den Ausgangspunkt bildet ein verfügbares Einkommen der privaten Haushalte in gleicher Höhe der jährlichen GKV-Einnahmen, vgl. Tabelle 60. Für die Ermittlung der konsumrelevanten Summe werden diese zunächst um den Anteil der durchschnittlichen Sparquote verringert.[298] Zusätzlich erfolgt die Bereinigung des Konsums um die Nachfrage die nicht an die inländische Wirtschaft gerichtet ist. Hierzu zählen zum einen die Ausgaben die direkt im Ausland getätigt werden sowie der Anteil des Konsums der durch Importe gedeckt wird.[299] Zum Abschluss erfolgt die Überleitung von Aufkommenspreisen in Herstellungspreise um inländische Konsumnachfrage in der Systematik der GGR abbilden zu können.

In Tabelle 60 sind die Ergebnisse des Überleitungsprozesses für die Jahre 2005 bis 2009 abgebildet. Im Durchschnitt wird 11,1% des verfügbaren Einkommens gespart, 4,4% der Konsumnachfrage tätigen Inländer im Ausland und weitere 11,5% der Konsumnachfrage decken Importe ab. Somit werden durchschnittlich 66% des verfügbaren Einkommens im Inland nachfragewirksam.

---

297 Vgl. Tabelle 16 und Abbildung 31
298 Daten: detaillierte Ergebnisse der VGR Tabelle 2.1.7.
299 Daten des Konsums im Ausland VGR Tabelle 3.3.2, Daten der Importquote entsprechen denen der GGR für den durchschnittlichen Konsum privater Haushalte abzüglich dem der Kerngesundheitswirtschaft.

217

Tabelle 60: Überleitung verfügbares Einkommen in inländische Nachfrage

Einnahmen und Ausgaben	2009	2008	2007	2006	2005	ø
Verfügbares Einkommen privater Haushalte	**172.200**	**162.520**	**156.060**	**149.930**	**145.740**	**157.290**
Sparquote	11,1%	11,7%	11,0%	10,8%	10,7%	11,1%
- Sparen	19.114	19.015	17.167	16.192	15.594	17.416
Konsumnachfrage	**153.086**	**143.505**	**138.893**	**133.738**	**130.146**	**139.874**
	4,24%	4,50%	4,42%	4,36%	4,44%	4,39%
- Konsum im Ausland	6.489	6.465	6.135	5.832	5.780	6.140
	11,55%	11,84%	11,44%	11,45%	10,98%	11,45%
- Importe	16.932	16.226	15.188	14.645	13.655	15.329
inländische Nachfrage (einschl. Gütersteuern)	**129.665**	**120.815**	**117.571**	**113.260**	**110.711**	**118.404**
	13,60%	13,46%	12,46%	11,63%	11,59%	12,55%
- Gütersteurern	17.628	16.263	14.654	13.176	12.835	14.911
inländische Nachfrage zu Herstellungspreisen	**112.037**	**104.552**	**102.917**	**100.084**	**97.875**	**103.493**

Quelle: eigene Berechnung

Die GKV-Beitragszahlungen im Jahr 2009 in Höhe von 172,2 Mrd. € führen Reduzierung des verfügbaren Einkommens in gleicher Höhe und zu einem Rückgang der inländische Konsumnachfrage um insgesamt 112 Mrd. €.

Der inländische Konsumvektor der privaten Haushalte für die Modellberechnung basiert auf den durchschnittlichen Konsumausgaben der privaten Haushalte der GGR. Hierfür erfolgt zunächst die Bereinigung um die Konsumausgaben der privaten Haushalte für gesundheitsbezogene Ausgaben des Kernbereichs der Gesundheitswirtschaft. Der Grund hierfür liegt darin, dass diese Ausgaben zu großen Teilen über die privaten Krankenversicherungen finanziert werden und für die Analyse zunächst angenommen wird, dass sich das Konsumverhalten der GKV-Versicherten nicht ändert. Auf Basis dieser durchschnittlichen Konsumstrukturen wurden anschließend für die einzelnen Jahre Konsumvektoren in Höhe der zuvor berechneten inländischen Konsumnachfrage zu Herstellungspreisen erstellt, vgl. Tabelle 60.

Produktionseffekte

Ein Euro verfügbares Einkommen der privaten Haushalte generiert eine inländische Konsumnachfrage von 66 Cent und führt zu direkten Produktionseffekten in gleicher Höhe, vgl. Tabelle 61. Darüber hinaus generiert jeder Euro zusätzlichen Einkommens der privaten Haushalte durchschnittlich Produktionswerte in Höhe von 38 Cent durch indirekte Effekte sowie 23 Cent durch induzierte Effekte. Insgesamt entsteht ein Gesamteffekt, der durchschnittlich 27% über dem verfügbaren Einkommen der privaten Haushalte liegt.

Tabelle 61: Produktionseffekte des privaten Konsums

Kennwert (in Mio. €)	2009	2008	2007	2006	2005	ø
Einkommen	172.200	162.520	156.060	149.930	145.740	157.290
inländische Nachfrage	112.037	104.552	102.917	100.084	97.875	103.493
Produktionswert	112.037	104.552	102.917	100.084	97.875	103.493
indirekte Effekte	63.488	59.825	60.367	58.801	58.324	60.161
induzierte Effekte	39.115	34.640	35.098	34.279	35.702	35.767
Gesamteffekt	**214.640**	**199.018**	**198.382**	**193.163**	**191.901**	**199.421**
Multiplikatoren des Einkommens						
direkter Effekt	0,65	0,64	0,66	0,67	0,67	0,66
indirekte Effekte	0,37	0,37	0,39	0,39	0,40	0,38
induzierte Effekte	0,23	0,21	0,22	0,23	0,24	0,23
Gesamteffekt	**1,25**	**1,22**	**1,27**	**1,29**	**1,32**	**1,27**

Datenquelle: GGR; eigene Berechnung

Zur Berechnung der Produktionseffekte wird angenommen, dass die GKV-Einnahmen anderenfalls den privaten Haushalten im vollen Umfang als verfügbare Einkommen zur Verfügung stehen und diese ihr Konsumverhalten nicht ändern, d.h. dass keine Rücklagen oder sonstige Absicherung für den Krankheitsfall getroffen werden. Unter den getroffenen Annahmen wurde aufgrund der GKV-Einnahmen im Jahr 2009 das verfügbare Einkommen um 172,2 Mrd. € gemindert. Hierdurch kam es zu inländischen Konsumausfällen in Höhe von 112 Mrd. €, die zu einem Gesamteffekt von 214,5 Mrd. € geführt hätten. Dieser Effekt besteht zu 112 Mrd. € aus direkten Produktionseffekten, zu 63,5 Mrd. € aus indirekten und zu 39,1 Mrd. € aus induzierten Produktionseffekten.

Im Jahr 2005 lag der Produktionswerteffekt mit einem Multiplikator des verfügbaren Einkommens von 1,32 am höchsten. Die unterschiedliche Stärke der Effekte zwischen den einzelnen Jahren beruht hauptsächlich auf Veränderungen der Sparquote, die entscheidend den Anteil der aus dem verfügbaren Einkommen entstehenden Konsumnachfrage und somit die Höhe des Eingangsimpulses beeinflusst. Die Sparquote lag im Jahr 2005 bei 10,7% und stieg bis zum Jahr 2008 auf 11,7%, vgl. Tabelle 60. Die um einen Prozentpunkt erhöhte Sparquote führt zum Absinken des gesamten Produktionswerteffekts von 1,27 auf 1,22.

Wertschöpfungseffekte

Bezogen auf die Wertschöpfung liegt der Multiplikator des verfügbaren Einkommens bei durchschnittlich 0,66. Dies bedeutet, dass jeder zusätzliche Euro, der den privaten Haushalten zur Verfügung steht, zu einer Steigerung der gesamtwirtschaftlichen Wertschöpfung in Höhe von 66 Cent führt. Hiervon beruhen 36 Cent aus der direkten Konsumnachfrage, 19 Cent werden in vorgelagerten Branchen generiert und 12 Cent erfolgen über die Wiederverausgabung entstandener Einkommen. Der Gesamteffekt der Wertschöpfung entspricht in etwa der Höhe des Anteils des verfügbaren Einkommens, der im Inland nachfragewirksam wird, vgl. Tabelle 62.

Im Jahresvergleich sind ähnliche Veränderungen wie bei den Multiplikatoren des Produktionswerts zu erkennen. Der Gesamteffekt sinkt von 0,69 im Jahr 2005 auf 0,64 im Jahr 2008 und steigt anschließend leicht auf 0,65. Diese Entwicklung folgt der Veränderung der Sparquote, vgl. Tabelle 60.

Beschäftigungseffekte

Der Effekt aus der Verausgabung verfügbaren Einkommens privater Haushalte auf die Anzahl der Erwerbstätigen liegt bei durchschnittlich $1,16*10^{-5}$. Das bedeutet, dass aus verfügbarem Einkommen in Höhe von 85.860 € ein Beschäftigungsverhältnis resultiert, vgl. Tabelle 63.

Den Simulationsergebnissen zu Folge, wären im Jahr 2009 aus zusätzlichen verfügbaren Einkommen in Höhe von 172,2 Mrd. € etwa 1,94 Mio. Arbeitsplätze entstanden, darunter 1,15 Mio. durch direkte, 440.000 aus indirekten sowie 360.000 aus induzierten Effekten.

Das benötigte Einkommen um ein Beschäftigungsverhältnis zu realisieren steigt von 80.065 € im Jahr 2005 auf 90.780 € im Jahr 2008.

Tabelle 62: Wertschöpfungseffekte des privaten Konsums

Kennwert (in Mio. €)	2009	2008	2007	2006	2005	ø
Einkommen	**172.200**	**162.520**	**156.060**	**149.930**	**145.740**	**157.290**
inländische Nachfrage	**112.037**	**104.552**	**102.917**	**100.084**	**97.875**	**103.493**
Direkte Bruttowertschöpfung	61.506	56.528	55.488	53.674	52.481	55.935
indirekte Effekte	30.192	29.477	29.805	29.310	29.331	29.623
induzierte Effekte	19.946	18.496	18.685	18.241	19.040	18.881
Gesamteffekt	**111.644**	**104.500**	**103.977**	**101.225**	**100.852**	**104.439**
Multiplikatoren des Einkommen						
direkter Effekt	0,36	0,35	0,36	0,36	0,36	0,36
indirekte Effekte	0,18	0,18	0,19	0,20	0,20	0,19
induzierte Effekte	0,12	0,11	0,12	0,12	0,13	0,12
Gesamteffekt	**0,65**	**0,64**	**0,67**	**0,68**	**0,69**	**0,66**

Datenquelle: GGR; eigene Berechnung

Tabelle 63: Beschäftigungseffekte des privaten Konsums

Kennwert (in Mio. €; Tsd. ET)	2009	2008	2007	2006	2005	ø
Einkommen	**172.200**	**162.520**	**156.060**	**149.930**	**145.740**	**157.290**
inländische Nachfrage	**112.037**	**104.552**	**102.917**	**100.084**	**97.875**	**103.493**
direkte Beschäftigung	1.147	1.055	1.052	1.029	1.032	1.063
indirekte Effekte	439	412	424	424	438	427
induzierte Effekte	356	323	331	327	350	337
Gesamteffekt	**1.942**	**1.790**	**1.807**	**1.780**	**1.820**	**1.828**
Multiplikatoren des Einkommens						
direkte Effekte	0,000007	0,000006	0,000007	0,000007	0,000007	0,000007
indirekte Effekte	0,000003	0,000003	0,000003	0,000003	0,000003	0,000003
induzierte Effekte	0,000002	0,000002	0,000002	0,000002	0,000002	0,000002
Gesamteffekt	**0,000011**	**0,000011**	**0,000012**	**0,000012**	**0,000012**	**0,000012**

8.2 Auswertung hinsichtlich der Funktion eines automatischen Stabilisators

In diesem Kapitel erfolgt die Bestimmung des Nettoeffekts der GKV-Einnahmen auf die deutsche Volkswirtschaft. Hierdurch wird untersucht, welche ökonomische Wirkung die gesetzlichen Krankenkassen auf die gesamtwirtschaftliche Entwicklung haben und ob aufgrund dieser Einflüsse die fest vorgegebenen Rahmenbedingungen des Gesundheitssystems der Funktion eines automatischen Stabilisators entsprechen, vgl. Kapitel 3.2.

In den vorangegangenen Kapiteln wurde aufgezeigt welcher Bruttoeffekt aus der GKV-Nachfrage in den Jahren 2005 bis 2009 entstanden ist und welche Konsumeffekte der privaten Haushalte aufgrund der Beitragszahlungen an die GKV nicht realisiert wurden. Die folgende Gegenüberstellung beider Effekte gibt Aufschluss über die Wirkung der Transformation von verfügbaren Einkommen privater Haushalte in Einnahmen der GKV auf die gesamtwirtschaftliche Entwicklung.

In Tabelle 64 sind die Kernergebnisse aus den Modellberechnungen der Ausstrahleffekte der GKV-Ausgaben denen des privaten Konsums gegenübergestellt. Die Effekte der GKV übersteigen bei allen drei Indikatoren die Effekte des verfügbaren Einkommens der privaten Haushalte.

Der im Inland nachfragewirksam werdende Anteil der GKV-Einnahmen liegt durchschnittlich 30,4 Mrd. € über dem Anteil, der aus dem verfügbaren Einkommen der privaten Haushalte im Inland nachgefragt wird. Diese Differenz wird von den indirekten und induzierten Effekten zusätzlich verstärkt. Der Gesamteffekt des Produktionswertes liegt bei Verwendung durch die GKV im Durchschnitt 55 Mrd. € über dem Effekt der privaten Haushalte.

Bezogen auf die Bruttowertschöpfung liegt der durchschnittliche Überschuss den die Transformation in GKV-Einnahmen bewirkt bei 49,6 Mrd. €. Dieser gegenüber dem Produktionswert deutlich höhere Unterschied, ist vor allem auf die hohe Wertschöpfungsquote der Gesundheitswirtschaft zurückzuführen. Diese liegt bei 60% während sie in Branchen des privaten Konsums 52% beträgt.

Der Nettoeffekt der Beschäftigten beträgt durchschnittlich 1,83 Mio. Erwerbstätige. Mit durchschnittlich 3,54 Mio. Erwerbstätigen, die auf die Ausgaben der GKV zurückzuführen sind, liegt dieser Effekt etwa doppelt so hoch wie bei Verwendung dieser Ausgaben durch private Haushalte, deren durchschnittlicher Effekt bei 1,83 Mio. Erwerbstätigen liegt.

222

Tabelle 64: Gegenüberstellung der GKV- und Konsum-Effekte

Kennwert (in Mio. €; Tsd. ET)	2009	2008	2007	2006	2005	ø
Einnahmen/verfügbares Einkommen	172.200	162.520	156.060	149.930	145.740	157.290
inländische Nachfrage:						
GKV	144.434	138.254	132.683	128.865	125.266	133.901
privater Haushalte	112.037	104.552	102.917	100.084	97.875	103.493
Differenz	**32.398**	**33.702**	**29.766**	**28.782**	**27.390**	**30.407**
Produktionseffekt						
Gesamteffekt GKV	274.089	260.500	252.562	243.725	241.090	254.393
Gesamteffekt priv. Haushalte	214.640	199.018	198.382	193.163	191.901	199.421
Differenz	**59.448**	**61.482**	**54.180**	**50.561**	**49.188**	**54.972**
Wertschöpfungseffekt						
Gesamteffekt GKV	163.025	157.915	152.685	149.135	147.383	154.029
Gesamteffekt priv. Haushalte	111.644	104.500	103.977	101.225	100.852	104.439
Differenz	**51.381**	**53.415**	**48.708**	**47.911**	**46.532**	**49.589**
Beschäftigungseffekt						
Gesamteffekt GKV	3.725	3.603	3.506	3.421	3.437	3.538
Gesamteffekt priv. Haushalte	1.942	1.790	1.807	1.780	1.820	1.828
Differenz	**1.783**	**1.812**	**1.699**	**1.641**	**1.616**	**1.710**

Datenquelle GGR; eigene Berechnung

Bei diesen Ergebnissen handelt es sich um Simulationen, deren statische Modellberechnung auf zuvor definierten Szenarien basiert. Diese beruhen auf der Annahme, dass die Veränderung des verfügbaren Einkommens aufgrund von GKV-Einnahmen und die damit verbundenen Nachfrageveränderungen keinen Einfluss auf die Wirtschaftsstruktur und die Partizipation einzelner Wirtschaftssubjekte haben. Dies beinhaltet, dass die Versicherten im Referenzszenario, das keine gesetzlichen Krankenversicherungen beinhaltet, keine alternativen Vorkehrungen unternehmen, um sich gegen das Risiko anfallender Krankheitskosten abzusichern, bspw. durch Eintritt in eine private Krankenversicherung oder

Bildung von Rücklagen. Des Weiteren besitzt das zusätzlich verfügbare Einkommen keinen Einfluss auf die Konsumstruktur und die Sparneigung der privaten Haushalte. Ebenfalls wird unterstellt, dass Preise, Produktionsstrukturen sowie Löhne und Gehälter unverändert bleiben, obwohl Nachfrageänderungen in Höhe der GKV-Einnahmen diese zur Folge hätten. Derartig vielschichtige und komplexe Prozesse sind nicht zu quantifizieren, müssen jedoch bei der Interpretation der Ergebnisse beachtet werden.

Die vorliegenden Berechnungen basieren aus modeltechnischer Sicht auf einem Arbeitspunkt, der der tatsächlichen Wirtschaftsstruktur auf Basis der GGR nachgebildet ist. Geringe Veränderungen der gesamtwirtschaftlichen Nachfrage im Bereich dieses Arbeitspunktes führen zu keinen relevanten Strukturunterschieden, sodass trotz der unterstellten Linearität die Ergebnisse belastbar sind. D.h. für Transformationen des verfügbaren Einkommens in GKV-Beiträge bis zu einer Höhe, bei der die einzelnen Individuen beginnen auf die Einkommensveränderung zu reagieren und ihr Verhalten anzupassen sind die Ergebnisse aussagekräftig.

Ab welcher Höhe sich diese Reaktionen in den Multiplikatoren der Effekte wiederspiegeln, ist schwer zu beurteilen. Um dennoch verwertbare Ergebnisse für die Analyse der Stabilisierungswirkung zu erhalten, wird im Folgenden der Ausgangsimpuls für die jeweiligen Jahre auf den marginalen Wert Eins normiert. Dieser Impuls entspricht den einfachen Multiplikatoren.

Tabelle 65 enthält die Effekte für die Erhöhung der GKV-Einnahmen um einen Euro.

Diesen wird eine Erhöhung des verfügbaren Einkommens der privaten Haushalte um einen Euro gegenübergestellt. Im Fall der GKV-Einnahmen entsteht aus einem zusätzlichen Euro eine inländische Nachfrage von durchschnittlich 85 Cent. Private Haushalte generieren durchschnittlich eine Nachfrage von 66 Cent und somit 19 Cent weniger als die GKV.

Bei Hinzunahme der indirekten und induzierten Produktionseffekte, führt diese Veränderung zu einem Anstieg des gesamtwirtschaftlichen Produktionswertes um 34,5 Cent. Der Produktionseffekt resultierend aus GKV-Einnahmen führt zu einer Steigerung des Produktionswertes um 1,62 € gegenüber Produktionseffekten des verfügbaren Einkommens in Höhe von 1,27 €.

Der Wertschöpfungsmultiplikator liegt bei durchschnittlich 0,98 € je Euro der GKV-Einnahmen und bei 0,67 € je Euro des verfügbaren Einkommens. Jeder zusätzlich an die Krankenkassen abgeführte Euro führt daher zu einer Steigerung der Wertschöpfung von durchschnittlich 31,6 Cent.

224

Tabelle 65: Multiplikatoren der GKV-Beiträge und des privaten Einkommens

Multiplikatoren	2009	2008	2007	2006	2005	ø
Einnahmen/verfügbares Einkommen	1	1	1	1	1	1
inländische Nachfrage						
GKV	0,839	0,851	0,850	0,860	0,860	0,852
privater Haushalte	0,651	0,643	0,659	0,668	0,672	0,659
Differenz	**0,188**	**0,207**	**0,191**	**0,192**	**0,188**	**0,193**
Produktionseffekt						
Gesamteffekt GKV	1,592	1,603	1,618	1,626	1,654	1,619
Gesamteffekt priv. Hh.	1,246	1,225	1,271	1,288	1,317	1,269
Differenz	**0,345**	**0,378**	**0,347**	**0,337**	**0,338**	**0,349**
Wertschöpfungseffekt						
Gesamteffekt GKV	0,947	0,972	0,978	0,995	1,011	0,981
Gesamteffekt priv. Hh.	0,648	0,643	0,666	0,675	0,692	0,665
Differenz	**0,298**	**0,329**	**0,312**	**0,320**	**0,319**	**0,316**
Beschäftigungseffekt						
Gesamteffekt GKV	2,16E-5	2,22E-5	2,25E-5	2,28E-5	2,36E-5	2,25E-5
Gesamteffekt priv. Hh.	1,13E-5	1,10E-5	1,16E-5	1,19E-5	1,25E-5	1,17E-5
Differenz	**1,04E-5**	**1,12E-5**	**1,09E-5**	**1,10E-5**	**1,11E-5**	**1,09E-5**

Datenquelle: GGR; eigene Berechnung

Die Multiplikatoren der Beschäftigungseffekte unterscheiden sich am deutlichsten. Mit einem durchschnittlichen Beschäftigungsmultiplikator von $2,253*10^{-5}$, liegt der Effekt der GKV-Beiträge etwa doppelt so hoch, wie der Effekt privater Haushalte in Höhe von $1,165*10^{-5}$. Bezogen auf den benötigten Impuls um ein Beschäftigungsverhältnis zu generieren, liegt dieser Wert bei 44.380 € im Fall von GKV-Einnahmen und bei 85.860 € im Fall des verfügbaren Einkommens. Der Netto-Beschäftigungseffekt liegt im Durchschnitt bei $1,089*10^{-5}$, was bedeutet, dass ein Beschäftigungsverhältnis auf jeweils zusätzliche Einnahmen der GKV in Höhe von 91.860 € fällt.

Einnahmen der GKV, die zur Senkung der verfügbaren Einkommens der privaten Haushalte in gleicher Höhe führen, generieren insgesamt im Durchschnitt eine Steigerung des Produktionswertes um 27,5%, der Bruttowertschöpfung um 47% und des Beschäftigungsniveaus um 93%. Die Ursache dieser positiven Wirkung liegt vor allem in dem höheren Anteil der inländisch nachfragewirksam wird. Während dieser Wert beim verfügbaren Einkommen bei durchschnittlich 66% liegt werden von den GKV-Einnahmen 85% inländisch nachfragewirksam. Die Abzüge der GKV-Einnahmen bestehen zu 5,3% aus Netto-Verwaltungskosten, zu 4,5% aus Gütersteuern und zu 4,3% aus Importen, vgl. Tabelle 55. Durchschnittlich 44% des verfügbaren Einkommens wird nicht im Inland nachfragewirksam. Dieser Anteil besteht zu 11,1% aus Sparen, zu 4,4% aus Konsum im Ausland, zu 11,5% aus importierten Konsumgütern und zu 12,55% aus Gütersteuern, vgl. Tabelle 60.

Des Weiteren wird die Gesamtwirkung von den unterschiedlichen Multiplikatoren der indirekten und induzierten Effekte beeinflusst. Um den Effekt der aus der Wirkung des Multiplikators resultiert zu verdeutlichen, wurde in Tabelle 66 die inländische Konsumnachfrage auf eins festgelegt. Dies eliminiert den Effekt der unterschiedlichen Konsumquoten und kann interpretiert werden, als würden in beiden Szenarien die GKV-Einnahmen bzw. das verfügbare Einkommen vollständig zu inländischer Nachfrage führen.

Bei gleichen Nachfrageimpulsen erzielt die Konsumnachfrage privater Haushalte mit durchschnittlich 1,93 einen etwas höheren Gesamteffekt auf den inländischen Produktionswert als die Nachfrage der GKV-Ausgaben mit einem durchschnittlichen Produktionsmultiplikator von 1,90.

Aufgrund der höheren Wertschöpfungsquote der Branchen in der Gesundheitswirtschaft, besitzt die Konsumnachfrage der GKV einen höheren Effekt auf die Wertschöpfung. Dieser liegt bei durchschnittlich 1,15 gegenüber den Wertschöpfungseffekten des privaten Konsums von 1,01.

Der hohe Personaleinsatz im Kernbereich der Gesundheitswirtschaft spiegelt sich auch in den Effekten der GKV-Konsumnachfrage wieder. Der durchschnittliche Beschäftigungsmultiplikator von $2{,}64*10^{-5}$ entspricht einer Konsumnachfrage pro Beschäftigungsverhältnis von 37.806 €. Der entsprechende Wert des privaten Konsums liegt bei 73.147 € ($1{,}37*10^{-5}$).

Der positive Effekt, der aus der Transformation privaten Einkommens in Vermögen der gesetzlichen Krankenkassen generiert wird, ist somit nur zu einem Teil auf die höhere Konsumquote zurückzuführen, sondern auch auf die höheren Multiplikatoren der indirekten und induzierten Effekte der Gesundheitswirtschaft.

Tabelle 66: Effekte der Nachfrage der GKV und des privaten Konsums

Multiplikatoren	2009	2008	2007	2006	2005	ø
inländische Nachfrage						
GKV	1,00	1,00	1,00	1,00	1,00	1,00
priv. Haushalte	1,00	1,00	1,00	1,00	1,00	1,00
Differenz	**0,00**	**0,00**	**0,00**	**0,00**	**0,00**	**0,00**
Produktionseffekt						
Gesamteffekt GKV	1,90	1,88	1,90	1,89	1,93	1,90
Gesamteffekt priv. Haushalte.	1,92	1,90	1,93	1,93	1,96	1,93
Differenz	**-0,02**	**-0,02**	**-0,03**	**-0,04**	**-0,04**	**-0,03**
Wertschöpfungseffekt						
Gesamteffekt GKV	1,13	1,14	1,15	1,16	1,18	1,15
Gesamteffekt priv. Haushalte.	1,00	1,00	1,01	1,01	1,03	1,01
Differenz	**0,13**	**0,14**	**0,14**	**0,15**	**0,15**	**0,14**
Beschäftigungseffekt						
Gesamteffekt GKV	2,58E-5	2,61E-5	2,64E-5	2,66E-5	2,74E-5	2,65E-5
Gesamteffekt priv. Haushalte.	1,34E-5	1,30E-5	1,36E-5	1,38E-5	1,45E-05	1,37E-5
Differenz	**1,26E-5**	**1,31E-5**	**1,28E-5**	**1,27E-5**	**1,29E-5**	**1,28E-5**

Datenquelle: GGR; eigene Berechnung

In Abbildung 56 ist die Entwicklung des positiven Nettoeffekts der GKV-Einnahmen für die deutsche Volkswirtschaft aufgezeigt. Zunächst führen die Einnahmen der GKV zu einer um 19 Prozentpunkte höheren Nachfragewirkung im Inland als das verfügbare Einkommen der privaten Haushalte. Aus den 85% der GKV-Einnahmen die nachfragewirksam werden, entsteht aufgrund der indirekten und induzierten Produktionswerteffekte ein Gesamtwert, der um den Faktor 1,6 über den ursprünglichen GKV-Einnahmen liegt. Der Vergleichswert der privaten Haushalte generiert aus dem verfügbaren Einkommen eine inländische Konsumnachfrage von 66%, die zu einem Gesamteffekt des Produktionswertes von 1,27 des verfügbaren Einkommens führt.

Aus den Produktionseffekten der GKV-Einnahmen resultiert eine Wertschöpfung von 98% der ursprünglichen Einnahmen. Diese liegt 31 Prozentpunkte höher als die Wertschöpfung aus dem Effekt des verfügbaren Einkommens mit 67%. Die Transformation von verfügbaren Einkommen in Einnahmen der GKV führt somit zu einer Steigerung des Wertschöpfungseffekts von durchschnittlich 46,3%.

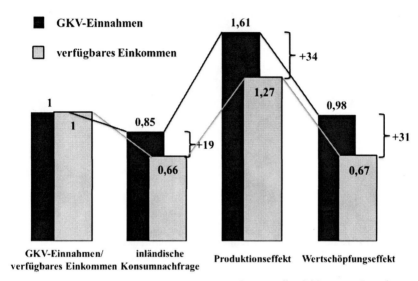

Datenquelle: GGR; eigene Berechnung

Abbildung 56: Übersicht GKV-Effekte anhand von Durchschnittswerten

Die dabei entstehenden Beschäftigungseffekte sind in Abbildung 57 dargestellt. Zusätzliche GKV-Einnahmen von einer Million Euro führen, aufgrund der direkten, indirekten und induzierten Effekte, zu durchschnittlich 26 Erwerbstätigen. Die Reduzierung des verfügbaren Einkommens um eine Million Euro entspricht einem Rückgang der Beschäftigungseffekte um 14 Erwerbstätige, sodass ein Nettoeffekt von 13 Erwerbstätigen entsteht. Die GKV-Einnahmen führen somit zu durchschnittlich 93% höheren Beschäftigungseffekten.

228

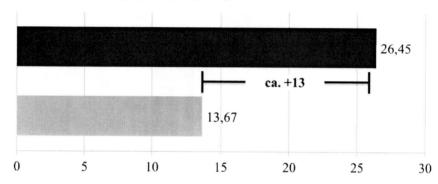

Beschäftigungseffekte aus 1.000.000 € zusätzliche GKV-Einnahmen

■ Beschäftigungszuwachs aus GKV-Einnahmen

▨ Beschäftigungsrückgang aus geminderten Einkommen

Datenquelle: GGR; eigene Berechnung

Abbildung 57: Übersicht GKV-Beschäftigungseffekte anhand von Durchschnittswerten

Zum Abschluss der Untersuchung der Gesundheitswirtschaft auf die Funktionsweise eines automatischen Stabilisators werden die Erkenntnisse aus Kapitel 2.2, Kapitel 3.2 und diesem Kapitel zusammengefasst:

• Der konjunkturglättende Mechanismus automatischer Stabilisatoren basiert auf der dämpfenden Wirkung einkommensabhängiger Einnahmen und/oder Ausgaben, die antizyklisch auf die Konjunktur wirken. Diese Funktionsweise besitzen die gesetzlichen Krankenkassen im regulierten Gesundheitssystem, deren Einnahmen von den Bruttoeinkünften der Versicherten abhängen und somit eine konjunkturabhängige Komponente beinhalten. Die Ausgaben der GKV finanzieren die anfallenden Kosten im Krankheitsfall der Versicherten. Krankheitskosten sind unabhängig von konjunkturellen Einflüssen und folgen einer gleichmäßigen Entwicklung, die zu einer stetigen und kontinuierlichen Nachfrage führt und somit ebenfalls stabilisierend wirkt.

• Die Wirkungsweise eines Stabilisators kann anhand der Aufkommens- und der Steuerelastizität gemessen werden. Die Aufkommenselastizität bestimmt die relative Veränderung des Stabilisators und die Steuerelastizität die absolute Veränderung gegenüber der Bemessungsgrundlage.

- Die Aufkommenselastizität der Einnahmen der gesetzlichen Krankenkassen liegt im Durchschnitt bei 1,14, was der benötigten überproportionalen Reaktion auf die Konjunkturentwicklung entspricht. Allerdings wird dieser Wert von den bis 2009 variablen Beitragssätzen, den die gesetzlichen Krankenkassen bis dato selbst festlegen konnten, beeinträchtigt.
- Die durchschnittliche Steuerflexibilität der GKV-Einnahmen liegt bei 6,6% vom BIP, sodass das Gesundheitssystem als automatischer Stabilisator auch der absoluten Höhe des Transfervolumens entsprechend Einfluss auf die Konjunkturentwicklung besitzt.
- Die Ausgaben der GKV besitzen eine konjunkturunabhängige und kontinuierliche Entwicklung. Diese stetige und im Durchschnitt um 4,5% wachsende Nachfrage wirkt ebenfalls stabilisierend auf die deutsche Volkswirtschaft.
- Darüber hinaus beeinflussen die Wirkung volkswirtschaftlicher Multiplikatoren einzelner Nachfragekomponenten die volkswirtschaftliche Entwicklung und Stabilität. Das Haavelmo-Theorem zeigt, dass steuerfinanzierte Staatsausgaben aufgrund höherer Multiplikatoren zu einer Steigerung des Gesamtaufkommens führen. Dieser Effekt besteht auch bei der beitragsfinanzierten GKV-Nachfrage.
- Die Transformation privaten Einkommens durch Beitragszahlung an die GKV und die daraus resultierende Güternachfrage führt zu einer Steigerung des Produktionswertes in Deutschland um durchschnittlich 27%.
- Auf die Wertschöpfung bezogen liegt die Steigerung bei durchschnittlich 46%. Aus den Einnahmen der GKV resultiert im Durchschnitt eine Wertschöpfung von 98% bezogen auf die Höhe der Einnahmen. Der entsprechende Wert für die privaten Einkommen liegt bei 67%.
- Zusätzliche GKV-Einnahmen in Höhe von einer Million Euro führen zu einer Steigerung der Beschäftigungsverhältnisse von durchschnittlich 13 Erwerbstätigen. Der Beschäftigungseffekt der GKV liegt 96% über den Effekten des privaten Konsums.

Das Gesundheitssystem besitzt somit die Funktion eines automatischen Stabilisators, der die Konjunkturentwicklung glättet und wachstumsfördernd auf die Gesamtwirtschaft wirkt. Im folgenden Fazit werden die Erkenntnisse der gesamten Arbeit noch einmal zusammengefasst.

9   Fazit

Ziel dieser Arbeit war es, den volkswirtschaftlichen Einfluss der Gesundheitswirtschaft auf die Stabilität der Gesamtwirtschaft in Deutschland zu quantifizieren, die aufgrund der Finanz- und Wirtschaftskrise in den letzten Jahren von der stärksten Rezession der Nachkriegszeit betroffen war. Eine fundierte statistische Auswertung dieser Fragestellung war insofern von besonderer Bedeutung, da aus ökonomischer Sicht die Gesundheitswirtschaft einem janusköpfigen Gebilde gleicht, welches eine wertschöpfende Wachstumsbranche und einen Kostenfaktor zugleich darstellt, sodass für eine Bewertung der volkswirtschaftlichen Bedeutung eine umfassende Analyse sämtlicher gesundheitsbezogener Transaktionen unumgänglich ist.

Die Untersuchung des ökonomischen Stabilitätsbegriffs hat gezeigt, dass die vier Stabilitätsziele:

• Angemessenes Wirtschaftswachstum,
• Hoher Beschäftigungsstand,
• Stabiles Preisniveau,
• Außenwirtschaftliches Gleichgewicht und

deren Indikatoren aussagekräftige Beurteilungsgrundlagen darstellen um die Stabilität eines Landes zu bemessen. Zudem existieren in der theoretischen Wirtschaftspolitik Instrumente der Stabilisierung, deren Mechanismen sich auf die Gesundheitswirtschaft übertragen lassen. Dies bekräftigt die Vermutung, dass durch die festen Regulationen im Gesundheitssystem förmlich als Nebenprodukt ein automatischer Stabilisator für die Volkswirtschaft implementiert wurde.

Eine erste qualitative Prüfung der Gesundheitswirtschaft und deren Einfluss auf die volkswirtschaftliche Stabilität ergaben, dass vorhandene Statistiken nur unzureichende Informationen über die ökonomische Leistung der Gesundheitswirtschaft bereitstellen. Innerhalb der Volkswirtschaftlichen Gesamtrechnungen wird die Gesundheitswirtschaft nicht als eigenständige Branche abgebildet. Die gesundheitsspezifischen Statistikwerke wie die Gesundheitsausgabenrechnung, Gesundheitspersonalrechnung und Krankheitskostenrechnung hingegen stellen die Abbildung der Gesundheitsversorgung in den Mittelpunkt und nicht deren Wirtschaftsleistung. Um diese Datenlücke zu schließen, wurde durch die Erstellung der Gesundheitswirtschaftlichen Gesamtrechnungen im Auftrag des BMWi aufgezeigt, wie auf Basis der Input-Output-Rechnung ein gesundheitswirtschaftliches Satellitensystem erstellt werden kann, das die heterogene Gesundheitswirtschaft als 14 eigene Gesundheitsbranchen im gesamtwirtschaftlichen Kontext der VGR abbildet und sowohl den Wertschöpfungsbeitrag als auch die Verflechtungen mit der Gesamtwirtschaft aufzeigt.

Um eine Analyse der Gesundheitswirtschaft auch für die aktuelleren Jahre zu ermöglichen, wurde im Rahmen dieser Arbeit eine Fortschreibungsmethode entwickelt, die die Berechnung der Gesundheitswirtschaftlichen Gesamtrechnungen über die Jahre 2005 bis 2007 auch für den Berichtszeitraum der Jahre 2008 und 2009 ermöglicht. Für diese standen aufgrund der zeitlichen Verzögerung zwischen Ablauf des Berichtsjahres und der Veröffentlichung der statistischen Basisdaten sowie grundlegenden Umstellungen in der Klassifikation der Berichtserstattung keine tiefgegliederten Primärdaten zur Verfügung.

In Verbindung mit einem entwickelten Modell der Input-Output-Analyse, das auf dem Statistikwerk der Gesamtwirtschaftlichen Gesamtrechnungen aufsetzt, wurden darüber hinaus sämtliche Ausstrahleffekte auf die Gesamtwirtschaft quantifiziert. Diese umfassen zum einen die Effekte des Produktionsprozesses der Gesamtwirtschaft entlang der gesamten Wertschöpfungskette einschließlich sämtlicher Vorleistungslieferanten und zum anderen die Effekte, die über den Einkommen-Konsum-Kreislauf innerhalb der Gesamtwirtschaft wirken.

Die Analyse der Gesundheitswirtschaft hat aufgezeigt, dass es sich um eine Vielzahl verschiedenartiger Teilbranchen handelt, die hoch technologische Industrien und personalintensive Dienstleistungssektoren vereinen, die sich sowohl in ihrer Produktions- und Wertschöpfungsstruktur, als auch in der Finanzierung und der Leistungsbereitstellung stark unterscheiden und dementsprechend auch unterschiedliche Stabilitätsimpulse für die Gesamtwirtschaft aufweisen.

Die Gesundheitswirtschaft als Summe dieser heterogenen Bereiche stellt eine der wichtigsten Branchen der deutschen Volkswirtschaft dar. Sie hatte einen entscheidenden Beitrag am überdurchschnittlich guten Abschneiden Deutschlands im internationalen Vergleich in den Jahren der Finanz- und Wirtschaftskrise. Verdeutlicht wurde dieser positive Einfluss auf die gesamtwirtschaftliche Entwicklung anhand der durchgeführten Stabilitätsuntersuchung, in der die vier ökonomischen Stabilitätsziele quantitativ beurteilt und analysiert wurden:

- *Beitrag zu einem stetigen und angemessenen Wirtschaftswachstum*
  Als aussagekräftige Messgröße, für den Beitrag an einem stetigen und angemessenen Wirtschaftswachstum, hat sich die Bruttowertschöpfung erwiesen, die zugleich einen ökonomischen Leistungsindikator darstellt und den Beitrag zum BIP abbildet. Der Wertschöpfungsbeitrag der Gesundheitswirtschaft stieg in den Jahren 2005 bis 2009 kontinuierlich mit einer durchschnittlichen Wachstumsrate von 3,1% von 203,2 Mrd. € auf 229,4

Mrd. €. Die Gesundheitswirtschaft leistet damit einen Beitrag von über 10% am deutschen BIP. Zusätzlich setzt diese Wirtschaftsleistung positive Impulse in den restlichen Branchen der Gesamtwirtschaft. Aus indirekten und induzierten Ausstrahleffekten werden jährlich durchschnittlich weitere 158 Mrd. € Wertschöpfung in nicht-gesundheitsbezogenen Branchen generiert. Aufgrund der stabilen Entwicklung wirkte die Gesundheitswirtschaft in den Jahren der Hochkonjunktur 2006 und 2007 dämpfend auf die Wirtschaftsentwicklung und wiederum wachstumstreibend in den Jahren der Rezession 2008 und 2009. Allein im Jahr 2009 führte das Wirtschaftswachstum der Gesundheitswirtschaft von 2,6% dazu, dass die Gesamtwirtschaft lediglich um 3,8% anstelle von 4,7% zurückging.

- *Erreichen eines hohen Beschäftigungsniveaus*
  Die Erwerbstätigenzahlen quantifizieren den Beitrag am zweiten Stabilitätsziel, dem Erreichen eines hohen Beschäftigungsniveaus. Die Anzahl der Beschäftigten in der Gesundheitswirtschaft stieg im Berichtszeitraum 2005 bis 2009 von 5,3 Mio. Erwerbstätigen auf 5,7 Mio. Erwerbstätige an, sodass mittlerweile mehr als 14% aller Beschäftigten in Deutschland in der Gesundheitswirtschaft arbeiten. Weitere 2,6 Mio. Erwerbstätige sind durchschnittlich indirekt und induziert über die Gesundheitswirtschaft in anderen Branchen beschäftigt. Insgesamt ergibt sich ein Anteil an den Gesamtbeschäftigten von mehr als 20%. Jeder fünfte Erwerbstätige in Deutschland hat somit einen eindeutigen gesundheitswirtschaftlichen Bezug. Die kontinuierliche Verbesserung des Beschäftigungsniveaus der letzten Jahre in Deutschland wird maßgeblich von der Gesundheitswirtschaft getragen.

- *Stabilität des Preisniveaus*
  Der positive Einfluss der Gesundheitswirtschaft setzt sich auch bei Betrachtung des Preisniveaus als drittes Stabilitätskriterium fort. Güter der Gesundheitswirtschaft unterliegen im Verbraucherpreisindex deutlich geringeren Preisveränderungen als die des Gesamtindex. Dieser verzeichnet in den Jahren 2005 bis 2009 Inflationsraten zwischen 0,38% und 2,6% gegenüber dem Vorjahr. Die gesundheitsrelevanten Teilbereiche des Index besitzen lediglich Preisveränderungen zwischen 0,5% und 1,68% und haben somit einen ausgleichenden Effekt auf die Preisentwicklung, um einer Deflationsgefahr vorzubeugen.

- *Förderung eines außenwirtschaftlichen Gleichgewichts*
  Aufgrund stetiger Exportüberschüsse leistet die Gesundheitswirtschaft zudem einen positiven Beitrag zur Außenhandelsbilanz. In den Jahren 2005

bis 2007 stieg der Handelsbilanzüberschuss von 7,9 Mrd. € auf 12,2 Mrd. € an. Aufgrund der globalen Rezession entwickelte sich die Exportnachfrage in den zwei Folgejahren allerdings rückläufig, während die Importe weiterhin leicht stiegen, sodass der Handelsbilanzüberschuss auf 8,2 Mrd.€ zurückging. Durchschnittlich hat die Gesundheitswirtschaft dabei einen Anteil von 6% am deutschen Außenhandelsbilanzüberschuss.

Der Vergleich der Exportentwicklung mit der Importnachfrage und vor allem der inländischen Binnennachfrage, unterstreicht die Unabhängigkeit der gesundheitsbezogenen Nachfrage von konjunkturellen Einflüssen. Aufgrund des übergeordneten Stellenwertes der Gesundheitsversorgung für die Bevölkerung und der gesicherten Finanzierung durch das Krankenkassensystem, unterliegt die gesundheitsbezogene Nachfrage weder konjunkturellen Schwankungen, noch krisenbedingten Einbrüchen und folgt somit einem stabilen Wachstumspfad, dessen positive Einflüsse aufgrund der damit einhergehenden Ausstrahleffekte auf die Gesamtwirtschaft übertragen werden.

Die Untersuchung des gesetzlichen Krankenkassensystems auf die Wirkungsweise eines automatischen Stabilisators hat zudem belegt, dass die Nutzung privaten Einkommens für gesundheitsbezogene Zwecke aus volkswirtschaftlicher Sicht effektiver ist als bei Verwendung zum sonstigen Konsum. Aufgrund eines hohen Wirkungsgrads des Gesundheitssystems - etwa 85% der GKV-Einnahmen werden inländisch nachfragewirksam - führt die Transformation privaten Einkommens in Einnahmen der GKV zu durchschnittlich 27% höheren Produktionseffekten, 46% höheren Wertschöpfungseffekten und zu 93% höheren Beschäftigungseffekten. Auch wenn der typische antizyklische Einnahmen-Ausgaben-Verlauf eines automatischen Stabilisators im gesetzlichen Krankensystem lediglich auf Seite der Einnahmen zu vermerken ist, kann dennoch von einem automatischen Stabilisator gesprochen werden. Aufgrund fester und langfristig geregelter Rahmenbedingungen der Finanzierung, einer stetigen und konjunkturunabhängigen Nachfrage sowie einer höheren Multiplikatorwirkung wirkt das deutsche Gesundheitssystem wachstumsfördernd, konjunkturglättend und somit stabilisierend für die deutsche Gesamtwirtschaft.

Als Fazit dieser Arbeit lässt sich abschließend festhalten, dass sowohl die Wirkung des gesetzlich regulierten Gesundheitsmarktes als automatischer Stabilisator als auch die sonstigen finanzierten, restlichen Teilbereiche der Gesundheitswirtschaft die deutsche Gesamtwirtschaft in den schwierigen Jahren der Finanz- und Wirtschaftskrise stabilisierten. Aus ökonomischer Sicht überwiegt die hohe stabilisierende Wirkung in Bezug auf ein angemessenes und stetiges Wirtschaftswachstum, einen hohen Beschäftigungsstand, ein stabiles Preisniveau und ein außenwirtschaftliches Gleichgewicht, sodass die deutsche Gesundheitswirtschaft nicht als belastender Kostenfaktor des Sozialsystems, sondern vielmehr als Wachstumstreiber und stabilisierende Kraft für Deutschland zu sehen ist.

Literaturverzeichnis

Afentakis, A. (2009): Methodik und ausgewählte Ergebnisse der Gesundheits-personalrechnung des Statistischen Bundesamtes, Statistische Woche 2009, Sektion: Methoden der amtlichen Statistik I, Statistisches Bundesamt Gesundheit, Wiesbaden, 6. Oktober 2009.

Afentakis, A., Böhm, K. (2009): Beschäftigte im Gesundheitswesen, Gesundheitsberichterstattung des Bundes Heft 46, Robert Koch-Institut, Berlin.

Ahlert, G. (2003): Einführung eines Tourismussatellitensystems in Deutschland, Abschlussbericht zum Forschungsauftrag Nr. 33/02 (EU Projekt) des Bundesministeriums für Wirtschaft und Arbeit (BMWA), GWS Discussion Paper 2003/4, Osnabrück.

Alten, A. von (2009): Erreicht die Finanzkrise die Gesundheitswirtschaft? Ärzte Zeitung online, 08.05.2009, abrufbar unter: http://www.aerztezeitung.de/praxis_wirtschaft/unternehmen/article/546665/erreicht-finanzkrise-%20%20gesundheitswirtschaft.html, Abfrage: 17. April 2012.

Andel, N. (1992), Finanzwissenschaft, 3. Auflage, J.C.B. Mohr (Paul Siebeck), Tübingen.

Assenmacher, Walter (2002): Einführung in die Ökonometrie, München, 2002.

Badura, B. (2008): Fehlzeiten-Report 2008. Betriebliches Gesundheitsmanagement: Kosten und Nutzen Zahlen, Daten, Analysen aus allen Branchen der Wirtschaft.

Bergs, C., Peichl, A. (2006): Numerische Gleichgewichtsmodelle – Grundlagen und Anwendungsbeispiele, Finanzwissenschaftliche Diskussionsbeiträge Nr. 2-2, Seminar für Finanzwissenschaft, Finanzwissenschaftliches Forschungsinstitut Universität zu Köln, Februar 2006.

Biau, O., Girard, E. (2005): Politique budgétaire et dynamique économique en France : l'approche VAR structurel, Économie et Prévision S. 169-171, 1-24.

Blanchard, O., Illing, G. (2004): Makroökonomie 3., aktualisierte Auflage, Pearson Studium, München.

Blanchard, O., Perotti, R. (2002): An empirical characterization of the dynamic effects of changes in government spending and taxes on output, Quarterly Journal of Economics 117, S. 1329-1368.

Bleses, P. (2007): Input-Output-Rechnung, Statistisches Bundesamt - Wirtschaft und Statistik 1/2007, S. 86-96, Wiesbaden.

BMAS (2010): Sicherheit und Gesundheit bei der Arbeit 2008 – Unfallverhütungsbericht Arbeit, Bundesanstalt für Arbeitsschutz und Arbeitsmedizin, Berlin, 2010.

BMF (2001): Finanzpolitik im Spannungsfeld des Europäischen Stabilitäts und Wachstumspaktes – Zwischen gesamtwirtschaftlichen Erfordernissen und wirtschafts- und finanzpolitischem Handlungsbedarf, Gutachten des ifo Instituts für Wirtschaftsforschung im Auftrag des Bundesministeriums der Finanzen, 2001.

BMWi (2010): Innovation und Wachstum – die deutsche Gesundheitswirtschaft auf dem Weg zur Leitbranche, Zweite Gesundheitswirtschaftskonferenz am 4. Oktober 2010 in Berlin ,Dokumentation Nr. 593.

Bofinger, P. (2003): Grundzüge der Volkswirtschaftslehre – Eine Einführung in die Wissenschaft von Märkten, Pearson Studium, München.

Böhm, K., Nöthen, M. (2009): Krankheitskosten, Gesundheitsberichterstattung – Themenhefte, Heft 48, Gesundheitsberichterstattung des Bundes, Robert Koch-Institut, Bonn, Dezember 2009.

Böhringer, C., Wiegard, W. (2004): Eine Einführung in die numerische Gleichgewichtsanalyse, Universität Regensburg, abrufbar unter: http://www.app.uni.regensburg.de/Fakultaeten/WiWi/Wiegard/start/public ations/BoehringerWiegard.pdf , Abfrage: 26. Juni 2012.

Brandner, Peter (2010): Schwerpunkt Staatsverschuldung: Fiskalpolitik in der Krise, Wirtschaftspolitische Blätter: Staatsverschuldung und Inflation, MANZ WKO Wirtschafskammer Österreich, 2/2010

Brümmerhoff, D. (2007): Volkswirtschaftliche Gesamtrechnungen, 8. Auflage, Oldenbourg Verlag, München.

Bulwien, H., Hujer, R., Kokot, S. Mehlinger, C. Rürup, B., Voßkamp, T. (1999b): Einkommens- und Beschäftigungseffekte des Flughafens Frankfurt / Main – Status-Quo-Analysen und Szenarien - Teil C: Analyse der Einkommens- und Beschäftigungswirkungen des Flughafens Frankfurt / Main mit Hilfe von Input-Output-Modellen für die Bundesrepublik Deutschland und Hessen; im Auftrag der Mediationsgruppe Flughafen/Main, 1999.

Bulwien, H., Hujer, R., Kokot, S. Mehlinger, C. Rürup, B., Voßkamp, T. (1999a): Einkommens- und Beschäftigungseffekte des Flughafens Frankfurt / Main – Status-Quo-Analysen und Szenarien - Teil A: Beschreibung und Analyse der methodischen, luftverkehrlichen und regionalen Grundlagen; im Auftrag der Mediationsgruppe Flughafen/Main, 1999.

Bundesministerium der Finanzen (2009): Autor unbekannt, Das zweite Konjunkturpaket – Deutschland in Bewegung halten, 14.01.2009, abrufbar unter: http://www.bundesfinanzministerium.de/nn_69120/DE/Buergerinnen __und__Buerger/Gesellschaft__und__Zukunft/themenschwerpunkt__konj unkturpakete/Stellschrauben-des-Konjunkturpakets2/075__in__ Bewegung__halten.html?__nnn=true, Abfrage: 16. April 2012.

Bundesministerium der Finanzen (2012): Kassenmäßige Steuereinnahmen nach Steuerarten 1950 bis 2010, 02.12.2012, abrufbar unter: www.bundes-finanzministerium.de/nn_4158/DE/Wirtschaft__und__Verwaltung/ Steu-ern/Steuerschaetzung__einnahmen/Steuereinnahmen/0601011a6002.html, Abfrage: 17. April 2012.

Bundeszentrale für politische Bildung (2010): Globale Finanz- und Wirtschafts-krise, Autor unbekannt, abrufbar unter: http://www.bpb.de/ system/files/pdf/XXKKIL.pdf , Abfrage: 16. April 2012.

Castro de, F, Hernández de Cos, P. (2007): The Economic Effects of Fiscal Po-licy: the Case of Spain, Journal of Macroeconomics 30, 1005-1028.

Decaillet, F. (2007): Healthy people are good for the Economy... (Also in Euro-pean Regions), WHO Region for Health Network Annual conference, Düsseldorf, 26.11.2007.

Destatis – Statistisches Bundesamt (2012a): Erwerbstätige in den Volkswirt-schaftlichen Gesamtrechnungen - Was beschreibt der Indikator? abrufbar unter: https://www.destatis.de/DE/Meta/AbisZ/Erwerbstaetige.html, Wiesbaden, Abfrage 17. April 2012.

Destatis – Statistisches Bundesamt (2012b): Erwerbstätige, abrufbar unter: https://www.destatis.de/DE/ZahlenFakten/GesamtwirtschaftUmwelt/Arbe itsmarkt/Erwerbstaetigkeit/Erwerbstaetigenrechnung/Tabellen/ ArbeitnehmerWirtschaftsbereiche.html?nn=151338, Wiesbaden, Abfrage 17. April 2012.

Destatis – Statistisches Bundesamt (2012c): Preisindizes im Überblick, abrufbar unter: https://www.destatis.de/DE/ZahlenFakten/GesamtwirtschaftUm-welt/Preise/Preise.html, Wiesbaden, Abfrage 17. April 2012.

Destatis – Statistisches Bundesamt (2007):, Volkswirtschaftliche Gesamtrech-nungen, Inlandsprodukt nach dem EVSG 1995, Methoden und Grundla-gen, Neufassung nach Revision 2005, Fachserie 18, Reihe S.22, Wiesba-den, 11.01.2007.

Destatis – Statistisches Bundesamt (2010):, Krankheitskostenrechnung, Quali-tätsbericht, Wiesbaden, März 2010.

Destatis – Statistisches Bundesamt (2010b): Volkswirtschaftliche Gesamtrech-nungen – Input-Output-Rechnung - 2007, erschienen am: 30. August 2010, Wiesbaden.

Destatis – Statistisches Bundesamt (2010c):, Input-Output-Rechnung im Über-blick, Wiesbaden, März 2010.

Destatis – Statistisches Bundesamt (2011a): Beruf, Ausbildung und Arbeitsbe-dingungen der Erwerbstätigen - Fachserie 1 Reihe 4.1.2 Deutschland - 2010, erschienen am 04. 10. 2011, Wiesbaden.

238

Destatis – Statistisches Bundesamt (2011b): Volkswirtschaftliche Gesamtrechnungen -Wichtige Zusammenhänge im Überblick, erschienen am 11. 01. 2012, Wiesbaden.

Destatis – Statistisches Bundesamt (2011c):, Gesundheitsausgaben, Methoden und Grundlagen 2008, Wiesbaden, März 2011.

Destatis – Statistisches Bundesamt (2011d):, Gesundheitspersonalrechnung, Qualitätsbericht, Wiesbaden, 15. 12. 2011.

Destatis – Statistisches Bundesamt (2011e): Umweltnutzung und Wirtschaft. Bericht zu den Umweltökonomischen Gesamtrechnungen, Dezember 2011, Wiesbaden.

Destatis – Statistisches Bundesamt (2012):, Gesundheitsausgabenrechnung, Qualitätsbericht, Wiesbaden, April 2012.

Dolls, M., Fuest, C., Peichl, A. (2009): Wie wirken die automatischen Stabilisatoren in der Wirtschaftskrise? Deutschland im Vergleich mit der EU und den USA, IZA Standpunkte Nr. 19, September 2009.

Dolls, M., Fuest, C., Peichl, A. (2010): AUTOMATIC STABILISERS AND ECONOMIC CRISIS: US VS EUROPE, EUROMOD Working Paper No. EM2/10, Juni 2010.

Donges, J. B., Freytag, A. (2009): Allgemeine Wirtschaftspolitik, UTB, Stuttgart, August 2009.

DWDS (2011): Etymologisches Wörterbuch des Deutschen (nach Pfeifer), DWDS-Projekt, Berlin-Brandenburgische Akademie der Wissenschaft, abrufbar unter: http://www.dwds.de/?kompakt=1&qu=Stabilit%C3%A4t, Abfrage 19.07.2012.

Eckey, H.F., Kosfeld, R., Dreger,C. (2004): Ökonometrie – Grundlagen, Methoden, Beispiele, 3. Auflage, Gabler, Wiesbaden, 2004.

Essig, H., Reich, U.-P. (1988): Umrisse eines Satellitensystems für das Gesundheitswesen, Statistisches Bundesamt, Satellitensystem zu den Volkswirtschaftlichen Gesamtrechnungen, Band 6 der Schriftenreihe „Forum der Bundesstatistik" Kohlhammer, Stuttgart, S. 71-97.

ESVG (1995): Verordnung (EG) Nr. 2223/96 des Rates vom 25. Juni 1996 zum Europäischen System Volkswirtschaftlicher Gesamtrechnungen auf nationaler und regionaler Ebene in der Europäischen Gemeinschaft (ABI. EG Nr. L 310), Europäische Kommission, Statistisches Amt (Eurostat), Stand 30. Oktober 2003.

European Commission (2001): Macro-Econometric Multi-Country Model, 2000.

Eurostat (2008): Eurostat Manual of Supply, Use and Input-Output Tables, Statistische Amt der europäischen Union, ISSN 1977-0375, Luxembourg.

Forst, T. (2004): Krankheitskostenrechnung für Deutschland, Wirtschaft und Statistik 12/2004, S. 1432-1440.

GBE-Bund (2012): GAR – Methodik generell – Gesundheit – Ausgaben, Krankheitskosten und Personal, Statistisches Bundesamt, abrufbar unter: https://www.gbebund.de/gbe10/ergebnisse.prc_tab?fid=8818&suchstring =gar&query_id=&sprache=D&fund_typ=DQM&methode=2&vt=1&verw andte=1&page_ret=0&seite=&p_lfd_nr=1&p_news=&p_sprachkz=D&p_ uid=gast&p_aid=34470015&hlp_nr=3&p_janein=J, Abfrage 18. April 2012.

Giordano, R, Momigliano, S., Neri, S., Perotti, R. (2007): The Effects of Fiscal Policy in Italy: Evidence from a VAR Model, European Journal of Political Economy 23, 707-733.

Girouard, N. and C. André (2005): Measuring Cyclicallyadjusted Budget Balances for OECD Countries, OECD Economics Department Working Papers, No. 434, OECD Publishing, 2005.

Grötschel, M. (2003): Ökonomische Modelle aus mathematischer Sicht, Skriptum zur Vorlesung WS 2002/2003, Technische Universität Berlin.

Haavelmo, T. (1945): Multiplier Effects of a Balanced Budget, Econometrica Band .12, Nr. 4, The Econometric Society, Oktober 1995.

Henke, K. D., Neumann, K., Ostwald D. A., Heeger, D., Hesse, S. (2011): Nutzung und Weiterentwicklung des deutschen Gesundheitssatellitenkontos zu einer gesundheitswirtschaftlichen Gesamt-rechnung (GGR) - Zwischenbericht Phase II, Forschungsprojekt im Auftrag des Bundesministeriums für Wirtschaft und Technologie (BMWi), 15. 06. 2011.

Henke, K. D., Neumann, K., Ostwald D. A., Heeger, D., Hesse, S. (2010): Nutzung und Weiterentwicklung des deutschen Gesundheitssatellitenkontos zu einer gesundheitswirtschaftlichen Gesamt-rechnung (GGR) - Zwischenbericht Phase I, Forschungsprojekt im Auftrag des Bundesministeriums für Wirtschaft und Technologie (BMWi), 15. 12. 2010.

Henke, K. D., Neumann, K., Schneider, M. (2009): Erstellung eines Satellitenkontos für die Gesundheitswirtschaft in Deutschland - Forschungsprojekt im Auftrag des Bundesministeriums für Wirtschaft und Technologie (BMWi), 30.11.2009.

Henke, K. D., Troppens, S., Braeseke, G., Dreher, B., Merda, M. (2011): Innovationsimpulse der Gesundheitswirtschaft – Auswirkungen auf Krankheitskosten, Wettbewerbsfähigkeit und Beschäftigung, Endbericht, Forschungsprojekt im Auftrag des BMWi, Berlin, Februar 2011.

Henke, K. D., Troppens, S., Braeseke, G., Dreher, B., Merda, M. (2011b): Volkswirtschaftliche Bedeutung der Gesundheitswirtschaft – Innovationen, Branchenverflechtung, Arbeitsmarkt, Europäische Schriften zu Staat und Wirtschaft, Baden Baden, 2011.

Henke, K.-D. (2008): Neue Berufe im Zweiten Gesundheitsmarkt, Public Health Forum Nr. 16, Heft 58, S. 10-12.

Heuer, K., Klophaus, R. (2007): Regionalökonomische Bedeutung und Perspektiven des Flughafens Frankfurt-Hahn; Ministerium für Wirtschaft, Verkehr, Landwirtschaft und Weinbau Rheinland-Pfalz (Hrsg.), Wissenschaftliche Forschungsstudie im Auftrag der Flughafen Frankfurt-Hahn GmbH, 2007.

Hilbert, J., Fretschner, R., Dülberg, A. (2002): Rahmenbedingungen und Herausforderungen der Gesundheitswirtschaft, Gelsenkirchen, Juli 2002.

Hoffmann, M. (2008): Globalisierte Finanzmärkte mildern die Folgen der Kreditkrise - Grosse Wohlfahrtsgewinne durch die internationale Risikoteilung, in: Neue Züricher Zeitung, Nr. 173, S.27, 26./27. Juli 2008.

Hofmann, U. (1999): Information zur Umsetzung des Konzeptes der „Gesundheitsökonomischen Basisdaten", Informationsveranstaltung am 15. Juni 1999 in Mainz, Veranstalter: Ministerium für Arbeit, Soziales und Gesundheit Rheinland-Pfalz.

Holub, H.W., Schnabl, H. (1994a): Input-Output-Rechnung: Input-Output-Analyse, Oldenbourg Verlag, München.

Holub, H.W., Schnabl, H. (1994b): Input-Output-Rechnung: Input-Output-Tabellen, 3. Auflage, Oldenbourg Verlag, München.

IFW-Kiel (2010): Erholung nach der Krise - ein Update, Autor unbekannt, abrufbar unter: http://www.ifwkiel.de/wirtschaftspolitik/konjunkturprognosen/erholung-nach-der-krise-ein-update/erholung-nach-der-krise-ein-update, Abfrage 17. April 2012.

IKB (2007): Die Gesundheitsbranche: Dynamisches Wachstum im Spannungsfeld von Innovation und Intervention, 1. Auflage, Report Gesundheitswesen, Deutsche Industriebank, prognos, Düsseldorf, Juni 2007.

Institut für Wirtschaftsforschung Halle (2008): Deutschland am Rande einer Rezession – Gemeinschaftsdiagnose Herbst 2008, Wirtschaft im Wandel 2. Sonderausgabe, 10.10.2008.

Jannes, N., Scheide, J. (2010): Growth Patterns after the Crisis: This Time is not Different, Kiel Policy Brief 22, Institut für Weltwirtschaft, Kiel, Dezember 2010.

Kalusche, J. (2010): Ausmaß und Stärke der automatischen Stabilisatoren in Deutschland vor dem Hintergrund der jüngsten Steuer- und Sozialreformen, Sozialökonomische Schriften Band 40, Peter Lang, Frankfurt am Main.

Knappe, S. (2006): Die Regionalwirksamkeit der Wissenschaftseinrichtungen in Potsdam: eine empirische Analyse wissenschaftsbedingter Beschäftigungs-, Einkommens- und Informationseffekte; in Schriftreihe: Praxis

Kultur- und Sozialgeographie, Universitätsverlag Potsdam, 2006, abrufbar unter: http://opus.kobv.de/ubp/volltexte/2007/1173/pdf/knappe_PKS_ 40.pdf , Abfrage: 23.04.2012.

Konrad-Adenauer-Stiftung: Autor unbekannt, Kann man die Finanzwirtschaft tatsächlich von der Realwirtschaft trennen?, abrufbar unter: http://www.kas.de/wf/de/71.7115/, Abfrage: 16. April 2012.

Koschel, H., Moslener, U., Sturm, B., Fahl, U., Rühle, H., Wolf, H. (2006): Integriertes Klimaschutzprogramm Hessen - InKlim 2012 -; Endbericht des Forschungsprojekts "Integriertes Klimaschutzprogramm (INKLIM) 2012", 2006.

Krauss, T., Schneider, M. Hofmann, U. (2009): Erstellung eines Satellitenkontos für die Gesundheitswirtschaft in Deutschland – Methodenhandbuch, BASYS, Augsburg, 30. 11. 2009.

Leontief, W. (1936): Quantitative Input and Output Relations in the Economic System of the United States, The Review of Economic Statistics, Vol. XVIII, no. 3, 105 - 125.

Leontief, W. (1951): The Structure of American Economy, 1919 - 1936, 2nd Edition, Oxford University Press, New York.

Leontief, W. (1952): Die Methode der Input-Output-Analyse, in: Allgemeines Statistisches Archiv (AStatA), Band 36, München, S. 153ff.

Leontief, W. (1953): Studies in the Structure of American Economy, Oxford University Press, New York.

Loschky, A. (2010): Außenhandel 2010 – eine Geschichte von Gewinnern und Verlierern, Auszug aus Wirtschaft und Statistik, Statistisches Bundesamt, Wiesbaden, 2010.

Maar, C. (2011):Vorteil Vorsorge - Die Rolle der betrieblichen Gesundheitsvorsorge für die Zukunftsfähigkeit des Wirtschaftsstandortes Deutschland, Felix Burda Stiftung, booz&co., 2011.

Mayr, J. (2006): Empirische Zeitreihenökonometrie, Übung Kapitel 7, Universität München, ifo Institut für Wirtschaftsforschung, München, 2006.

Miller, R.E., Blair, P.D. (2009): Input-Output Analysis, Foundations and Extensions, Second Edition, Cambridge Press, Cambridge.

Ministerium für Bildung, Wissenschaft, Jugend und Kultur des Landes Rheinland-Pfalz (2006): Regionalwirtschaftliche Wirkungen der Hochschulen und Forschungseinrichtungen in Rheinland-Pfalz - Wertschöpfungs-, Einkommens- und Beschäftigungseffekte durch Bau und Betrieb der Einrichtungen; Forschungsprojekt Hochschule und Region, 2006, abrufbar unter: http://www.mbwjk.rlp.de/fileadmin/Dateien/Downloads/Wissenschaft/wir kung_forschung_lang.pdf , Abfrage: 23.04.2012.

Monissen, H. G. (1991): Das Haavelmo-Theorem bei endogenem Steueraufkommen, In: Das Haavelmo-Theorem bei endogenem Steueraufkommen. Nr. 1, Januar 1991, S. 25–28.

Niedersächsisches Ministerium für Inneres und Sport: Gesundheit - Eine Definition, abrufbar unter: http://www.mi.niedersachsen.de/portal/live.php? navigation_id=15208&article_id=62725&_psmand=33, Abrafge: 17. April 2012.

Oberkampf, V. (1976): Systemtheoretische Grundlagen einer Theorie der Unternehmensplanung, Drucker & Humblot, Berlin.

OECD (2000): A System of Health Accounts, Version 1.0, Organistation for economic co-coperation and development, Paris, 2000.

Ostwald, D. A. (2009): Wachstums- und Beschäftigungseffekte der Gesundheitswirtschaft in Deutschland, Dissertation, MWV Verlag, Berlin.

Pätzold J., Baade, D. (2008): Stabilisierungspolitik, 7. Auflage, Verlag Vahlen, München.

Pätzold, J. (1998): Stabilisierungspolitik – Grundlagen der nachfrage- und angebotsorientierten Wirtschaftspolitik, 6. Auflage, Verlag Paul Haupt, Bern – Stuttgart – Wien.

Perlini, F., Mauri, G., Niquille, P. (2007): Bewertung und Offenlegung von illiquiden Finanzinstrumenten, Präsentation vom 7. April 2007, abrufbar unter: http://www.niquille.com/wp-content/2008/04/subprime_short _final.pdf, Abfrage: 24. April 2012.

Perotti, R. (2005): Estimating the Effects of Fiscal Policy in OECD Countries. CEPR Discussion Papers, Nr. 4842.

Pierdzioch, S. (2008): Preisbereinigung der Dienstleistungen von Krankenhäusern in den Volkswirtschaftlichen Gesamtrechnungen, Auszug aus Wirtschaft und Statistik, Statistisches Bundesamt, Wiesbaden, 2008.

Pischner, R., Stäglin, R. (1976): Darstellung des um den Keynes'schen Multiplikator erweiterten offenen statischen Input-Output-Modells, in: Mitteilungen aus der Arbeitsmarkt- und Berufsforschung (9), S. 345-349.

Räth, N. (2009): Rezession in historischer Betrachtung, Auszug aus Wirtschaft und Statistik, Wiesbaden, 2009.

Räth, N., Braakmann, A. (2010): Bruttoinlandsprodukt 2009, Auszug aus Wirtschaft und Statistik, Wiesbaden, 2010

Räth, N., Braakmann, A. (2011): Bruttoinlandsprodukt 2010, Auszug aus Wirtschaft und Statistik, Wiesbaden, 2011

Räth, N., Braakmann, A. (2012): Bruttoinlandsprodukt 2011, Auszug aus Wirtschaft und Statistik, Wiesbaden, 2012

Reich, U.-P., Stäglin, R., Stahmer, C., Schintke, J., Eichmann, W. (1995): Ein System von Input-Output-Tabellen für die Bundesrepublik Deutschland,

Deutsches Institut für Wirtschaftsforschung, Beiträge zur Strukturforschung Heft 159, Duncker & Humblot, Berlin.

Rhein-Westfälisches Institut für Wirtschaftsforschung (RWI) (2004): Auswirkungen staatlich geförderter Maßnahmen zur Stadtentwicklung und -erneuerung auf die Haushalte von Bund, Ländern und Gemeinden; Endbericht eines Forschungsvorhabens des Bundesamtes für Bauwesen und Raumordnung, 2004, abrufbar unter: http://www.stadtentwicklung. berlin.de/wohnen/denkmalschutz/download/rwi_gutachten_2004.pdf, Abfrage: 23.04.2012.

Richardson, Peter (1988): THE STRUCTURE AND SIMULATION PROPERTIES OF OECD'S INTERLINK MODEL, OECD Economic Studies, Nr. 10, Paris, S. 57ff.

Rottmann, Horst (2004): Vektorautoregressionsmodell, Gabler Wirtschaftslexikononline, Gabler Verlag, abrufbar unter: http://wirtschaftslexikon. gabler.de/Archiv/88977/vektorautoregressionsmodell-v6.html , Abfrage: 26. Juni 2012.

Rudolph, B. (2008): Krise der internationalen Finanzmärkte, Präsentation am Fakultätstag der Munich School of Management, November 2008, abrufbar unter: http://www.bwl.alumni.unimuenchen.de/veranstaltungen/ fakultaetstag/vortragrudolph.pdf, Abfrage: 20. Januar 2012.

Rürup, B. (2008): Gesundheit und Wettbewerb, health+, Januar 2008, abrufbar unter: http://www.healthplus.de/ausgaben/healthplus-01-2008/interview. html, Abfrage: 24.04.2012.

Rürup, B. (2010): Impulsreferat, Innovation und Wachstum –die deutsche Gesundheitswirtschaft auf dem Weg zur Leitbranche, Dokumentation zur zweiten Gesundheitswirtschaftskonferenz, Bundesministerium für Wirtschaft und Technologie, 4. Oktober 2010, Berlin.

Rürup, B., Körner, H. (1985): Finanzwissenschaft – Grundlagen der öffentlichen Finanzwissenschaft, 2. Auflage, Düsseldorf

Sachverständigenrat (2007/2008): Die treibenden Kräfte der Finanzmarktkrise – Auszüge aus dem Jahresgutachten 2007/2008.

Sachverständigenrat (2008/2009): Die Finanzkrise meistern – Wachstumskräfte fördern, Jahresgutachten 2008/2009.

Sachverständigenrat (2009/2010): Die Zukunft nicht aufs Spiel setzen, Jahresgutachten 2009/2010.

Sachverständigenrat (2010/2011): Chancen für einen stabilen Aufschwung, Jahresgutachten 2010/2011.

Sachverständigenrat (2011/2012): Verantwortung für Europa wahrnehmen, Jahresgutachten 2011/2012.

Sarrazin, H.T. (1992): Ein Satellitensystem für das Gesundheitswesen zu den Volkswirtschaftlichen Gesamtrechnungen, Endbericht, im Auftrag des Bundesministeriums für Arbeit und Sozialordnung, Statistisches Bundesamt, Bonner Forschungsgruppe, Bonn/Wiesbaden.

Sarrazin, H.T. (2000): Konzept einer Ausgaben und Finanzierungsrechnung für die Gesundheitsberichterstattung des Bundes, Langfassung des Ergebnisberichts, Statistisches Bundesamt, Gesundheitsberichterstattung des Bundes, Wiesbaden.

Schaltegger, C.A., Weder, M. (2009): Fiskalpolitik als antizyklisches Instrument? Eine Betrachtung der Schweiz, Universität St. Gallen und CREMA, Basel, 2009.

Scharnagl, Michael, Tödter, Karl-Heinz (2004): How effective are automatic stabilisers? Theory and emperirical results for Germany and other OECD countries, Deutsche Bundesbank, Discussion Paper Series 1: Studies of Economic Research Centra Nr. 21/2004

Scheremet, Wolfgang (2001): Automatische Stabilisatoren, fiskalpolitische Schocks und Konjunktur: Eine vergleichende SVAR-Analyse für Deutschland und die USA, Peter Lang, Frankfurt, 2001.

Scheufele, Rolf (2008): Das makroökonometrische Modell des IWH - Eine angebotsseitige Betrachtung, IWH-Diskussuinspapiere Nr.9, Halle, August 2008

Schmidt, R., Schmidt, U. (1986): Finanzierungsverflechtung des Gesundheitswesens in der Bundesrepublik Deutschland, Institut für Gesundheits-System-Forschung, Verflechtungsanalyse des Gesundheitswesens in der Bundesrepublik Deutschland, Kiel.

Schraff, J. (2009): Chronik der Weltfinanzkrise, in: Themenheft: Weltfinanzkrise, Wirtschaft im Wandel, Institut für Wirtschaftsforschung Halle (IWH), S. 5 – 7.

Schwarz, N. (2005): Der Beitrag der Volkswirtschaftlichen Gesamtrechnungen zur sozioökonomischen Modellierung, 14. Wissenschaftliches Kolloquium am 28. und 29. April 2005 im Gerhard-Fürst-Saal des Statistischen Bundesamtes, Wiesbaden.

Schweinberger, Andreas (2005): Ein VAR-Modell für den Zusammenhang zwischen Öffentlichen Ausgaben und Wirtschaftswachstum in Deutschland, Arbeitspapier / Institut für Statistik und Ökonometrie, STATOEK, No. 30.

SNA (1993): Eurostat, International Monetary Fund, OECD, United Nations, World Bank (1993): System of National Accounts 1993, Brüssel/Luxembourg, New York, Paris, Washington, D.C.

SNA (2008): Eurostat, International Monetary Fund, OECD, United Nations, World Bank (2009): System of National Accounts 2008, New York.

Soros, G. (2008): Das Ende der Finanzmärkte und deren Zukunft; Die heutige Finanzkrise und was sie bedeutet, FinanzBuch-Verlag, München, 2008.

Stahmer, C., Meyer, B. (2000): Input-Output-Rechnung: Elemente zur Politikberatung, Statistisches Bundesamt, Wiesbaden.

Stone, D. (1969): Input-Output Analysis and the Multi-Product Firm, Financial Analyst Journal, Volume 25, No. 4, Jul. – Aug. 1969, p. 96-102.

Szameitat, K., Wuchter, G. (1970): Was kostet die Gesundheit?, Baden-Württemberg in Wort und Zahl, Heft 5, S. 121 -131.

Thomä, J. (2010): Die Konjunkturabhängigkeit des Handwerks – am Beispiel der Wirtschaftskrise 2008/2009, DHI deutsches Handwerksinstitut, Göttingen

WHO (2000): Strengthening health systems in developing countries, Report by the Secretariat, fifty-third world health assembly, Provisional aganda intem 12.6, 12. Mai 2000, abrufbar unter: http://apps.who.int/gb/archive/pdf_files/WHA53/ea9.pdf, Abfrage 19. April 2012.

WHO (2006): World Health Organisation, Annual Report, Genf.

WIFO (2009): Gesamtwirtschaftliche Auswirkungen der Konjunkturpakete I und II und der Steuerreform 2009, von Fritz Breuss, Serguei Kaniovski, Margit Schratzenstaller Österreichisches Institut für Wirtschaftsforschung, Im Auftrag des Bundesministeriums für Wirtschaft, Familie und Jugend, Juni 2009

Xaver, Franz (2003): Makroökonomik, HOF, Dezember 2003.

Zimmermann, H., Henke, K. D., Broer, M. (2009): Finanzwissenschaft, 10. Auflage, Verlag Vahlen München

Zwecker, C. (2007): Das reziproke Haavelmo-Theorem, WiWi-Online.de, Hamburg, 2007

Band 41 Nicolas Gatzke: Public Private Partnerships und öffentliche Verschuldung. PPP-Modelle im Licht deutscher und europäischer Verschuldungsregeln und ihre Transparenz in den öffentlichen Haushalten. 2010.

Band 42 Olaf Weddige: Measuring Public Pension Liabilities in the European Union. 2011.

Band 43 Christina Boll: Lohneinbußen von Frauen durch geburtsbedingte Erwerbsunterbrechungen. Der Schattenpreis von Kindern und dessen mögliche Auswirkungen auf weibliche Spezialisierungsentscheidungen im Haushaltszusammenhang. Eine quantitative Analyse auf Basis von SOEP-Daten. 2011.

Band 44 Jörg Schoder: Theorie und Empirie der Alterssicherung in Deutschland. Eine Bestandsaufnahme zu den Versorgungswegen des Drei-Schichten-Modells unter Berücksichtigung regionaler Aspekte. 2011.

Band 45 Robert Arnold / Angelika Oelschläger / Jeanine Staber: Sozialversicherungsbeiträge und Steuern von Selbständigen und Arbeitnehmern im Vergleich. Bestandsaufnahme und Reformvorschläge. 2012.

Band 46 Sebastian Hesse: Input und Output der Gesundheitswirtschaft. Eine Stabilitätsanalyse der Gesundheitswirtschaft in Bezug auf die gesamtwirtschaftliche Bedeutung in den Jahren der Finanz- und Wirtschaftskrise. 2013.

www.peterlang.de